U0484875

尖峰对话区块链

王峰　编著

中信出版集团 | 北京

图书在版编目（CIP）数据

尖峰对话区块链 / 王峰编著 . -- 北京：中信出版社，2019.8

ISBN 978-7-5217-0561-4

Ⅰ. ①尖…　Ⅱ. ①王…　Ⅲ.①电子商务－支付方式－研究　Ⅳ. ①F713.361.3

中国版本图书馆CIP数据核字（2019）第087985号

尖峰对话区块链

编　　著：王　峰
出版发行：中信出版集团股份有限公司
（北京市朝阳区惠新东街甲4号富盛大厦2座　邮编　100029）
承 印 者：北京诚信伟业印刷有限公司

开　　本：787mm×1092mm　1/16　　印　　张：21　　字　　数：265千字
版　　次：2019年8月第1版　　印　　次：2019年8月第1次印刷
广告经营许可证：京朝工商广字第8087号
书　　号：ISBN 978-7-5217-0561-4
定　　价：79.00元

此书献给朱丽女士以及王浩然小朋友

保持好奇　保持怀疑

2008年10月31日，中本聪发布了名为《比特币：一种点对点的电子现金系统》的论文。我不知道他可曾预料到，比特币不仅成了区块链宗教激进主义的标志性符号，还引导我们打开了整个区块链新世界的大门。

作为一个新生“物种”，区块链自诞生开始至今一直饱受争议。但随着开发者、投资者以及越来越多有识之士投身其中，区块链在技术应用领域的想象空间已经被大大拓宽，区块链已经得到更多人的广泛关注。政府对区块链技术的高度重视以及主流媒体的宣传普及，使区块链成为很多人参与讨论的技术话题。

2018年年初，区块链开始在中国的资本市场和互联网产业中受到热捧：有的人把区块链视为一场“新技术革命”，有的人将其比作“价值互联网”，甚至有人认为，区块链将改变现有商业及其他组织形态，引领人类社会走向“下一个时代”。我印象最深的一句话是，区块链是史上最大的泡沫，不参与就是最大的风险。

区块链是一场新技术革命

古往今来，最终导致世界发生革命性改变的是技术。但区块链技术产生的影响，才刚刚开始。

从目前绝大部分区块链项目所采用的主流技术架构来看，区块链自下而上通常有6层结构，分别是数据层、网络层、共识层、激励层、合约层和应用层等，用4个技术关键词来概括就是，点对点（P2P）传输、数据的分布式存储、密码学中的哈希（Hash）算法和经典的共识机制。但如果把这些技术逐一拆分，那么它们在很早之前就已经存在了。

比如点对点传输技术。当年的在线音乐服务软件纳普斯特（Napster）、网络文件分享的通信协议比特流（BitTorrent），以及曾在国内引起很大争议的视频播放软件快播等，都是依靠点对点技术起家的。我发现，就连比特币所使用的共识机制工作量证明（PoW），实际上也不是中本聪发明的，它可以追溯到1997年诞生的一种旨在优化网络系统资源配置的哈希现金（Hashcash）运行机制。从电子货币到加密数字货币，人类已经努力走过了20多年。

聪明的中本聪将技术和治理完美地融合起来，并用一种开源的方式传播，信仰者纷纷建立社区，这种20世纪90年代的自由软件精神，在区块链技术论坛中备受推崇。

不止于技术创新本身，区块链开发者的手开始伸向组织创新和激励模式创新。

区块链是 "价值互联网"

常常有人把区块链与互联网相提并论，比如，将区块链看作价值互联网，而将传统互联网看作信息互联网。其实这样的看法值得商榷。

站在人类历史的角度看，今天的区块链确实像20世纪90年代处于早期萌芽阶段的互联网。正如今天的比特币世界一样，那时候，只有网景（Netscape）的粉丝们在孤独地"摇旗呐喊"。区块链和最初的互联网一样，必须要经过一个技术及应用的蛮荒阶段——技术不成熟、产业生态匮乏、合理合法的落地场景短缺，而其最终也没有出现系列"杀手级"应用。业界普遍认为，区块链世界还没有太多属于自己的原生应用。

我们不妨再从科技发展的过往探寻答案，历史会给我们很多启发。在早期个人电脑（PC）产业兴起之时，人类借助高性能计算和存储技术，掀起了“无纸化办公革命”的序幕；在之后的互联网时代，人类借助传输控制协议/互联网协议（TCP/IP）等高效的互联网传输控制协议，以及超文本标记语言（HTML）等规范化的网络通用文本格式，实现了信息的快速分发，提高了信息生产效率。但今天回头来看，我们不能把个人电脑理解为一个“可计算的打印机”，也不能把因特网理解为“可联网的个人电脑或者手机”。

同理，今天我们为什么要把区块链理解为可以传递价值的“价值互联网”呢？我们为什么将其狭义地定义在互联网世界的范畴里呢？

与今天的互联网技术短暂地交错与融合后，区块链应该会开创一个自己的世界。这个世界有很大概率不再与原有的互联网世界处于一个维度。

区块链与人工智能孰优孰劣

2018 年 5 月，习总书记在中国科学院第十九次院士大会、中国工程院第十四次院士大会上指出，以区块链、人工智能等为代表的新一代信息技术正在加速突破应用，要推进互联网、大数据、人工智能同实体经济深度融合，做大做强数字经济。

欧洲文艺复兴运动后，技术与艺术的全面融合发展，为人类社会开启了现代文明的大门。如今，各种新技术无法在割裂中独立发展，而会有很多交集且彼此融合。

区块链可以与物联网、人工智能、云计算等新型先进技术共同协作，创造更大的价值。比如，人工智能的发展将极大地提高生产力。人工智能包括机器人、语言识别、图像识别、自然语言处理和专家系统等，它改变的是生产力——让机器做更多的工作，让人做更少的工作，甚至不需要做工作。而区块链正在悄悄地试图改变生产关系。未来，它有可能将人类从算法和机器人统治的效率社会中解放出来，重新定义数据和所有权关系，从而带来生产力发展的新繁荣。

区块链很有可能成为未来大数据世界中最有生命力的技术，而互联网世界中的旧数据会贬值。凭借对数据生产、数据确认以及数据归属权的重新定义，人工智能和区块链这两股技术力量，将构筑一个我们今天还看不明白的崭新形态，不仅包括私人商业机构，也包括公共服务机构。

需要注意的是，我们很难单纯地依靠某一种技术来领导“下一个时代”，只有将各种新技术有机融合，才有可能真正走向“下一个时代”。所以，我们不能孤立地看待区块链、人工智能，更不能简单地讨论孰优孰劣，只有将其结合起来思考，才能隐约瞭望“下一个时代”的轮廓。

区块链将建立新游戏规则

凯文·凯利（Kevin Kelly）在《新经济　新规则》（*New Rules for the New Economy*）一书中曾提出，在未来的新经济模式中，生产力的重要性越来越低，建立关系成为最主要的经济活动。客观来看，互联网同纸张、印刷术、广播、电视、高速公路、高铁等一样，是商业王国信息基础建设的一次技术性飞跃。在商业领域中，互联网真正的意义在于解决商业信息封闭的问题，基本消除因信息不对称带来的无效运转，建立消费者享有主权的新型商业关系。

回顾互联网商业文明的发展路径，在早期，互联网依靠搭建平台化的基础设施、推进扁平化的管理模式等，构建起一套全新的商业运作和组织架构模式，极大地提升了整个社会商业体系的运行效率。然而，互联网模式产生的极端中心化技术生态，正在导致越来越多社会负效应的出现，由此引发的社会问题和信任危机日趋严重，新型的商业关系亟待改善。

区块链技术有望改变现状。区块链技术借助新的多层级架构的系统设计，融合了数据、计算、治理，将带给我们一个更自由、更透明、更公平的环境。尽管区块链这部“可信任的机器”，目前仍受到“不可能三角”局限性的影响，在性能、隐私保护、安全、治理、操作性等方面还存在一些不足，但区块链行业正在向前发展，区块链技术与现实世界正在加速连接。

如今，区块链已经在金融领域落地生根，其在即时结算及跨境支付方面的优势非常突出。2019 年以来，海外金融机构纷纷拥抱区块链，美国最大的金融服务机构摩根大通（JPMorgan）即将推出用于即时结算的支付交易区块链服务；韩国釜山银行（Busan Bank）等 6 家国际银行将在美国国际商业机器公司（IBM）推出的基于区块链的支付网络上发行稳定币；脸书（Facebook）也采用区块链技术进军金融领域，致力于为其全球社交网络用户提供支付服务……不难看出，一定程度上，华尔街的金融大鳄以及硅谷的技术领袖们，已经“嗅”到了区块链在金融服务领域的巨大价值。

也许，今天是芯片底层技术与稀土资源的争夺，以及下一代通信标准协议的升级大战，明天就是金融创新领域的秩序重构。就像华为 5G（第 5 代移动通信网络）有机会在全球通信服务市场弯道超车一样，未来，如果以区块链技术推动金融基础设施的重构，那么能否构建新规则，并深刻地改变未来世界的金融秩序呢？

火星财经与共识实验室发起人　王峰

2019 年 5 月 28 日于北京

如今，火星财经开始被业界和更多的加密数字投资人认可，成了区块链信息服务领域中的一个非常活跃的参与者。

我常常说，这个时代的内容组织模式是分布式生产和集中化分发，所以我们团队设计了用户可定制的火星财经 App 和网络产品，采取类头条化的聚合机制，我们每天可以分发几百条当日与区块链有关的技术及市场资讯、多方观点和重要投资机构的评级报告，所以，连我们内部员工生产的内容，都是一两条线。我亲手写的《王峰十问》栏目内容，只是其中一个分布式的点，不留神的话，你在我们的火星财经 App 中可能都找不到。

作为火星财经的创始人，我想打造一个为区块链产业及加密数字货币投资者服务的信息平台，那么，我为什么要亲自做访谈栏目《王峰十问》呢？

我的解释是纯属偶然。其实，很多事情就在一念之间。《王峰十问》栏目的设立，以及我亲自写一个财经栏目的文字对话，都因为我想深度参与，难能可贵的是，我动手做了这件事。

2018 年春节，是区块链风口正盛之时，比特币价格创纪录地突破两万美元，在当时最火的区块链微信群中，我关注到了很多新鲜的言论和思想，突然发现，自己跟不上他们的步伐了。此前从未有过这样一个领域，将从事信息技术和金融服务的人融合到一起，在这里，我还学到了去中心化、分布式、密码学、货币学以及金融学等诸多领域的知识，我既忐忑又激动。我很想在区块链这个新兴的技术领域里，做一些有价值的投资，与区块链这个新世界保持沟通。

虽然我有数学和商科方面的教育背景，比较熟悉抽象工具和商业语言，在应用软件设计和互联网游戏产品开发的创业企业中又工作多年，和软件工程师、产品设计、营销、运营以及专业财务管理人员打了大半辈子交道，曾将公司做到上市，前后又参与过近百个天使投资项目，涵盖开发工具、数据库、小程序电商、移动游戏、人工智能和电动汽车等领域，但要迅速理解区块链，还是很难，就像最初一些朋友对我说过的话，你要找到“体验时空弯曲”的感觉。

我像是一个充满好奇的发问者，站在新世界的门口，不安，彷徨。幸运的是，很多朋友帮助了我。

抱着学习的心态，我找到第一个访谈对象，希望自己能参与做一些内容，和大家一起干，于是就拟了 10 个问题，在微信社群中与嘉宾连线，做直播对话，结束后整理成文，我把文章标题随手写成了《王峰十问》，想不到一下子被业界很多人转发，接下来的栏目，就一直沿用了这个名字和语言风格。

在我心中，每一次“十问”的准备过程，都是一次精神和身体的双重历练。为了准备访谈提纲，我和团队穷尽素材，在别人的世界里跋山涉水。我们脑力激荡，在自己的世界里开渠打井，时而为一个闪光的思维火花雀跃，时而又陷入深深的思考之中。我们用最慢、最笨但最有效的方式，完成了一次又一次的“十问”。在最初的阶段，记不清有多少个清晨，我和团队带着一身的疲惫，迎着朝阳走出奋斗了整整一夜的办公室。

很多人看到《王峰十问》在朋友圈刷屏后，希望上栏目，我都没有帮上忙，甚至有人开出价格问我们能否商业化，也被我们拒绝。因为那将不好看，不好玩，做了也没有影响力。做《王峰十问》，我们从没有收过任何人的钱，我们在乎的是影响力和内容质量，我希望这个 IP（知识产权）化的访谈内容，能够赋予火星财经一些认真做事的品牌气质。

到今天，我们已经做了整整 30 期《王峰十问》，平均下来几乎是两周做一期，最疯狂的时候，10 天做了 3 期，我们的团队忙到了不吃不睡的地步。现在，我认识了区块链行业中的大部分从业者。

感谢所有参与过访谈的嘉宾，感谢帅初、陈伟星、曾鸣、朱啸虎、陈榕、蒋涛、赵东、蔡文胜、周鸿祎、吴忌寒、V 神、赵长鹏、朱嘉伟、宋晓冬、Sunny King 等。

特别要说的是，嘉宾们的参与都是有深度的，他们敢于直面我的怀疑，毫无保留地分享自己的观点。我们写出来的很多问题，略显血性，文字中掩盖不住挑衅的调子，所以与他们对话、交锋和碰撞，也充满了冒险和刺激。

可以说，每位嘉宾的影响力，让《王峰十问》逐渐扩大了品牌效应，每位嘉宾的智慧和坦诚，让《王峰十问》有了不同的烙印。

这里，我还要特别感谢《王峰十问》内容策划团队的核心成员：商思林和邓鹏。商思林有参与创办财经类杂志的经验，也是原来蓝港互动旗下投资团队的同事。邓鹏原来是蓝港互动总裁办主任。他们后来以联合发起人的身份参与创办火星财经。在大半年的时间里，我们因为白天事情太多，没有太多时间坐下来一起讨论，所以他们只能陪我晚上加班，一起绞尽脑汁，否则以我个人的精力和能力，根本没办法完成对话的内容。火星财经总编辑李劳后来也加入团队，参与了大量工作。

我还要感谢火星财经微信学习群里的好友们，他们大部分是产业的积极参与者，因为他们的热情参与，尤其是区块链微信群创始人玉红的积极帮助，我理解了社群的价值，有了我们做的第一个社群化访谈 IP，也才有了将《王峰十问》成书的机会。所以，我常说火星财经是通过社群化发展起来的。

我还要感谢各综合门户和行业媒体朋友的关心和关注：腾讯、网易、新浪、搜狐、凤凰网、今日头条、36 氪、创业邦、巴比特、金色财经、币世界、链得得、深链财经、火讯财经、链闻等，要特别感谢喜马拉雅

FM 对《王峰十问》的支持，他们第一时间将我们的文字内容，通过专业语音播音放到平台上。

我还要特别感谢中信出版社许志、吴长莘等编辑老师对本书编写的悉心帮助，我感受到她们精益求精的产品意识和专业严谨的务实态度。

感谢我的投资人，策源资本的冯波、IDG 的过以宏、泛城资本的陈伟星、Okex 创始人徐明星、火币创始人李林、BeeChat 的 Flash、明势资本的黄明明、紫辉创投的郑刚、德同资本的邵俊、铭恩资本的苗旺等人。

以上名单，挂一漏万，还望大家多多包涵。点滴帮助，谨记心中。

有人也许注意到了，我访谈的对象不只是区块链行业的人。是的，未来如果有精力，“十问”的嘉宾也会有人工智能、物联网、云计算、大数据、工业 4.0 等新兴领域的。我希望今后会有更多《王峰十问》系列作品问世，但是这要靠我们团队的努力，我一个人做不到。

《王峰十问》早晚会湮灭在浩瀚的信息流中，无人问津。如果日后有人突然提起，我希望大家能够记住它是一个有烧脑问题的访谈——每个问题都花过很多心思，都被苦思冥想过。

目录

第一部分　开发者

1

第一部分

开发者

以太坊价值并不依赖比特币｜V 神

维塔利克·巴特林

1994 年，出生于俄罗斯；2011 年，开始研究比特币，联合创立《比特币杂志》（*Bitcoin Magazine*），并担任首席撰稿人；2013 年，进入加拿大滑铁卢大学学习，8 个月后休学；2014 年 1 月 23 日，在《比特币杂志》上发表文章《以太坊：一个下一代加密货币和去中心化应用平台》(Ethereum：A Next-Generation Cryptocurrency and Decentralized Application Platform)，首次正式对外提出以太坊的概念。2015 年 7 月，以太坊正式上线。截至 2018 年 6 月 21 日，以太币市值约 536 亿美元，仅次于比特币，位列全球加密货币市场第二位。曾获 2014 年世界科技大赛 IT（信息技术）软件类比赛冠军，为 2017 年《财富》（*Fortune*）杂志“40 岁以下 40 大影响力人物”之一。

以太坊的上线，开启了智能合约（Smart Contract）的新时代，促进了全球数字加密货币市场的大繁荣，犹如诞生了一个“万物生长”的全新世界。

全球数字加密货币的市场总值从 2017 年年初的 180 亿美元，最高涨到5 600亿美元。如今，市值排名前 100 位的数字加密货币，94%建立在以太坊上；市值排名前 800 位的数字加密货币，87%建立在以太坊上。

这让我想到电影《阿凡达》（*Avatar*），人类在第一次踏上潘多拉星球时，一方面被它不可思议的美景震撼，另一方面又心怀不安和恐惧。

接下来这位 90 后，就是缔造这个“万物生长”的全新世界的主角——以太坊的掌门人维塔利克（Vitalik，被称为 V 神）。

过去这场数字加密货币市场的大变革，可能也远远超过了他的预期。

第一问

Casper 和分片能应对以太坊开发者的期待和抱怨吗

王峰：2018 年 6 月 15 日，你在 Ethereum Core Devs 会议上表示，以太坊将考虑改变 Casper 和分片（Sharding）的激活上线顺序，不再分别发布，而是可能让它们同时激活更新。你是什么时候开始构思 Casper 机制的？你建立这一机制是受到了什么启发？

Casper：以太坊的权益证明（PoS）实现的工作流，并不是一个具体的工作流，它实际上是由以太坊团队正在积极研究的两个主要项目组成。不同于其他权益证明共识，在该共识下，系统可以快速惩罚节点的作恶行为。

分片：进行区块链扩容的一种解决方案，通过改变网络验证的方式来增加网络吞吐量。通常情况下，每个节点和区块链网络都包含区块链的完整副本。分片是一种允许节点具有完整的区块链的部分副本的技术，以提高整体性能和稳定速度。

V 神： 以太坊最初的计划是将 Casper 作为以太坊上的智能合约，让开发者可以更轻松地完成开发，同时可以完成分片存储。在权益证明和分片技术上，以太坊虽然已经取得进展，但如继续沿这个路线图发展，可能会产生一个更糟的产品，造成大量浪费，因此以太坊不得不选择放弃 Casper 的首个版本，重新构建 Casper。

智能合约： 当一个预先编好的条件被触发时，智能合约会立即执行相应的合同条款，其工作原理类似于计算机程序的 if-then 语句。智能合约的概念于 1995 年由尼克·萨搏（Nick Szabo）首次提出，但直到近年随着区块链技术的发展才逐步被社会大众熟悉。智能合约的概念具备承诺、协议、数字形式三大要素，因此能够将区块链的应用范围扩展至金融行业的交易、支付、结算和清算等各个环节。目前的智能合约，通常指的是支持执行图灵完备（turing complete）程序的以太坊区块链。

王峰： 我们对早期的工作量证明机制（PoW）、权益证明机制都比较熟悉，现在你能用通俗易懂的语言，简单介绍一下 Casper 机制的工作原理吗？

V 神： 目前，新的路线图仍然是"先 Casper，后分片"（Casper then Sharding），但是 Casper 的第一个版本会被修改，以便它可以完成一个完整的 Casper 和分片部署。

工作量证明机制： 是对于工作量的证明，是生成要加入区块链中的一笔新的交易信息（即新区块）时必须满足的要求。在基于工作量证明机制构建的区块链网络中，节点通过计算随机哈希散列的数值解争夺记账权，求得正确的数值解以生成区块的能力是节点算力的具体表现。比特币挖矿采用的就是工作量证明机制。

权益证明机制：与要求证明人执行一定量的计算工作不同，权益证明要求证明人提供一定数量加密货币的所有权即可。类似于把资产存在银行里，银行会通过你持有数字资产的数量和时间给你分配相应的收益。

此外，这种策略还有其他好处，例如，我们正在考虑在短期内使用 BLS 签名进行聚合以及长期使用 STARK[①] 签名进行聚合，能够允许 Casper 机制处理更多验证器，也能让我们把验证器的大小从 1 500 以太坊减少到 32 以太坊。

BLS 签名：2003 年由博内（Bonnet）、林恩（Lynn）和沙哈姆（Shaham）3 人提出。它是一个基于双线性映射且具有唯一确定性的签名方案，由于产生的签名很短，通常也被称为短签名方案。该方案的签名是椭圆曲线群上的元素，验证算法使用的是双线性映射。

但问题在于，仅仅验证区块链是否有效是不够的，我们还必须验证区块链中的所有数据是否在点对点（P2P）网络[②]中可用，并且任何人都可以在有需求的时候下载其中的任何一个数据。否则，即使区块链是有效的，生成不可用的区块仍然可以被当作一种攻击手段，用剥夺其他人更新加密验证的能力来阻止其他用户从账户中提取资金。

对此，我们已有解决方案，虽然方案有些复杂，即利用冗余编码数据

---

① STARK：可扩容的透明知识论证，是一种提供更高安全性的算法。

② 点对点网络：网络的参与者共享他们所拥有的一部分硬件资源（处理能力、存储能力、网络连接能力、打印机等），这些共享资源通过网络提供服务和内容，能被其他点对点节点直接访问而无须经过中间实体。

且允许用户随机抽样，来检查大部分数据是否在线，但如果可以验证大部分数据是联机的，则可以使用冗余数据来恢复其余数据。并且，在整个点对点网络中，冗余编码数据都是随机分布的。

王峰：关于 Casper，我咨询过中国一个知名的公链设计者，他提出："为什么 Casper 设计安全存款来阻止小玩家成为以太坊生态系统中的验证节点？即使在今天，如果你是比特币或以太坊的独立矿工，你仍然有可能挖掘一个区块，但是在 Casper 之后，所有的小矿工都不再有任何可能验证一个区块，这是否意味着 Casper 为块链系统带来了不公平问题和特权节点？"你能否在这里帮我解开这个困惑？

V 神："在 Casper 之后，所有的小矿工都不再有任何可能验证一个区块"的说法，我认为是不准确的。

首先，32 以太坊大约等于 10 万元人民币。我认为，在任何情况下工作量证明矿工的资金都不会小于这个数，因为工作量证明挖矿属于规模经济。如果你的算力小于这个数，可以通过加入矿池的方式来参与。

挖矿：利用电脑硬件计算、记录和验证被称为区块链的数字信息的过程。挖矿实际上就是记账的过程，矿工是记账员，区块链是账本，成功抢到记账权利的矿工会获得新生的比特币等奖励。其工作原理和矿物开采十分相似，故被称为挖矿。

矿池：本质上是一个完全节点，通过将少量算力合成并联合运作的方法，整合区块链网络中的零散算力，并在所有成员中共享奖励。在此机制中，不论个人矿工所能使用的算力多寡，只要是通过加入矿池来参与挖矿活动，无论是否成功挖掘出有效资料块，皆可按对矿池的贡献来获得少量奖励。

我们预计权益总量大约在10 000 000以太坊，因此接管整个分片需要至少10 000 000以太坊的40%，所以成本会非常高。即使真的有人拥有了接管分片的能力，如果以太坊遭受了攻击，我依然有能力恢复。

Casper背后的核心思想，就是将链的权益证明和传统拜占庭容错（Byzantine Fault Tolerance，简称BFT）算法整合在一起，类似Lamport、Paxos、PBFT等算法。许多人问我们，为什么不直接使用这些传统算法。答案是，我们觉得这些算法既复杂，又不适合区块链的范式和需求，因此我们钻研算法，并创建了一个我们认为更简单、更适合区块链范式的版本。

拜占庭容错：一类分布式计算领域的容错技术，来源于拜占庭将军问题。拜占庭将军问题是莱斯利·兰波特（Leslie Lamport）为描述分布式系统一致性问题（Distributed Consensus）在论文中假设出来的一个著名例子。由于硬件错误、网络拥塞或中断以及遭到恶意攻击等，计算机和网络可能出现不可预料的行为，拜占庭容错技术被设计用来处理这些异常行为，并满足所要解决的问题的规范要求。

数据可用性问题是分片中最具挑战性的问题之一，[①] 我发现，许多其他项目，甚至是那些和加密算法相关的项目，其实对于这个问题也没有太过重视。

第二问
影响区块链大规模应用落地的最重要因素是什么

王峰：很多业内人士都认为，2018年是区块链应用落地的关键一年。你

① 资料来源：https：//github. com/ethereum/research/wiki/A-note-on-data-availability-and-erasure-coding。

在 2018 以太坊技术及应用大会上也表示，金融行业可能应用得最早，游戏行业次之。此外，如身份认证、价值链等也逐步被一些场景加以应用。如今（2018 年 6 月底），为什么我们还没有看到大规模区块链应用的出现？你认为，影响区块链大规模应用落地的最重要因素是什么？

V 神：是的，我认为金融行业和游戏行业是最先应用区块链技术的两个行业。

以金融行业为例，相较于其他形式的数字技术，如今的金融技术其实是非常落后的，甚至“快要被时代淘汰了”。为什么我们不能像发送电子邮件一样，轻松地向世界各地汇款呢？当然，我知道中国境内汇款效率较高，但世界上很多地方，还没有广泛采用更好的解决方案。

在游戏行业，很多公司对在游戏中应用区块链技术非常有兴趣，它们希望将此打造成游戏内置资产，显然，这是许多人非常感兴趣的一个领域。

除此之外，在短期内，我认为区块链可以为其他行业提供的主要功能是互联互通（Interoperability）。我希望在一个共同的平台上，可以让一些服务提供者进行互动，同样，用户也可以更轻松地与另一个用户进行互动，这种方式能够在不创造集中垄断的前提下，带来很多好处。

现在金融行业已经有一些案例了，比如 OmiseGO① 和 AMIS②，我希望在其他行业也能看到类似的案例。

其他行业采用区块链技术时所面临的主要挑战，其实是公链的效率还不够高，因此人们很难被说服使用现阶段的公链，因为的确有很多不便，比如确认时间较长、交易费用较高等。

王峰：在不少人看来，区块链仅有为数不多的应用场景，其中最重要的是数字货币交易和 ICO（首次发行代币）。严格来讲，市面上很多分布式应

① OmiseGO：基于以太坊技术开发，可提供实时、点对点的价值交换和支付服务。

② AMIS：基于以太坊技术开发的一种共识算法。

用（DApp）来自糟糕的设计想法，并没有实际用途。你对以太坊生态的开发者有什么建议？

ICO： 源自股票市场的 IPO（首次公开募股）概念，是区块链项目首次发行代币，募集比特币、以太坊等通用数字货币的行为。2017 年 9 月 4 日，中国人民银行领衔中共中央网络安全和信息化委员会办公室、中华人民共和国工业和信息化部、中华人民共和国国家工商行政管理总局、中国证券监督管理委员会和中国银行保险监督管理委员会等部委发布《关于防范代币发行融资风险的公告》，指出代币发行融资本质上是一种未经批准的非法公开融资行为，要求自公告发布之日起，各类代币发行融资活动立即停止，同时，已完成代币发行融资的组织和个人做出清退等安排。

分布式应用： 也称中心化应用，在底层区块链平台衍生的各种分布式应用，是区块链世界中的服务提供形式。分布式应用之于区块链，类似于应用程序（App）之于 iOS 和安卓。分布式应用的特点包括通过网络节点去中心化操作、运行在点对点网络上、数据加密后存储在区块链上、参与者信息被安全储存等。

V 神： 我认为，状态通道（State Channels）在短期内可以做很多事情，它可以让一些去中心化应用程序提供更好的用户体验，更容易进行扩容。来自 L4① 的杰夫·科尔曼（Jeff Coleman），还有其他公司的一些员工最近做了很多工作，他们让状态通道技术更加标准化，也更容易使用，最近他们

---

① L4：由维塔利克的父亲——德米特里·巴特林协助创立，维塔利克担任研究顾问，其创始人均为以太坊技术社区元老。

还发布了一篇关于状态通道的论文。[1]

扩容：考虑到用户增加，在不影响用户体验（燃料费用、转账时间等）的条件下，区块链项目提高主网性能（吞吐量、延迟）的能力。

侧链（Sidechains）Plasma 可能对企业级应用特别有帮助，因为它允许以半中心化和半去中心化的方式，构建应用程序，一方面可以获得区块链的高安全性，另一方面可以获得中心化系统的效率优势。

侧链：主链外的另一个区块链，锚定主链中的某一个节点，通过主链上的计算力来维护侧链的真实性，实现公共区块链上价值与其他账簿上价值在多个区块链间的转移。利用侧链，可以轻松地建立各种智能化的金融合约，如股票、期货、衍生品等。

Plasma：区块链可扩展性问题的众多解决方案之一，根据维塔利克 2017 年 8 月发布的公开信，Plasma 是一个可扩容的自主智能合约框架，能够将区块链的交易量提高至每秒 10 亿次左右，从而让区块链本身成为全球大量去中心化金融应用的集合。

另外，开发人员还应该多了解 Vyper,[2] 这是一种相对较新的智能合约开发语言，它还是比较容易理解的。它采用了类似 Python 的语法，也有更多安全功能。最近 Vyper 发布了一个测试版。[3] 我听说很多中国的开

① 资料来源：http：//counterfactual. com/statech annels。

② 资料来源：http：//vyper. online/。

③ 资料来源：https：//github. com/ethereum/vyper/releases/tag/v0. 1. 0-beta. 1。

发人员喜欢 Python 编程语言，所以我认为他们尝试 Vyper 的时候，会觉得很容易上手。

我还知道有些团队正致力于跨链交流，但我个人对此并不感兴趣。

他们可能只需要每隔一分钟向公链发布一个交易，服务器端就发生无限次数的交易，这与传统的集中式方式非常相似。但是，服务器仍会向每个用户发送 Merkle 树[①]认证，以便让他们验证自己的交易历史，如果这些服务器发生故障或遭到黑客攻击，用户肯定能知道。此外，Plasma 合约还将确保资产可以被转移到基于以太坊的 ERC20[②] 上，或者被迁移到另一个 Plasma 上。

ERC20：基于以太坊的代币合约标准规范，遵守该规范的代币合约可以被各种以太坊钱包以及相关的平台和项目支持。最先由以太坊社区团队提出，开发人员有能力对新代币在以太坊生态系统中的作用进行编程。

王峰：如果我们脑洞大开，站在更远的未来审视现在，那今天的智能合约对于区块链的发展会不会是一个错误的指引？

V 神：我认为很多人都误解了智能合约，他们对其有刻板印象，认为智能合约是为了完成一些事情，比如“我付了 10 个以太币来建立一个网站，所以我把这 10 个以太币放到了一个智能合约中，智能合约检测我是否建立了网站。如果检测到网站已建成，它会自动支付 10 个以太币”。

这里的问题是，这种检测难度极大，智能合约代码本身根本无法告诉你“某个东西”究竟是不是一个网站。实际上，我们应该把智能合约看

① Merkle 树：为了解决多重一次签名中的认证问题而产生的，具有一次签名大量认证的优点，在认证方面具有显著的优势。如今，Merkle 树的树形结构已经被广泛应用到信息安全的各个领域，比如证书撤销、源组播认证、群密钥协商等。

② ERC20 是以太坊上的代币合约标准规范。

作一种经济机制。智能合约并不是要完成所有事情，而是为各方制定一套可以相互交流的规则——其中一方可以是仲裁员，或者可以使用博弈论创建智能合约，而没有任何仲裁员，也可以产生良好的激励。

现在有一个“2－of－2”的托管概念，只要产生争议，所有人的钱都会被“烧掉”。这种概念看上去很苛刻，可是一旦这么做，即使没有仲裁员来确定争议中某人的对错，也能激发各方诚实地完成相应工作。状态通道和 Plasma 也都依赖于成熟的智能合约逻辑来实施这些机制。

而像比特币这样纯粹的“以支付为中心”的设计，其实很难实施这样的机制，比特币不能执行 Plasma，只能通过在状态通道上设置更多限制和更复杂的方式，实现类似 Plasma 一样的侧链，而以太坊则灵活很多。

不过，我发现这种模式的一个问题是，如果你创建了一个通用系统，那么由于图灵完备性，你知道该系统在 20 年内是通用且一直可用的。如果你为某个行业创建了一个专用系统，该行业的需求迅速发生了变化，那么这意味着协议规范需要每隔几年更新一次。这对于基础层公链来说，并不是很好。

因此，区块链需要在治理机制上付出很多心血，以便就新的协议规则达成一致，这样反而会导致中心化的产生。但是，我坚信，对于某些特定行业，Plasma 会非常有潜力。

第三问
柚子，你怕吗

王峰： 6 月 15 日凌晨 2 点 11 分，柚子（EOS）主网成功激活。柚子通过并行链和股份授权证明机制（DPoS）解决了延迟和数据吞吐量的难题，性能上超过比特币和以太坊。

股份授权证明机制：与董事会投票类似，该机制拥有一个内置的实时股权人投票系统，就像系统随时都在召开一个永不散场的股东大会，所有股东都在这里投票参与公司决策。基于股份授权证明机制建立的区块链去中心化依赖于一定数量的代表，而非全体用户。

我曾留意过 BM［丹尼尔·拉莫（Daniel Larimer）］的柚子白皮书，他把柚子定义成区块链 3.0，于是，今天很多区块链从业者的 PPT（幻灯片）里都会这样介绍：比特币 = 区块链 1.0，以太坊 = 区块链 2.0，柚子 = 区块链 3.0。你是否同意这样的描述？什么是你眼中的区块链 3.0？

白皮书：在区块链领域，通常指解释加密货币中使用目的和技术的文档。某个加密货币的白皮书，可以帮助人们了解它所提供的内容，同时也是投资人了解该项目的重要信息渠道。

V 神：我不太喜欢用 1.0、2.0 和 3.0 来讨论问题，但是如果存在区块链 3.0 这样的东西，那么可扩展性无疑是其中的一个重要部分。

我知道，柚子的性能比比特币和以太坊还要高，但差距不是太大，我记得最近在一些测试网站上看到是几百 TPS（每秒交易数）。我坚信，实现大规模应用所需的可扩展性，不仅仅是投入更多算力的问题，它需要全新的方法和大量的探索。这就是我在状态通道、Plasma 和分片技术上努力探索的原因，这是非常有价值的。

TPS：每秒钟系统能够处理的交易或事务的数量，是衡量系统处理能力的重要指标。一般认为，如果 TPS 并发太低，容易造成网络拥堵严重，从而使区块链在高价值、高并发业务领域无法落地。

王峰：柚子官方发布的哪些技术指标，引起过你和团队的重视？

V 神：柚子绝对是一个有趣的实验，它试图做到跟以太坊和其他平台完全不同。这不仅仅是一个技术实验，也是一场政治科学实验。柚子社区试图在区块链上创建一种“数字政府”，包括宪法、行政部门（21 个节点）和司法部门（仲裁员）等。从它的哲学思想来看，有一点非常明确，就是柚子认为“代码不是法律”，并且这个“数字政府”有望积极地解决人们的问题。

话虽如此，这种方法是有风险的，所以我预计会有许多应用程序发现它的风险太大，其实很多人对区块链感兴趣，正是因为他们希望有一个更安全、更难以改变的平台。柚子已经冻结了 7 个账户，并且没有给出任何警告，这当然可以帮助人们在被盗窃和被诈骗后找回自己的损失，但也带来了问题。

当你尝试在柚子上构建一个应用程序时，而柚子中央机构并不喜欢，会发生什么？柚子本身能够在以太坊上 ICO 和运行代币，我们没有权力阻止它。可是，你认为柚子仲裁委员会对运行 ICO 的柚子竞争者同样友好，并让它们在柚子上发行代币吗？你确定吗？

我认为，预言机（Oracle）通过向智能合约提供外部信息，从而使智能合约更好地工作。Oraclize（全球应用非常广泛的区块链预言机服务）长期以来一直致力于集中式开发，但我也对去中心化的预言机项目感兴趣。Augur（一个去中心化的预测市场平台）有一个内置的去中心化的预言机，来确定某个事件的“真实”结果。日本一个名为 Reality Check 的项目，由埃德蒙·埃德加（Edmund Edgar）运营，也试图做类似的事情，这对于智能合约很有帮助。

王峰：伴随着柚子主网上线，柚子第一批 21 个超级节点也随之产生，但你一直对柚子节点颇有微词：“柚子的 21 个超级节点并不是 21 个不同实体，节点之间可能存在内在联系的共谋，天然会导致财阀的垄断。”后来，BM 发表了长文《加密经济治理的局限性》，解释了股份授权证明机制的初衷和意义，回应你的质疑。BM 说，你致力于寻找一种加密经济的黑匣子，它不能依靠股权或个人来投票。而他相信人性本善，你们的主要区别在于基本假定的差异。对此，你要不要再做一下回应？

V神：我的理念是，希望底层链在尽可能广的场景下工作，而且确实很难预测将来加密货币持有者会获得什么样的利益和价值。经济激励之所以有用，是因为它是一种应用最广的激励，无论是富人还是穷人、个人还是公司或机器人，我们都知道，激励会影响其行为，并促使其以某种方式采取行动。

在我们彼此相互了解、关系密切的环境中，经济激励措施的意义确实要小得多，而在这种情况下，依赖善意，通常会更好。

以太坊是一个面向世界的基层块链平台，因此它不能对谁参与其中或者对谁在运行相关验证程序节点的证明进行假设。而且，以太坊上的应用程序，在许多情况下可以做出更多的假设，并依赖更具社会性而非经济性的方法。我认为分散式平台肯定有空间，看起来更像是“社区平台”，而不是“世界平台”。

对于以太坊，我认为现在还不是对全世界说“以太坊是伟大的，你们现在都应该进入”的时候，因为以太坊现在还是只有很少的应用进入，普通人目前唯一真正能做的就是购买和交易，我认为这是不应该关注的事情。

现在重要的是构建技术，使以太坊最终能够处理更多的用户，并尝试与社区建立联系，以帮助我们实现目标。这就是为什么我们已经与许多密码学家建立了联系，并且现在正在与经济学界和设计界建立联系。

最近，越来越多的经济学家开始谈论区块链，包括格伦·魏尔（Glen Weyl）等。我认为，从他们那里了解区块链，可以为社会提供很好的价值。

王峰：目前，任何涉及以太坊的行为，无论是简单交易，还是智能合约，甚至ICO，都需要一定量的燃料费用。然而，随着以太坊新项目越来越多，网络使用成本越来越高，对于开发商和智能合约创造者来说，燃料费用都是一笔不小的成本，有人甚至声称：高昂的燃料费用正在扼杀一些以太坊项目，燃料成了以太坊的绊脚石。

燃料：为防止以太坊网络发生蓄意攻击或被滥用的现象，以太坊协议规定交易或合约调用的每个运算步骤都要收费，这笔费用以燃料作为单位计算。

V 神：柚子币交易免费，是一个误解。柚子币交易不是免费的，也不是直接支付交易费，而是通过持有柚子币（不是持有其他你想拥有的代币）来间接地支付交易费用。

我写过一篇很长的文章,[①] 谈为什么这是一个坏主意，并且最终可能会产生一个复杂的收费市场的版本。我认为，最终降低费用的唯一方法是解决可拓展性，这样供应就可以迎合需求，而且，我们会非常积极地使用状态通道、Plasma 和分片技术。

在这一点上，CryptoKitties[②] 和很多游戏肯定有助于推动以太坊获得更多的关注和应用，人们对游戏行业的兴趣显而易见，我希望以太坊可以尽快超越游戏行业拓展到更多领域。

第四问

以太坊的价值有一天会灰飞烟灭吗

王峰：6 月 14 日，美国证券交易委员会（SEC）财务部门总监威廉·欣曼（William Hinman）在一次公开活动上称，以太坊的加密数字货币以太币不属于证券。受此消息影响，以太币价格当天上涨 8% 至 520 美元。实

---

① 资料来源：https：//EndoSc/CH/T/Reas-PaseTeff-Fun-Test/s40/940。

② CryptoKitties：2017 年年末风靡全区块链网络的一款以太坊养猫游戏。用户在游戏中可以养育、买卖“电子宠物”小猫并使其繁衍后代，每只小猫和其繁衍的后代都是独一无二的。

际上，早在2013年美国就曾发布有关加密货币监管的声明，但是对其作为“证券”由证券交易委员会监管，还是作为“商品”由期货交易委员会（CFTC）监管，还没有明确的立法。

V神：我们在2014年非常认真地考虑过证券监管法规等问题，我们与多家律师事务所进行了磋商，并仔细确认了我们所做的事情是否符合当时的法律。

我们很高兴地看到，美国证券交易委员会认为并非所有的加密货币都是证券。我觉得，监管政策绝对会继续影响区块链技术的进步，尽管这主要是从应用角度来看。总体来说，各国政府已经认识到，彻底关闭公链网络是非常困难的，但监管它们则要容易得多。

我觉得，有激励机制的多跳网络（mesh networking）和需要付费的无线接入热点（paid Wi-Fi access hotspots）可能是区块链技术得以应用的两个领域。

多跳网络：一个动态的可以不断扩展的网络架构，可以实现无线设备之间的传输。相对于ISP（互联网服务提供商），多跳网络具有部署成本低、足够的中立性、带宽分配公平、杜绝电力浪费等优势。

如今，很多人仍然无法访问互联网，一些互联网链接还被人用密码“封锁”，现在虽然有了一些解决方案，但是仍然无法满足庞大的互联网访问需求。此外，有激励机制的多跳网络可以在某些领域发挥巨大潜力，但是这种潜力目前是被忽视的，比如在紧急情况下提供互联网接入服务。

对于目前的金融行业来说，我并不是非常期待它应用区块链技术，尽管现在很多金融机构已经开始尝试这一新兴技术，但我现在更关注新项目和更直接的点对点网络交互。我希望，美国证券交易委员会欣曼的言论能够鼓励区块链变得更加去中心化。

评估加密货币的价值是非常困难的，这也是加密货币行业如此混乱，以及很多新加密货币不断涌现的主要原因之一。我预计在未来几年，整个行业会稳定下来，之后新发行的加密货币数量会不断减少。越来越多的项目会更重视提供价值，而且加密货币的基础价值和市场价格之间会存在更多相关性。

但是，我们可能还是会看到全球的成千上万种代币，我希望这些代币都是好的代币。我个人非常希望退休基金不要大规模投资加密货币。如果我是一位 70 岁的老奶奶，我知道自己的退休金被用以投资一些稳定性很差的加密货币，我肯定会非常沮丧。

王峰：最新的行情显示，比特币市值 1 088 亿美元，以太坊市值 489 亿美元，以太坊的市值未来可能超过比特币吗？我们不妨大胆假设，如果比特币价值归零（当然我们认为这种可能性为零），以太坊还会有价值吗？

V 神：尽管现在加密货币价格和比特币价格走势的关联度很高，但在这样极端的状况下，我依然认为以太币并不依赖比特币。比特币只是众多加密货币中的一种。

我很欣慰的是，现在加密货币已经逐渐多样化了，这对去中心化是非常有好处的，当你有更多方法去尝试不同技术时，关闭所有加密货币就会变得非常困难。

可以肯定的是，很多优秀人才都在开发区块链项目，希望他们中间至少有一些人能够非常出色，并取得成功。

第五问
以太坊会把代码迁出 GitHub 吗

王峰：2018 年 6 月 5 日，微软宣布斥资 75 亿美元收购在线代码分享和协作平台 GitHub。① 有人欢迎这一举措，也有一些区块链开发者对这次交易

① 截至 2018 年 6 月，GitHub 上托管了 8 500 万个存储库，2 800 万个开发者为它们做出贡献。

感到不安，后者认为微软向来都与开源社区和其他公司作对，收购后会滥用自己的支配地位。其实，微软有一段有关开源软件的“黑历史”，早在10年前，微软就被指控暗中攻击开源软件Linux的专利权，其前首席执行官（CEO）史蒂夫·鲍尔默（Steve Ballmer）甚至将Linux称为“癌症”。此外，微软现在还继续要求安卓（Android）厂商支付安卓专利费用等。一系列事件让很多开源爱好者和开发者认为微软不值得信任。你如何评价微软收购GitHub？你认为GitHub未来能保持真正的独立发展吗？

V神：我知道微软之前一直非常反对开源，在21世纪初，互联网社区认为微软是最大的“邪恶敌人”。不过，我从与微软的互动中可以看到微软正在尝试改变自己的形象。我觉得，它已经采取很多措施来改进与开源社区之间的关系，比如，微软为Linux提供了Azure云计算服务，对开源的贡献也越来越多，但是微软在这方面做得还不够完美。

对于微软收购GitHub，在短期内，我个人看不出有什么理由要感到害怕的。但是，我们一定要保持警惕，确保GitHub不会成为垄断者，如果出现任何问题，我们也要有替代方案。

我觉得GitHub现在做得很不错，除非真的有什么事情发生变化，否则我们不需要做任何事情。

王峰：最近，包括比特币核心开发者在内的许多从业者表示，他们可能将代码迁移至其他平台存储，如谷歌（Google）投资的代码托管平台GitLab。以太坊未来会考虑将代码从GitHub上迁移出去吗？

V神：我认为，初创公司总是关注自己的核心商业模式，风险投资家则希望自己投资的初创公司能够被大企业收购，这样的想法是非常不合适的。因为按照这样的逻辑，初创公司创造的东西反而更像是计划经济里的产品，而不是自由市场里的产品，而且激励措施也不是由客户来设定，而是由一小部分的大企业设定的。

针对 Parity 协议，我们提出了 EIP 999 协议①。在论坛 GitHub 和 Reddit 里，我们看到一些人对 EIP 999 协议持反对意见，根据投票结果——“no”（否定）的比例为 55%，“yes”（肯定）的比例为 39%，② 人们似乎对推动这个协议没什么兴趣。在这一点上，我认为以太坊很可能永远不会再看到任何加密货币的复苏，因为全球许多案例在政治上引起争议，任何设置门槛的尝试都会导致低于门槛的人抱怨自己没有被包括在内。

当我们转向分片时，那些向更多人归还资金的公链可能会“被一次性清理”。即便如此，我认为我不应该做这个决定，甚至不应该去过度影响这个决定的最后产生。

第六问

对中国区块链行业的过去和未来，V 神怎么看

王峰：我们谈谈中国吧，这里有很多关于你的传说。有人说，2015 年你在上海外滩的一个欧式酒店里进行了以太坊的路演，台下有人对你产生了质疑。有人说，在深圳某次区块链聚会的合影中，你站在最后一排最右侧不起眼的角落里。还有很多人宣称，你曾上门拜访他们。有趣的是，他们中的一些人拒绝了你的募资。你能不能在这里讲讲那次中国之行？当时中国区块链从业者们对以太坊有哪些典型的评价？

V 神：我是 2014 年第一次来到中国，那次中国之行非常有意思，我第一次看到了华人区块链社区。当时，人们对交易和采矿有着浓厚的兴趣，我也发现中国真正的区块链技术项目在不断增多。但我不是非常了解华人社

---

① EIP 999 协议：以太坊钱包 Parity 开发者阿弗里 · 肖顿提出的一项旨在升级以太坊智能合约进而盘活一些被系统冻结的以太币的协议。根据此协议，以太坊可能被分裂为两个相互竞争的链条。

② 资料来源：https：//www. etherchain. org/coinvote/poll/35。

区的反应，也不知道究竟有多少人对区块链感兴趣、有多少人对我产生过质疑。

王峰：你能否谈谈对中国区块链项目的整体印象？

V神：事实上，当你创建了一个所谓“激进”的新项目时，很多人自然会觉得不靠谱，甚至觉得很疯狂。我很理解这样的想法，因为太多项目真的很疯狂。

中国区块链行业的开发人员的素质正在不断提高。2018年6月，在北京的一次活动上，很多专业的与会者给我留下了深刻的印象。

我觉得，中国区块链行业现在面临的主要挑战，其实是研发水平还不够高。如果你看一下是谁在发明算法，比如权益认证、分片、零知识证明等，就会发现大多其实是以色列人、美国人、新加坡人，还有一些欧洲人。不过最近，我看到很多来自中国的学术论文的相关讨论，希望中国区块链行业能在研究方面有新的突破。

零知识证明：证明程序本身能够说服证明程序，其间不用提供任何有用的信息。在文艺复兴时期，意大利有两位数学家曾用零知识证明的方法争夺“三次方程发现者”的头衔。当时，数学家塔尔塔利亚（Tartaglia）和菲奥（Fio）都称自己掌握了这个公式。为了证明自己没撒谎，在没有公布公式的情况下，他们同意给对方30个一元方程来解决这个问题。结果塔尔塔利亚解出了菲奥给出的30个方程。就这样，塔尔塔利亚被认为是一元三次方程的真正发现者。

我没有花太多时间关注数千个不同的区块链应用程序，我需要专注于自己认为重要的东西。现阶段，我认为重要的东西是底层区块链协议。

对于任何一个区块链协议来说，最好的办法就是切换或直接使用权益证明。ASIC（专用集成电路）太中心化了，我知道现在比特币领域，有人生产了市场上的绝大多数 ASIC 矿机，而且已经开始使用这些矿机进行挖矿了。一些工作量证明算法开始抵抗 ASIC 挖矿，而且是去中心化的。

矿机：用于赚取比特币等加密数字货币的计算机。早期多采用烧显卡的方式工作，耗电量较大，用户用个人电脑下载软件，然后运行特定演算法，与远方服务器通信后可得到相应的比特币等加密数字货币。目前，很多公司已经开发出搭载特制挖矿晶元的专业矿机，性能比普通的电脑高几十倍或者几百倍。

ASIC：一种为满足特定用户要求和特定电子系统需要而设计、制造的集成电路（IC）。与通用集成电路相比，ASIC 具有体积小、功耗低、可靠性高、性能高、保密性强、成本低等优点。使用 ASIC 芯片作为算力核心的矿机，挖矿能力远远优于 GPU（图形处理器）。

但在 2018 年，我们发现很多抵制 ASIC 挖矿的加密货币都受到了攻击，这表明，与 ASIC 挖矿对抗并不是一件容易的事情。我们可以参阅大卫·沃里克（David Vorick）写过的一篇文章，[①] 这绝对需要一个硬分叉。如果你的问题是，硬分叉是否会引起像以太经典（ETC）这样的连锁分叉，我认为答案是否定的，部分原因在于，所有重要的工作量证明用户已经迁移到了以太经典上。

① 资料来源：https：//blog. sia. tech/the-state-of-cryptocurrency-mining-538004a37f 9b。

硬分叉：在区块链或去中心化网络中不向前兼容的分叉，硬分叉对加密货币使用的技术进行永久更改，这种变化使得所有的新数据块与原来的区块不同，旧版本不会接受新版本创建的区块，要实现硬分叉，所有用户都需要切换到新版本协议上。如果新的硬分叉失败，所有用户将回到原始数据块。

王峰：Ethereum 被翻译成“以太坊”，你觉得怎么样？“坊”在中文里多用于地名，或代指小手工业者的工作场所。

V 神：我觉得这是个很棒的名字。

第七问
以太坊的诞生，竟然是因为《魔兽世界》

王峰：我们知道，你的区块链启蒙者是你的父亲，他是早期区块链孵化器的联合创始人。媒体报道，他在你 17 岁时第一次给你介绍了比特币，你一度还对此表示怀疑，但两年后你开始进入区块链行业。对于你现在做的事情，你们还会经常交流吗？他给过你什么建议和提醒吗？当以太坊第一个版本上线时，他有什么反应？

V 神：当我发布以太坊的时候，我的父亲非常自豪，而且还参与了推广活动，邀请了很多他的好朋友。最近，我的父亲卖掉了自己的公司 Wild Apricot，我知道他这么做，是想要在区块链行业里做更多事情，他现在已经加入 BlockGeeks[①]。我们总是会有很多话要谈。

王峰：据说，你在“不相信”区块链的两年里，一度很喜欢玩《魔兽

① BlockGeeks：一个人才市场和知识共享平台，专注于新兴的区块链运动，在加拿大多伦多推出。

世界》[①]（*World of Warcraft*）。你在游戏里是什么职业？你设计以太坊，会从网络游戏中获得启发吗？

V 神：《魔兽世界》我玩得很不错。我在《魔兽世界》里有很多角色，我是一个 80 级的法师、80 级的术士，还是 73 级的圣武士。当然，我还有很多其他游戏角色，但是我忘记了，毕竟已经有 8 年时间没有玩游戏了。现在我喜欢在公园里散步，相比于虚幻的游戏世界，我更喜欢看到真实的大自然。

我不认为《魔兽世界》和以太坊之间有很多联系，虽然《魔兽世界》里有个敌人的角色叫"Ethereal"，看上去和"Ethereum"很相似，但这可能是个巧合，或是人们潜意识里觉得有关联。

王峰：我看到有报道说，以太坊最早的一笔资金，是硅谷著名的天使投资人彼得·蒂尔（Peter Thiel）的 10 万美元。彼得·蒂尔被视为硅谷的思想家，他是贝宝（PayPal）的创始人之一，也是脸书（Facebook）的首位外部投资者。他曾说过："对大多数的数字货币，我都很怀疑，但是我认为人们低估了比特币的价值。"

V 神：我其实和彼得·蒂尔没有很多互动，这可能让人觉得有些惊讶。不过，我和他的一些项目的工作人员有过很多交流，比如蒂尔基金会（Thiel Foundation）和 Mithril 等的工作人员。

之所以和彼得·蒂尔没有太多交流，是因为我们两个人的想法有很多不同，我认为应该权力下放、去中心化，而他认为垄断很棒！

第八问
豪宅或兰博基尼是你想要的吗

王峰：今天的智能合约让区块链应用成为可能。但到目前为止，以太坊最

---

① 《魔兽世界》：美国游戏公司暴雪娱乐开发的多人在线角色扮演游戏。游戏以该公司出品的即时战略游戏《魔兽争霸》的剧情为历史背景，玩家可以在魔兽世界中冒险、完成任务、开始新的历险、探索未知的世界和征服怪物等。

大的作用是发行通证（Token），网上甚至有3分钟用以太坊发行自己的通证的教程。

通证：可流通的价值加密数字凭证。通证需要具备3个要素——权益、加密、流通，缺一不可。其中，权益是指通证必须以数字形式存在的权益凭证，它代表一种权利、一种固有和内在的价值；加密，即通证的真实性、防篡改性和隐私性等由密码学予以保障；流通，即通证必须能在一个网络中流动，随时随地可以被验证。

根据高盛（Goldman Sachs）的研究，在2017年6月，ICO的筹资金额首次超过了早期风险投资的金额。ICO的筹资金额与早期风险投资的金额比较如图1.1所示。同时，这种一诞生就等同于上市的募资形式极大地激发了全球的财富效应，它让很多幸运的年轻人顷刻间拥有了豪宅或兰博基尼。经历了个人财富爆发式增长，你的生活方式有什么变化吗？我知道你曾向盖茨基金会和GiveDirectly捐款，你是什么时候考虑向它们捐款的？

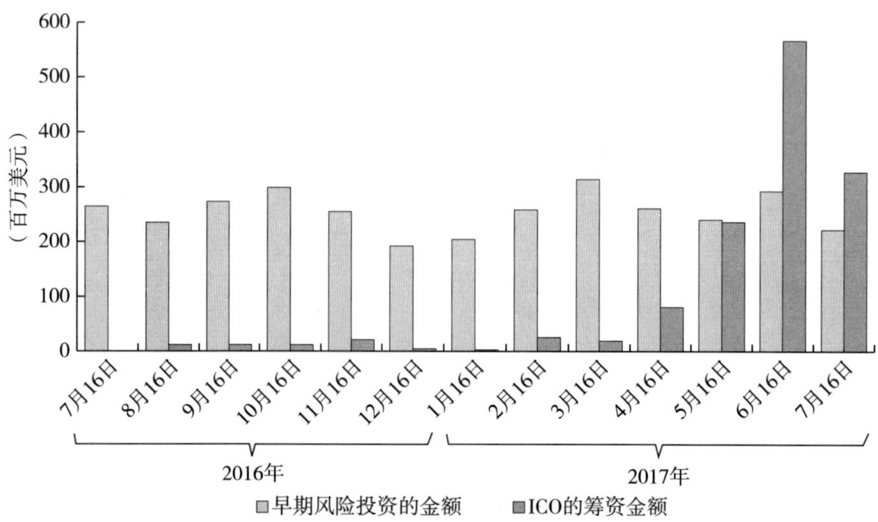

图1.1　2016年7月至2017年7月ICO的筹资金额与早期风险投资的金额比较

V 神：对我个人来说，财富增加对我的生活没有太多改变，只是我不需要再为与花费两美元乘巴士类似的琐事担心。我赚钱的目的不是买大房子或豪车，而是拥有安全感。有钱之后，我就可以随心所欲地做我想做的事，而不必担心钱的问题。所以，我现在不用把时间浪费在赚钱上，而是可以专注于创造我认为有价值的东西。

此外，我很高兴以太坊基金会获得了足够的资金，可以顺利经营多年。而且，我们现在可以通过自己的资助计划，为外部团队提供资金，也可以为一些前沿项目的研究提供资金。比如最近，我们就向斯坦福大学的 Dan Boneh 实验室捐赠了 500 万美元。①

另外，我们还给反疟疾基金会、GiveDirectly 和 SENS 进行捐款，当然，我们的捐款方式可能和给比尔及梅林达·盖茨基金会捐款的方式不一样——虽然我们都在反疟疾方面做了很多工作。我觉得，当我有了钱，我应该抓住机会来拯救成千上万的生命。显然，钱应该到它应该去的地方，比如钱可以被用来使成千上万的非洲人免受疟疾灾难，或是被用来给他们购买食物。

第九问
区块链创业者真的接受 DAICO 自治模式吗

王峰：2018 年 1 月，你提出了 DAICO 的融资模式，很多时候区块链项目方募集资金可以通过智能合约的方式，并以类似业绩对赌的形式，逐步发放给项目团队。这一融资模式是基于什么原因提出的？DAICO 模式现在发展得怎么样？就你的观察，区块链创业者是不是真的接受 DAICO 这种自治模式？

---

① 资料来源：https：//cbr. stanford. edu/。

DAICO：2018 年，以太坊创始人 V 神针对 ICO 的乱象，提出的一种创新融资模式。这个模式既可以最大限度地保证投资者利益，降低投资者风险，还可以给开发者团队足够的开发资金。它让投资者可以根据项目开发者表现出来的能力进行预算发放，同时有机会灵活调整或关闭众筹项目。

V 神：我之所以推出 DAICO 模式，是因为看到 ICO 出现了一系列问题。现在 ICO 项目资金主要来自前端，所以当一个项目想要获得资金的时候，创业者就有动力做大量营销工作，但是一旦这家公司募集到了资金，很多创业者就没有动力继续发展项目、确保项目质量了，有的甚至会跑路。

DAICO 模式的设计理念，是构建一个结构，让项目开发者每次只能获得少量资金，然后让项目代币持有者投票决定该项目是否值得获得更多的资金。此外，项目代币持有者还可以投票决定是否取消该项目，然后把剩余资金归还给自己。这种方式，可以让项目代币持有者和项目开发者获得更好的协调性激励。

现阶段，DAICO 模式只是我的一个想法，但是我发现很多项目正试图实施它。我希望能有几个试点，然后看看这种模式是否有效，或在失败后能吸取一些经验教训。DAICO 模式与 DAO、ICO 的关系如图 1.2 所示。

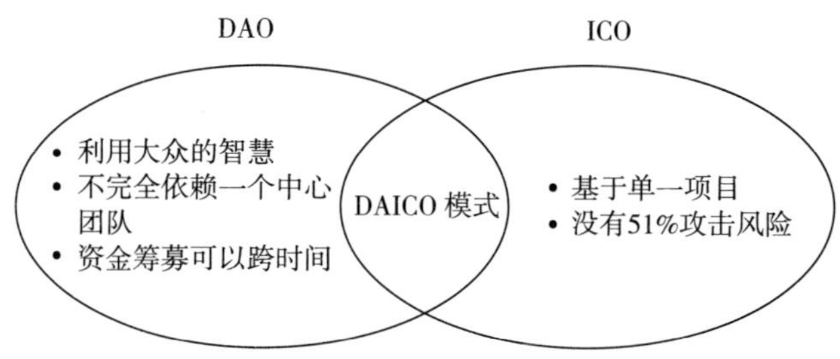

图 1.2　DAICO 模式与 DAO、ICO 的关系

我觉得区块链和智能合约是一个构建去中心化经济体制和解决问题的平台，有了这个平台，我们就不需要把所有权力交给那些中心化可信机构了。因此，我们的社区如果能够认真对待这个问题，可以首先尝试解决一些行业内的问题，之后再逐步拓展，这会非常有意义。

我们会在柏林召开一次会议，讨论 Casper 和分片的工作进展情况。我知道 Prysmatic Labs① 正在构建基础设施，并在 Geth② 上实施分片，现在这项工作已经取得了很大进展。我希望，尽快看到测试网的发布。

第十问

如果 V 神隐身一年，以太坊将会走向何方

王峰：在成立以太坊之初，你坚持 DAO（去中心化自治组织）是一个非营利性组织。虽然最初的 10 位联合创始人中曾有人建议成立公司，但你一直在恪守它的非营利性定位。你曾在媒体采访中透露，你甚至为此“解雇”了两位核心成员。这是一件很有意思的事情，一个去中心化的非营利性组织会“解雇”工作人员。

去中心化自治组织：一种通过智能合约保持运转的组织形式，并将其金融交易和规则编码在区块链上，有效地避免了对中央权威机构的依赖。由于没有集中的决策机制降低成本，这在理论上为投资者提供了更多的控制权和访问权，理论上讲，去中心化自治组织为投资者提供了更多的控制权和访问权。

我们必须承认，你个人对于以太坊来说是一个至关重要的中心。2017

① Prysmatic Labs：知名的以太坊项目扩展解决方案的开发商。

② Geth：Go-ethereum，用 Go 语言编写，是目前最常用的以太坊客户端。

年，一则你去世的谣言一度导致以太坊市值大跌40亿美元。同一年，你力排众议，以主动硬分叉修改以太坊，来解决3 600万个以太币被盗的危机。

你曾说，区块链有核心开发者，但他们只有暂时的权力。那么，你有没有想过，像中本聪（Satoshi Nakamoto）那样玩消失，隐匿于你所创造的以太坊世界之外？或者如果你休息一年，你觉得以太坊还会向你期望的方向发展吗？

V神：以太坊基金会仍然是一个传统组织，直到我们可以用某种方式找到彻底取代DAO的方法，所以，它仍然是一个“组织”，可以解雇人员，而我只是从“组织”中解雇人员，而不是在社区中解雇人员。我们组织中有很多人被解雇了，也有些人辞职了，但是他们还在为以太坊社区做很多很棒的工作，这其实是以太坊去中心化的本质之美。

如果说得再确切一点，解雇人员其实不是由以太坊基金会决定的，而是由市场决定的。

至于是不是我死亡的传闻造成以太坊市值下跌，我现在还不是很清楚，因为当时市场本身就比较低迷，而且下跌已经发生了。我坚信，关于DAO的分叉，社区内是有很多人支持的，当时进行了投票、民意调查等，结果80%的人支持分叉。正如我之前所说，随着时间的推移，我希望DAO分叉这样的事情变得越来越难。

分叉：在区块链中，由矿工挖出区块并将其链接到主链上，一般来讲同一时间内只产生一个区块，如果发生同一时间内有两个区块产生的情况，就会在全网中出现两个长度相同、区块里的交易信息相同但矿工签名不同或者交易排序不同的区块链，这样的情况叫作分叉。

我觉得，以太坊团队即便没有我，也绝对有能力完成Casper和分片路线图，即使我消失一段时间，我也完全相信他们会做得很好。

实际上，以太币每年的发行量已经减少到700万个。但是我觉得，即使工作量证明难以保证平等，也没有理由通过工作量证明来增加以太币供应量来让分配变得更加满足供应。给以太币供应量设定一个上限，是很合理的，而且最终实施的时候，我们也相信它能够发挥作用。

加问一
失去数字货币驱动，区块链世界将会怎样

王峰：在全世界，区块链受到了不同程度的监管。各国对区块链市场的态度主要分3类：日本、瑞士等国对区块链和ICO的态度较为友好；美国、欧盟等经济体对区块链创新技术保持欢迎，但对ICO的证券化特征持谨慎态度；中国、俄罗斯等国对ICO和数字货币实施严格控制，对区块链技术本身欢迎。

一些国家希望把区块链应用放入现有的监管框架中，但种种原因，政策推进缓慢或者监管效果并不理想。对各国的监管机构管什么、谁来管、如何管，你有什么建议？

V神：我的主要建议是，它们应专注于那些沙盒以及特殊用途准则等领域的技术。研究这些领域的技术，可以让你围绕加密行业的具体经验和挑战来制定规则，而不是试图重新解释几十年前的规则。

软件行业与传统金融行业有着不同的文化，金融行业需要经历很多年的“考验”，在合规性（比如聘请律师）上要投入大量成本（可能数十万美元），还要定期发布传统风格的审计报告和招股说明书，我认为，这些都是不合理的。

事实上，我认为这些传统方法通常无法很好地满足真正的消费者保护和信息披露的需求。我愿意公开表示，许多国家现行的授信投资者规则非常不公平，只允许有钱人投资证券。在某些情况下，他们其实会让事情变

得更糟糕，因为这意味着，普通人只能用更高的价格去购买证券，结果很容易使这些普通人变成受害者。

现在监管方面仍然有很大的改善空间，比如要求信息披露和相应的透明度，鼓励调整的奖励措施等。当然，我也认同每个国家需要根据自己的实际情况来做，比如在很多发展中国家，金融教育水平较低，很多人难以发现欺诈和冒险，在这种情况下，严格监管是有意义的。

到目前为止，包括美国证券交易委员会在内的许多监管机构采取的措施都是非常有帮助的。它们采取了一些有针对性的方法，专注于打击那些最严重的诈骗活动，鼓励营造更谨慎的行业氛围，而不是试图打击整个行业。

我还要补充一点，对于那些通过技术应对区块链行业所遇到问题的解决方案，我非常感兴趣，比如 DAICO 模式就是为了解决代币发行中的问题，Plasma 是为了解决交易所资金被盗的问题。

王峰：最近有研究部门推荐“无币区块链”——通过使用去中心化技术实现溯源、确权等功能。你如何评价“无币区块链”？如果失去数字货币驱动，区块链世界将会怎样？

V 神：对于“无币区块链”，我并不乐观。首先，“无币区块链”只能用在私有链上，而公链肯定需要激励。不管是在中国还是其他地方，我都看到了一些私有链项目（有些声称已经投产了），但实际上，这些私有链往往只有 7 个节点左右，而且所有节点都由同一家公司控制，根本不是去中心化（分权）的。

我认为，对于那些想要部署在公有服务器和中心化服务器上的应用程序，有一个更好的折中方案，那就是在以太坊上构建一个 Plasma。

加问二

未来区块链世界的话语权，会被当今互联网巨头把持吗

王峰：两年前，当亚马逊（Amazon）、苹果（Apple）、谷歌、脸书等互联

网巨头对区块链布局还没有大动作时，你认为它们都有所谓的“区块链盲点”，因为它们把区块链技术看作一种风险。但如今，巨头竞相入局：亚马逊发布了第一个区块链软件即服务（SaaS）解决方案；苹果正在为苹果支付（Apple Pay）引入瑞波（Ripple）的 Interledger API 协议；谷歌正在开发自己的分布式电子账本，以支持第三方发布和验证交易；脸书也成立了新的区块链部门，可能计划推出自己的加密货币。你认为，未来区块链世界的话语权，会被当今互联网巨头把持吗？

软件即服务：提供商为企业搭建信息化所需要的所有网络基础设施及软件、硬件运作平台，并负责所有前期的实施、后期的维护等一系列服务，企业无须购买软硬件、建设机房、招聘 IT 人员，就可通过互联网使用信息系统。

V神：我认为，互联网巨头会进军区块链行业，但它们并不能控制它。与互联网不同的是，一些理想主义者认为互联网巨头入局，可能会导致更多去中心化，但这其实只是区块链发挥作用的很小一部分。

在区块链行业中，最核心的是维持去中心化。很多企业试图控制某个行业，这种做法遭到了不少人反对。然而到现在为止，它们还没有找到一个能够控制像以太坊这样平台的方法。

王峰：2018 年 5 月 21 日凌晨 5 点，你在推特（Twitter）上发起了一次投票，询问粉丝你是否应该“放弃以太坊，为谷歌工作”，还附带了一张电子邮件截图，截图的内容为谷歌员工询问你是否愿意加入公司。不过你很快将此删除了。传言你会离开以太坊加入谷歌，这个传言是真的吗？

V神：谷歌那件事是个笑话，很明显，这封电子邮件来自一位谷歌招聘人员。他/她可能使用了谷歌的招聘算法，这个算法只要远程判断出你是一个出色的、能够胜任工作的程序员，就会自动发送招聘邮件给你。

V 神精华观点

1. Casper 和分片不是顺序的改变，而是策略的改变

V 神最初的计划，是将 Casper 作为以太坊上的智能合约，让开发者可以更轻松地完成开发，同时可以完成分片存储。“在权益证明和分片技术上，以太坊虽然已经取得进展，但如继续沿这个路线图发展，可能会产生一个更糟的产品，造成大量浪费，因此以太坊不得不选择放弃 Casper 的首个版本，重新构建 Casper。”

2. 区块链会在金融和游戏两个行业中最先崛起

在 V 神看来，相比于其他形式的数字技术，如今的金融技术是落后的，甚至“快要被时代淘汰了”。为什么我们不能像发送电子邮件一样，轻松地向世界各地汇款呢?此外，很多公司对在游戏中应用区块链技术也非常有兴趣，因为它们希望将此打造成游戏内置资产。

3. 以太币已经不再那么依赖比特币

即使以太币和比特币价格每天都保持着相当高的相关性，但 V 神认为，以太币已经不再那么依赖比特币了：“比特币只是众多加密货币中的一种。”他对加密货币逐渐多样化的发展趋势感到欣慰：“当你有更多方法去尝试不同技术时，关闭所有加密货币就会变得非常困难。”

4. 各国政府已认识到，彻底关闭公链网络是非常困难的，但监管它们要容易很多

早在 2014 年，V 神就非常认真地考虑过证券监管法规等问题，他与多家律师事务所进行了磋商，并仔细确认了他们所做的事情是否符合当时的法律。V 神认为，监管政策绝对会继续影响区块链技术的发展，总体来说，各国政府已经认识到，彻底关闭公链网络是非常困难的，但监管它们要容易得多。

5. 中国区块链行业现在面临的主要挑战，其实是研发水平还不够高

在 V 神看来，中国区块链行业的开发人员的研发水平正在不断提高。2018 年 6 月，在北京的一次活动上，很多与会者专业的素质给他留下了深刻的印象。他认为，中国区块链行业现在面临的主要挑战，其实是研发水平还不够高。如果我们看一下是谁在发明算法，比如权益认证、分片、零知识证明等，就会发现其实大多数人是以色列人、美国人、新加坡人，还有一些欧洲人。不过最近，V 神看到了很多来自中国的学术论文，他希望中国区块链行业能在研究方面有所改进。

稳定币的影响被外界过度夸大｜Sunny King

Sunny King
(因其匿名,此为其网络头像)

权益证明共识机制发明人，传奇的比特币早期开发者，匿名极客。2012 年，他首次提出了权益证明概念，并发布了第一个通过权益证明机制实现区块链共识算法的加密数字货币点点币（Peercoin）；2013 年，发布质数币（Primecoin），旨在通过计算去发掘由大量质数组成的质数链；2018 年 1 月，创立 VEE（Virtual Economy Era，虚拟经济时代）区块链开发平台，并担任首席架构师，9 月宣布将在 VEE 中引入全新共识机制权益证明。

作为加密数字货币领域元老级开发者，同中本聪一样，Sunny King 是这个行业里“隐藏在面具之后”的另一位重磅神秘人物。在近两年的杳无音信后，2018 年他重返江湖，这让很多人翘首以待。

共识机制是区块链的灵魂，它就像一个国家的法律，维系着区块链世界的正常运作。本章的主题是“权益证明是什么”，Sunny King 发明的权益证明共识机制，已经成为区块链主流的共识机制之一，至今仍对整个行业有着深刻影响。

如今，区块链依靠去中心化、匿名性等特质，给了我们打开自由大门的一把金钥匙。我想，无论是权益证明机制，还是超级节点权益证明（Supernode Proof of Stake，简称 SPoS）机制，都蕴含了自由主义精神，都通过建立不同类型的信任网络以实现资源的最优配置。

法国古典自由主义理论家、经济学家弗雷德里克·巴斯夏（Frédéric Bastiat）曾经说过：“无论讨论宗教、哲学、政治或经济，还是与它有关的繁荣、道德、平等、正确、正义、进步，无论用哪个科学方法加以研究，我最后都会得出以下结论：解决所有人类互动问题的答案，便是自由。”

希望 Sunny King 的归来能带来更多可能性，让我们探索区块链自由世界的未来。

第一问

是什么启发了你提出权益证明机制

王峰：在区块链领域，你有一个标签：权益证明机制发明人。权益证明最早由你在2012年提出，并在点点币项目实现了“首秀”，在业内引起很大关注。当时《比特币杂志》的一位撰稿人评价你是“唯一一个具有原创精神的数字货币开发者”，这位撰稿人就是刚满18岁的以太坊创始人维塔利克，1年以后，他的以太坊白皮书问世。

六七年过去了，今天的区块链从业者已经对权益证明机制有了普遍了解。你能否用更加通俗的语言，向我们解释一下权益证明机制的工作原理？中本聪开启了分布式加密账本的世界，你以智能合约让区块链不断生根发芽。在我看来，你是区块链世界的制度设计者：看到了机制的不完善，寻求改革和创新。那么，是什么启发了你提出权益证明机制呢？

Sunny King：通俗地说，一个弱中心化的共识系统需要一个可靠的机制，来决定某一个参与者的决策权的权重。最朴素的做法是，给每一个参与者完全相同的权重，就像现实生活中的民主选举。但是，我们考虑到互联网是一个开放且匿名的系统，这样的系统很容易被一些伪造的账号/ID（身份识别码）破坏。一些不诚实的参与者的出现，对于所有真诚的参与者都是非常不公平的。

工作量证明机制是第一个提供合理评估方式的系统，在这个系统中，一个参与者所获得的决策权重和它所提供的特定计算成正比。这种计算可以非常简单地被每一个参与者验证和评估，被称为“可证明的工作”。使用这种方式，参与者可以简单地向每一个人证明具体的工作量是多少。在实际操作中，这种计算也可以扩展为任意量级的计算。

和工作量证明机制不同，权益证明共识机制提倡在系统内使用一个价值代币，来度量应该赋予某个参与者决策权的权重值。因此，一个参与者所拥有的代币数量，也叫权益，可以向其他参与者证明自己实际的贡献量。

一旦系统开始运行，参与者就不能随意创建或者使用快捷方式创建代币。代币的创建，还必须遵循一个被称为协议的预设规则，就像比特币的创建必须遵循比特币协议一样。

王峰：与中本聪发明的另一个主流共识机制（Consensus Mechanisms）工作量证明相比，权益证明在一定程度上缩短了共识的达成时间，也不再需要消耗大量能源挖矿，而且更难进行 51% 攻击。但是，权益证明共识机制也有一些问题，比如它容易出现双重支付攻击。早期持币者可能会成为后来者参与的障碍，极端情况下则可能出现严重的“贫富差距”和依附其上的过度中心化等问题。

共识机制：由于点对点网络下存在较高的网络延迟，各个节点所观察到的事务先后顺序不可能完全一致，区块链系统需要设计一种机制，使大家对在差不多时间内发生的事务的先后顺序达成共识。这种对一个时间窗口内的事务的先后顺序达成共识的算法被称为共识机制。它是区块链技术框架中非常重要的一种技术。正是因为共识机制的存在，区块链才可以在分布式网络中达到一致性状态。

51%攻击：它的原理在于数字货币采用的分布式记账机制。以比特币为例，51%攻击是掌握了比特币全网的51%算力之后，用这些算力可以重新计算已经确认过的区块，从而使块链产生分叉并且获得利益的行为。

毫无疑问，在今天，权益证明已经与工作量证明一起，成为整个区块链领域共识机制的两大基石。当然，关于两者孰优孰劣的争论也一直不断，我不确定是否已经有了定论。但我想起了丘吉尔（Win Stan Churchill）的一句话："民主是最坏的制度，但也是现在所能找到的最好的制度。"我们辩证地看，也许没有最好，存在即合理，差异也会存在。能否谈谈你在权益证明机制设计上的取舍？

目前为止，每一种共识机制都可以在人类社会文明现存治理制度中找到对应源头。比如工作量证明，可以理解为马克思提出的理想社会主义的按劳分配制度；权益证明很接近现代资本主义社会的公司股权治理机制。在基于这两大治理机制而产生的共识机制上，我们陆续看到英国议会制、美国联邦制、欧盟邦联制的影子。你怎样看待这一现象？

Sunny King：这是非常深刻的观察。这或许反映了人类文明将进入未来的虚拟经济中。你所提到的这些政治制度，我们曾经称为意识形态。在过去的一个世纪，我们看到了不同意识形态之间的激烈斗争，而我们似乎缺乏在这种意识形态竞争中保持合理、和平合作的能力。因此，我们希望一起期许一个光明的未来，未来的虚拟世界可以提供一个更加和平以及公平的竞技场。

王峰：我们似乎可以肯定的是，每一种治理机制都会有先天缺陷，数千年来，我们解决技术和工程问题的能力日新月异，但是在制度和规则设计方面，似乎只有虚拟网络游戏的社群管理在做举步维艰的创新尝试。有人说，人类的智慧进步不大，你是否认可这样的观点？

Sunny King：的确，看起来是这样，特别是中国，其古老的智慧和作品仍然使现代世界震惊和困惑。但是我们确实取得了一些进展，现在我们探索的成本更低、破坏性更低。

从虚拟经济的角度来看，建立和探索事物的难度系数有了数量级的减小，不仅是城市和文化，还有治理系统和政治系统。

第二问
股份授权证明机制究竟是权益证明机制的进化还是退化

王峰：权益证明对区块链共识机制的发展产生了深远影响，出现了很多权益证明的衍生版本，其中以股份授权证明机制为主要代表。它让每一个持币者投票，由此产生一定数量的代表，或者理解为一定数量的节点或矿池，他们彼此之间的权利是完全平等的。

有数据显示，截至2018年7月底，市值排名在全球TOP 50（前50位）中的公链项目，有25%接纳的是股份授权证明共识机制，代表项目是柚子、量子链（QTUM）。工作量证明和权益证明并列第二，各占18.75%，工作量证明的代表项目是以太坊，权益证明则以ADA为代表。股份授权证明、工作量证明和权益证明累计占比超过六成，已成为目前市场上三大主流共识机制。此外，DBFT、PBFT、VBFT、LFT、工作量证明/权益证明混合等共识机制，也纷纷崭露头角。对于当前共识机制百家争鸣的局面，你有何评价？

就像选民意代表一样，在股份授权证明共识机制框架下，当被选出来的代表不能再履行他们的职责时，网络将选出新的代表来代替他们。在你看来，股份授权证明共识机制究竟是权益证明机制的进化，还是退化？如果在最初设计点点币时，就有人提出股份授权证明而不是权益证明，你会支持吗？

Sunny King：公平竞争可能是自由市场有活力的原因，所以我当然会支持更多的竞争和可能性。这对于算法来说也是好的，这是技术向前发展的原因。曾经有许多人希望有一个统治系统能够结束其他系统，但现在显而易见的是这个想法不会实现。

从我的角度来看，这是技术的自然演变，它曾经被称为“冷铸造”，从点点币被创造的那天起就一直被讨论和探索。

权益证明和股份授权证明之间存在重大差异，但核心要点仍然是股权证明，即权益量决定了决策权的权重值。股份授权证明更像公司治理制度，股东（币权所有者）可以投票给高管（铸币节点）。

股权证明和股份授权证明仍然各有利弊，但对于以高性能著称的系统，我更青睐超级节点权益证明，它可以被视为我们的股份授权证明版本。

王峰：股份授权证明机制的代表项目柚子，被很多人寄予厚望，他们觉得它会成为继比特币、以太坊之后的公链 3.0 的代表，但从目前来看，它的发展可能远不及大家预期的顺利，你如何看待柚子的未来？无独有偶，你和柚子创始人 BM 都有过 3 个区块链项目，BM 有比特股（BitShares）、斯蒂姆（Steemit）和柚子，你有点点币、质数币以及我们后面要谈到的 VEE，你觉得你们是一类人吗？

Sunny King：我在比特股时代就认识 BM 了，但没有太多机会与他互动。他的 3 个项目都有非常有意思的目标，显然，他可能位于最有能力和最有原创性的加密货币设计师之列。

第三问

维塔利克为什么没有将权益证明机制作为以太坊的基础共识算法

王峰：早在 2013 年，维塔利克还是《比特币杂志》首席撰稿人时，他就和你有过交流并对你大加赞赏，称你是“竞争币开发者的鼻祖”。维塔利克自称是质数币的粉丝，甚至公开表示，质数币为他带来了灵感。可是，维塔利克为什么没有直接选用股权证明机制作为以太坊的基础共识算法呢？

Sunny King：在2013年，点点币的权益证明技术仍未被大家熟练掌握。权益证明当时是一种较比特币更复杂、更难掌握的技术，它当时不太被认可，这是我能想到的原因之一。

有人说，维塔利克更喜欢质数币的共识机制，我可以理解，因为维塔利克当时的决定可能是项目组的集体意见。

王峰：有媒体报道，维塔利克在一个以太坊开发者大会上表示，采用新型共识Casper的以太坊2.0将在2019年推出。熟悉以太坊发展史的人知道，以太坊的发展共有4个阶段，即前沿（Frontier）、家园（Homestead）、大都会（Metropolis）和宁静（Serenity），前3个阶段采用的是工作量证明共识机制，第4个阶段将采用自己创建的权益证明机制，名为Casper的投注共识，这种机制增加了惩罚机制，并基于权益证明的思想在记账节点中选取验证人。

“我倾向于混合权益证明，区块仍通过工作量证明挖出，但区块的最终确定通过权益证明完成。”维塔利克在推特上曾这样说。有关Casper的解释，维塔利克曾连续发了70多条推文。如果我说“Casper = Casper权益证明”，你会同意吗？

Sunny King：是的，看到维塔利克谈论权益证明时，我很开心，这就像2013年的美好时光，从那时起，他的表现令人惊讶。

王峰：2018年以来，维塔利克创立并代言的以太坊可谓“跌跌不休”，以太币从2018年年初的最高点1 506美元，降到2018年9月16日的220美元，跌幅达85.4%。你认为以太币大跌背后的原因是什么？以太币市场走势低迷，加上新一代公链的不断冲击，以太坊能否守住自己的“江湖地位”？

Sunny King：这是加密货币的必经之路。我在 2011 年第一次接触比特币，当时比特币从 40 美元跌到 2 美元。对于开发人员来说，这是正常的现象。市场有自己的一套规律，我不是市场方面的专家，我只能尽力看得更远。

第四问
从辉煌一时到一蹶不振，点点币和质数币究竟发生了什么

王峰：我们来聊聊 2012 年你基于权益证明机制创建的第一种加密货币——点点币。我了解到，点点币前期通过工作量证明机制开采和分配货币，以保证公平，后期采用权益证明机制保障网络安全，即拥有 51% 货币难度更大，从而防止 51% 攻击，这样精妙的机制设计，在当时无疑成了区块链行业具有里程碑意义的事件。

自 2012 年诞生后，点点币的市值排名常年为全球数字货币第三或第四名，受到市场热捧，追随者众多。然而，截至 2018 年 9 月 13 日，点点币的流通市值已经跌到第 131 名，交易量也严重萎缩，甚至被很多交易所下架。从辉煌一时到一蹶不振，点点币这几年究竟发生了什么？你有没有复盘？有网友爆料，点点币最大的问题在于，早期爆块收益巨大，有预挖嫌疑，这是否属实？

Sunny King：这当然是大错特错的谣言。2012 年，点点币是最符合道德规范的加密货币之一。它至少提前一周预告，并且它的挖掘与比特币兼容，因此每个有兴趣参与采矿的人都有机会从一开始就加入进来。

点点币选择保留工作量证明机制，公平分配加密货币，即使它可能转向一个更像股票发行的模式，后来被称为 ICO。至于区块铸造量，它被设计成一条平滑的曲线，旨在降低通货膨胀率，就像比特币通过每 4 年减半来降低通货膨胀率一样。在点点币成功的早期，由于某些加密货币爱好者

缺乏安全感，他们采取了反对点点币声誉的诽谤行动，这可能是那个时期留下的影响。

“点点币最初采用工作量证明机制，然后采用权益证明机制”，这其实是一个误解。点点币的共识机制从一开始就是纯粹的权益证明，从第一天就是这么设计的。工作量证明被保留以保证币的发行对公众尽可能公平，就像比特币一样。

点点币的衰落，更多与加密货币世界的竞争格局有关。它是一个组织相对松散的社区项目，没有资金支持，因此缺乏被进一步开发的资源，更不用说开展市场营销了。

王峰：2013 年 7 月，你带领点点币研发团队创建了质数币——一种通过搜索质数来保障其安全性的加密货币。质数的存在及其分布规律，是传统数学学科数论中非常诡异的现象，哥德巴赫猜想、黎曼猜想是和质数有关的世界级数学难题，至今悬而未解，当初设计加密数字货币时，你为什么会想到用质数的概念？

黎曼猜想：由德国数学家黎曼于 1859 年提出。其猜想为：

$$\zeta(8) = \frac{1}{1^8} + \frac{1}{2^8} + \frac{1}{3^8} + \frac{1}{4^8} + \cdots$$

黎曼猜想是关于黎曼函数的零点分布的猜想。它是数学中一个重要而著名的未解决的问题，多年来吸引了许多出色的数学家为之绞尽脑汁。

Sunny King：2013 年，人们对权益证明有很多疑问，所以我在想是否有其他替代方案，仍然使用工作量证明和消耗能源但使计算更有价值呢？质数因其在数学中长期突出的地位，而成为我考虑的一个目标。实际上，质数是密码学的基础内容之一，你如果对质数不太了解，那么将无法学习密码学。

王峰：这确实是一个天才般的举动，但你当时有没有恶作剧般的心态？

Sunny King：这对我来说是一个挑战，我花了许多时间，才意识到质数搜索的真正潜力，它可以完全取代 Hashcash①。我欣喜若狂！

对于大多数人来说，像黎曼猜想这样的问题，实际上是一个关于质数分布的问题，远远超出了思考的范围。只有少数绝顶聪明的人才可能破解此类问题，所以我非常开心能够尽我所能来帮助解决这个问题。

王峰：根据公开资料，在发行以来的两个月内，质数币发现的质数比已知基于双向链算法发现的最大质数大了 16 倍，打破了世界纪录，成为已知的最大质数。但和点点币的命运相似，质数币也经历了由盛转衰的过程，最新的流通市值与 2013 年年底时差别不大，流通市值排名也从 2013 年的第 5 名降到 2018 年的第 168 名，质数币发生了什么呢？

Sunny King：与点点币的情况一样。公平地说，它更多反映了行业竞争格局的变化。

王峰：不少人对点点币和质数币的“滑铁卢”唏嘘不已，有人甚至评价你是上一轮熊市最著名的“弃坑者”。作为点点币和质数币的创始人，你当年为什么没有继续参与这两个项目，而选择了中途离开？离开后，你把主要精力放在了哪些事情上？

Sunny King：我没有放弃加密货币。我之前一直在维护点点币和质数币，并回应社区。

王峰：有媒体报道，曾做过你的助手的 Vittorini 这样评价你：“他只喜欢处理技术方面的问题，而不是营销方面或沟通方面的问题，我觉得这是他最大的失败之一。”技术、营销和沟通，哪个对你更重要？点点币和质数币相似的发展经历，让你进行过哪些更深层次的思考？

Sunny King：我们当然也会考虑这些问题。营销和沟通同样重要，这是我

---

① Hashcash：一个基于 hash 算法的系统，Hashcash 最初作为一种防止电子邮件、匿名邮件转发器占用网络系统资源的机制，而在加密数字货币上应用时，主要是为了防止双重支付的伪造交易。

经常向 VEE 团队强调的事情。

第五问

为什么把 VEE 定义为"第五代比特币"

王峰：你将在 VEE 项目中，引入全新的共识机制——超级节点权益证明。根据你此前的解释，超级节点权益证明有点类似股份授权证明，但会简化区块链的开发和维护。你发明超级节点权益证明机制的初衷是什么？超级节点权益证明的灵感来自哪里？社区里有人质疑，超级节点权益证明与股份授权证明相比，并没有提供新的实质性解决方案。你有什么回应吗？

Sunny King：它与股份授权证明类似，因为在我们看来，这种形态是权益证明机制的自然演变。与柚子的股份授权证明相比，我认为超级节点权益证明更加优雅，涵盖了权益证明概念的简单和纯粹。

王峰：此外，超级节点权益证明需要运行在特殊的硬件上，这种特殊的硬件类似工作量证明中的 ASIC 矿机，但不那么耗电。超级节点权益证明为什么考虑引入硬件的支持？

Sunny King：这是一个误解，没有 ASIC 矿机。超级节点权益证明的超级节点只是具有更好硬件资源的常规服务器，为满足系统性能要求，系统提供了相应的激励。

王峰：我登录 VEE 的官网，发现官网对 VEE 的定义是"第五代比特币"，VEE 使用了新的权益证明机制，可为什么选择拿采用工作量证明机制的比特币做对比？我们又该如何理解"第五代"这个概念？

Sunny King：可以理解为"下一代"，超越第五代。这来自我们的市场策略，它意味着加密货币或加密平台的创建，但是比特币可以满足更多人的需求。

王峰：对于 VEE 项目，很多人进行了质疑，但最让我印象深刻的，是来自点点币社区和团队的反对声音。我了解到，点点币社区的一些成员认为，你并没有详细地和整个社区进行沟通，只在论坛上发帖子是远远不够的，点点币团队成员甚至互相提醒，VEE 信息不透明，不要投资这个项目。以点点币品牌经理 Vittorini 为代表的另外一些人还发出警告，VEE 项目不过是借你的名声来做市场营销。你的新项目 VEE 为什么没有得到你过去的项目团队和社区成员的支持？他们对你有什么误解吗？

Sunny King：点点币建立了自己的基金会，并在 2018 年改进了组织架构，所以他们认为 VEE 是一个独立的项目很正常。我仍然与点点币和质数币社区保持良好的关系，并扮演好我在团队中的角色。

我很高兴地看到，点点币和质数币现在似乎都有更好的组织和发展路线图，所以希望这可以在一定程度上弥补这两个项目看起来没有成功或被放弃的遗憾。

第六问

比特币的根源会是奥地利经济学原理吗

王峰：有业内人士认为，区块链起初是由信仰自由主义的奥地利经济学派学者和 IT 从业者发起，由顶尖的程序员、黑客、数学天才和密码专家等推动的社会实验。你曾经表示，自己非常推崇奥地利经济学派。我做了简单梳理，奥地利经济学派的代表人物有卡尔·门格尔、米塞尔、哈耶克等，他们发表的重要论点有：价值是主观的，是物对人的欲望满足的重要性；价值的成因是效用加稀少性；价值量的大小只取决于边际效用的大小，与社会必要劳动无关等。

你认为，在区块链技术的诞生和发展过程中，奥地利经济学派最大的贡献在哪里？同理，区块链行业的实践也推动了经济学研究的进步，你认为区块链的产生将为经济学界带来哪些变化？

Sunny King：我们已经想到的一件事情是，钱可以是虚拟的，起初它不一定是商品。从这个意义上讲，货币本身是有价值的。

王峰：我的理解是，在奥地利经济学派的思想中，自由市场是王道，个体主义、主观主义是核心要义。然而，有些人抱着暴富的心态进入区块链行业。有的人甚至认为，区块链似乎打着自由的旗号构建理想化的社会系统，却放大了人性的弱点。在尊重人的主观能动性和限制人性的弱点之间，区块链应该如何更好地实现平衡呢？在这个过程中，我们会面临怎样的挑战？

Sunny King：我觉得我们已经超越了必须遵从特定的意识形态或理论的发展阶段。更重要的是我们有选择，所以我们可以体验这个世界，并以我们的方式认识错误。如果牺牲一些自由，可以创造一个更美好的社会，那么你会加入吗？如果没有强迫你，我不明白它为什么不能存在。

这对于许多人来说有点匪夷所思，所以我认为，放弃冷战时期的心态，不同意识形态之间更加文明地竞争，对世界来说更为重要。而且，在世界上为加密货币实验留有一席之地，可能也符合人类的最佳利益。

王峰：2018 年 4 月，经济学家赛瓦迪安·阿默思（Saifedean Ammous）在他的《比特币标准》（*The Bitcoin Standard*）一书中，试图论证比特币的根源在于奥地利经济学原理。你是否支持这一观点？

Sunny King：我认为中本聪绝对是特殊的黄金爱好者，他希望货币供应具备上限。我没有发现任何一位奥地利学派的经济学家希望停止采金业，但我尊重中本聪的想法，毕竟我们的货币有足够高的通货膨胀率，所以我们为什么不尝试点别的呢？

第七问

同美元挂钩的稳定币会逐步取代比特币的地位吗

王峰：获得纽约金融服务部（NYDFS）批准的双子星币（Gemini Dollar）已在全球首发，双子星币是基于以太坊区块链的数字货币，每个双子星币由 1 美元资产支撑。受监管的双子星币等稳定币（Stablecoin），成了数字货币领域新入场的“搅局者”。具有“政府监管背景”的双子星币，会对一直饱受内幕交易和财务状况不透明质疑的泰达币（Tether USD，简称 USDT）带来多大的冲击？它能否推动更多新用户入场？火币创始人曾发了一条信息：稳定币/法定数字货币才是区块链行业最重要的基础设施。你是否同意这种说法？

稳定币：一种具有稳定价值的加密货币。稳定币最早起源于 2014 年 Bitfinex 组建的泰德公司（Tether Limited）发行的 USDT。其诞生的背景是加密货币的价格波动巨大，作为一种交换媒介，稳定币被用来连接数字货币世界与法币世界。目前稳定币主要有 3 类：法定货币抵押的稳定币、加密货币抵押的稳定币、无抵押/算法式的稳定币。

Sunny King：我认为此事有点夸大。美国曾允许所有银行发行自己的纸质货币。现今的情况类似，只是用数字货币代替了纸质货币。真正重要的事实是，美国政府正在不断允许法币和加密货币自由兑换，而这对于 VEE 所倡导的未来数字经济时代至关重要。

王峰：双子星币的推出，意味着数字美元朝着合规化的方向迈出了一大步。2018 年年初以来，很多国家的法币严重贬值，如阿根廷比索贬值超 50%，土耳其里拉贬值约 40%，巴西雷亚尔贬值约 20%，南非兰特贬值约 16% 等，这些国家的人民若考虑使用双子星币，可能不会因本国货币剧烈贬值而烦恼。如果以双子星币为代表的数字美元得到更广泛的认可，那么国家边界的意义究竟有多大？

Sunny King：是的，这将使我们更容易获得美元等资产。但美元也并不一定会永远强势，法币的价值与其发行国的经济状况息息相关。我仍然倾向于在个人风险能力承受范围内，持有一些数字货币，以对冲法币的恶性通货膨胀风险。

王峰：区块链在比特币开创的平行世界里逐渐和现有法币世界相交了，美国政府支持数字货币市场中的稳定币，会对全球金融市场产生多大的影响？

Sunny King：我认为各国政府仍须谨慎对待加密货币。稳定币已有很长历史了，比如此前的比特股、纽比特（Nubits）。

王峰：同美元挂钩的稳定币会逐步取代比特币的地位吗？

Sunny King：我当然不相信此事。法币固然有其自己的地位，但比特币开启的是强大的个人财产的新世界。

第八问

区块链大规模商业应用的那一天离我们还有多远

王峰：万向区块链董事长肖风博士在一次公开演讲中表示，新的侧链、子链、跨链、分层、分片、分区等技术，大部分会在 2019 年实现，在主网上线。这些新技术的上线，是区块链大规模商业应用的前提。2019 年会是公链技术真正走向成熟的关键年吗？

Sunny King：或许吧，这也是 VEE 忙于加入这一趋势的原因。然而，行业将会继续进化，公链技术在未来依然有着巨大的发展空间。

王峰：根据 ONE. TOP LABS 的数据，全球分布式应用总数已达 1 844 个，日活跃用户量（DAU）达 15 930 人，总关注量突破 20 万人次。另据 DAppradar 的网站信息，当前以太坊和柚子平台上活跃度靠前的分布式应用，基本属于去中心化交易所（DEX）以及游戏的范畴。其中，以太坊平台上活跃度最高的分布式应用为 IDEX，其日活跃用户量为 1 942 人；柚子平台上最为活跃的分布式应用是柚子 Knights，其日活跃用户量为 886 人。你觉得是什么造成了分布式应用活跃度如此尴尬的局面？

Sunny King：我猜是因为我们被加密货币市场常见的高增长宠坏了，任何一个加密货币都不可能在某一年保持全年高位。

王峰：从技术的角度看，区块链技术规模化的商业应用还需要突破哪些瓶颈？是安全、信息保护、交易性能，还是激励机制？区块链大规模商业应用的那一天离我们还有多远？

Sunny King：目前的瓶颈有很多，但我个人认为，相比于其他技术，其成本是主要的瓶颈，区块链大规模商业应用的那一天不远了。

第九问
数字货币市场规模会增长 1 000 倍甚至更多吗

王峰：有媒体报道，美国监管机构正式批准了区块链技术服务公司比特购（BitGo）开展加密资产托管服务，其业务面向机构客户。它是美国本土第一个拿到国家监管部门合规牌照的公司，因此备受业界关注。比特币亿万富翁迈克·诺沃格拉茨（Mike Novogratz）此前就曾指出，托管业务带来的机构资金，或能让比特币重现昔日的辉煌。比特购数字货币托管业务的开展，会催生新一轮牛市的出现吗？

Sunny King：在加密货币世界，一切皆有可能。至今我都还记得 2011 年年末比特币的低谷，所以这不好说，比特购数字货币托管业务的推出是加密货币进入社会高财富阶层的一个信号，未来我们应拭目以待。

王峰：2018 年 9 月 8 日，维塔利克在接受彭博社（Bloomberg）采访时，提出“区块链行业爆炸式增长将难以为继”的观点，随后遭到币安（Binance）创始人赵长鹏的反驳，维塔利克做了回应：“增长是会有的，但增长 1 000 倍可以说很难了。因为数字货币市值再增长 1 000 倍的话，就达到 200 万亿美元，这几乎是全球现有财富的 70%。”赵长鹏予以还击：“我仍然坚持，数字货币市场会增长 1 000 倍甚至更多。当数字货币达到美元所影响的市场规模时，数字货币市场相当于增长了 1 000 倍；加密数字货币的衍生品工具市场会更大。”对于维塔利克和赵长鹏，你站在谁的一边？数字货币总市值在你看来会到多大规模？区块链行业爆炸式增长是否一去不复返了？

Sunny King：长期来看，我认为可能性是有的。对法币来说，增长1 000倍是有可能的，因为10年后法币自身可能因通货膨胀规模增长到现在的5倍，加密货币规模并不需要达到当前全球财富的70%那么高。我们曾提到未来的数字经济可能会是社会主流。数字经济占到全球经济总量的20%，我觉得长期看仍然是有可能的。

想象未来世界是什么样子着实很难，就像30年前我们很难想到如今的生活是这样的。

王峰：有人把区块链行业的发展比作继互联网之后的第四次科技革命，互联网发展历程也成了区块链行业发展的一把标尺，总被拿来比较。赵长鹏在回应维塔利克时，就用了互联网巨头发展的历史作为论据。你认为，用过去的技术革命周期，来预测全新的区块链行业是否合适？互联网采用中心化信任机制，而区块链采用去中心化的信任机制（permission less trust，很多科技界人士常使用更简单的 trustless 表达），区块链和互联网两大世界，在未来是平行独立、此消彼长，还是彼此交错相融？

Sunny King：科技进化的周期现在越来越短。世界上有如此多专业人士一直在解决技术性难题。从云计算、人工智能的发展就看得出来，科技进化的速度越来越快。

但我非常认同，中心化和去中心化系统在可预见的未来平行空间中可以共存，而中心化系统目前仍然在效率上具有优越性。

第十问

你还要继续神秘下去吗？ 打算什么时候摘掉脸上的面具

王峰：“比特币之父”中本聪的真实身份一直扑朔迷离，和中本聪一样，

Sunny King 是你的笔名，你也从未在公开场合露面。同样是加密数字货币领域中的传奇人物，你怎么看待神秘的中本聪？你打算和中本聪一样继续匿名吗？

Sunny King：中本聪可能是真正的“匿名人物”，而我匿名只是出于隐私考虑。

王峰：很多国家对加密数字货币表示了积极友好的态度：2017 年，澳大利亚证监会允许投资者用比特币购买上市公司股票；2018 年 2 月，委内瑞拉成为全球首个发行法定数字货币的主权国家；同年 8 月，马耳他成为世界上第一个为区块链、加密货币提供官方法规的国家。面对逐渐宽松的经济政策环境，你还要继续神秘下去吗？你打算什么时候摘掉脸上的面具？

Sunny King：我知道大家对此都很好奇，但说真的，我其实是和大家一样的普通人。

王峰：我留意到，你在 2014 年接受《我们谈谈比特币吧》的线上采访中被问及喜欢什么食物时，你的回答是：“中国的点心怎么样？”在比特币社群中，有人说你是北大数学系毕业的中国人，你的创始团队里几乎都是北大毕业生，这让我相信以上猜想正确是大概率事件。

Sunny King：其实有很多人知道我的身份，不过我们为何不保持一点乐趣呢？

王峰：你的网络头像是位漫画人物，它是日本游戏公司科乐美（KONAMI）2002 年发行的游戏《幻想水浒传 3》（*Suikoden 3*）中的角色“炎之英雄”。游戏世界中，炎之英雄作为盗贼团的首领，从起初劫持神圣帝国的贡品，返还民众，到后来对抗神圣帝国争取独立，直到神圣帝国退兵，他也彻底消失。你使用炎之英雄的头像的现实寓意是什么？

Sunny King：不知道你信不信，其实这是巧合。我当时不知道这个图片是什么，只是随手从网上找来用的。不过我现在知道图片中的人物来源于中国几百年前的《水浒传》。有人说《水浒传》的作者用的也是笔名，所以你看，匿名的传统来源于中国。

我觉得真正重要的是我们保持开放的思维，谁知道技术的发展会将人类引向何处，也许是更加光明的未来。就像《水浒传》作者当年记录的群英事迹一样，也许几百年后的人们会称道我们现在竭尽所能为了科技让人类社会更美好所做的一切。

Sunny King 精华观点

1. 维塔利克当时没有选择权益证明的决定，可能是项目组的集体意见

谈及维塔利克当年并没有直接选用权益证明机制作为以太坊的基础共识算法，Sunny King 表示，2013 年点点币的权益证明技术仍未被大家熟悉掌握。权益证明当时是一种较比特币更复杂、更难掌握的技术，当时不太被认可。有人说，维塔利克更喜欢质数币的共识机制，但可以理解，维塔利克当时的决定可能是项目组的集体意见。

2. 点点币和质数币的衰落，更多与加密货币世界的竞争格局有关

面对点点币和质数币从辉煌一时到一蹶不振的相似发展轨迹，Sunny King 认为，它们的衰落，更多与加密货币世界的竞争格局有关。作为一个组织相对松散的社区项目，没有资金支持，因此缺乏被进一步开发的资源，更不用说市场营销了。他也承认，自己没有放弃加密货币，之前一直在维护点点币和质数币，并回应社区。

3. 同美元挂钩的稳定币不会逐步取代比特币

对于受监管的双子星币等稳定币将成为区块链行业最重要的基础设施的话题，Sunny King 觉得有点夸大。他给出了自己的解释：美国曾有一段历史，当时所有银行都可以发行自己的纸质货币；而现今的情况类似，只是数字货币代替了纸质货币。Sunny King 还认为，同美元挂钩的稳定币虽然有自己的地位，但比特币打开的是强大的个人财产的新世界，因此，比特币不会被稳定币逐步取代。

4. 加密数字货币市场总市值或占全球经济总量的 20%

Sunny King 表示，如果对法币进行换算，加密数字货币市场总市值增长 1 000 倍是有可能的，因为 10 年后法币自身也许因通货膨胀，规模达到现在的 5 倍。加密货币规模并不需要达到当前全球财富的 70% 那么高，它占全球经济总量的 20%，长期看仍然是有可能的。

区块链与隐私保护、深度学习、安全防护的关系｜宋晓冬

宋晓冬

加州大学伯克利分校计算机系教授，绿洲实验室（Oasis Labs）创始人兼首席执行官，被媒体誉为“计算机安全教母”；研究方向包括人工智能和深度学习、计算机和网络安全、区块链等；曾获麦克阿瑟奖（MacArthur Fellowship）、古根海姆奖（Guggenheim Fellowship）、斯隆研究奖（Sloan Research Fellowship）等，入选《麻省理工科技评论》（*MIT Technology Review*）“35 岁以下科技创新 35 人”榜单；计算机安全领域中论文被引用次数最多的学者。

我们每个人都生活在信息大爆炸的时代。《福布斯》报道，每一天，我们通过应用程序和社交网络发送的信息已超过 600 亿条，发送的电子邮件达到 2 690 亿封。然而，信息数据被泄露、盗用、篡改等问题也屡屡发生，而且愈演愈烈。

区块链技术不可篡改和分布式的特质，让我们有机会掌控自己的数据，但公开透明的账本却让海量用户数据在链上曝光，隐私问题依旧没有得到根本解决。

如果将隐私保护作为区块链发展历程中的一次深刻的革命，那么这场革命现在才刚刚开始，这对每一位从业者来说，任重道远，还需努力。我们希望大家能更加重视隐私保护，更加重视其价值，理解区块链发展中必然需要克服的困难与把握的机会。

在业内，宋教授素有“计算机安全教母”的美誉，个人从业经历横跨网络安全、人工智能和区块链 3 个领域，相信与宋教授的对话，一定能给我们更多启发和思考。

第一问

中国人会成为下一轮公链竞争，乃至区块链行业的主导力量吗

王峰：2018 年 8 月底，我们在火星硅谷区块链峰会上见面，你和 Dfinity 联合创始人汤姆·丁（Tom Ding）、布比网络首席执行官蒋海一起参与了《公链与分布式金融》的对话栏目，令人印象深刻。我特别注意到，你和汤姆·丁都是常驻硅谷的中国人，当天出席活动的 DxChain（DXC）创始人张亮、夸克链创始人周期、塞勒网络创始人董沫、超脑链联合创始人廖志宇等嘉宾，也都是有中国背景的硅谷创业者或在美国留学的归国创业者。

然而，作为区块链鼻祖的比特币，其创始人中本聪的身份虽是未解之谜，但他很可能来自美国、日本或加拿大。以太坊的创始人 V 神和柚子的创始人 BM 则分别来自俄罗斯和美国。这与目前新一代公链项目中，中国人唱主角的现状大相径庭。

我隐隐感觉到，公链下一步竞争的入围者大多为中国人。一位硅谷的朋友告诉我，这一批区块链的创业者，有一半以上是来自硅谷大公司的中国人，这远远高于互联网时代硅谷中国从业者所占的比重。你认为，中国人会成为下一轮公链竞争，乃至区块链行业的主导力量吗？随着区块链在国内及海外中国人社区的大热，初期，中国人在技术、产品和社区方面会不会更有优势呢？

宋晓冬：我在中国长大，1992—1996 年在清华大学读物理专业，大学毕业后去美国读研究生，之后做了一名计算机专业的教授。算起来，我在美

国生活了 20 多年，其间亲眼看到中国发生了巨大的变化。我觉得，在 20 世纪 90 年代，很少有人能预见今天中国的变化。

我在美国读研的时候，在包括计算机科学在内的国际顶级研究会议上，中国学生的论文很少。但现在完全不一样了，在很多领域的国际顶级研究会议上，中国学生的论文占很大比重。

另外，在一些新兴和高精尖技术的部署方面，中国的发展也非常给力。比如在移动支付、融合人脸识别等人工智能的实际应用方面，中国的发展比世界其他绝大多数地方都要快。这些例子只是缩影，背后是中国科学家、企业家、各行各业的从业者做出的贡献，是整个中国在短时间内所获得的惊人成就。现在，这些新技术正在快速改变中国人的生活，想想真的很激动。

这些现象背后的原因在于，很多中国人既聪明又勤奋，在探索新方向和新领域方面又非常“大胆”。另外，中国的竞争比世界其他地方更激烈，这让中国人反应更快，更容易适应环境，创造力更强。除此之外，中国还是世界上最大的市场之一，这也为新技术的发展提供了巨大优势。

我觉得，以上这些原因也适合区块链行业。如今，很多区块链项目是由中国人领导的，不少中国公司和机构也在积极尝试不同方向的应用。未来，如果一些创新应用最早出现在中国市场，我一点也不会觉得意外，我相信，中国的人才将成为区块链领域的核心玩家。

另外，人们常常关注公链的竞争，但合作精神也很重要。通过合作，不同的团队才能集中在一起共同探索这个领域，把区块链技术提升到一个新水平，同时催生出新的应用。

第二问
区块链能否让互联网环境下苦不堪言的个人隐私“死而复生”

王峰：数据泄露已经成为公众热议的话题。据悉，华住旗下酒店被曝客户数据泄露，涉及1.3亿个用户的个人身份信息及开房记录，快递行业巨头顺丰也有超过3亿条数据疑似流出。加之2018年3月脸书5 000万个用户的资料泄露，2017年11月优步（Uber）被曝曾隐瞒5 700万个账户数据泄露等事件的发生，让人感觉，这个时代似乎已经毫无个人隐私可言。有哈佛大学学者甚至公开表示：个人隐私已死。你认为，区块链技术在解决隐私保护问题上给我们带来了哪些新的希望？区块链能否让互联网环境下苦不堪言的个人隐私“死而复生”？

宋晓冬：首先，分布式账本是在分布的、互不信任的各方之间达成协议。区块链本身并不能为你提供隐私保障。比如，在以太坊网络和绝大部分现有平台上，所有的数据和智能合约都是公开的，不存在隐私保障。

但是，人们又希望能通过区块链部署涉及敏感数据的应用，例如医疗保健、金融服务、物联网等。因此，在区块链上建立隐私保障技术来支持这些应用，就显得非常重要了。

王峰：隐私是一个自由人的权利和尊严。从人类用树叶遮羞时起，隐私就产生了。以我的理解，保护好隐私，可以防止他人对自己说三道四，给自己一个绝对封闭的心理安全空间。有人用“化名”和“匿名”来解释隐私，今天的区块链更多解决了“化名”问题，而不是“匿名”问题。实际上，两者不完全一致。以比特币系统的交易为例，使用者无须使用真名，而是采用公钥（Public Key）哈希字符串作为交易标识，即用了一个“化名”，但用户会反复使用公钥哈希值（Hash Values），交易显然能建立关联，因此，即使是今天的比特币，也并不真的具备匿名性，实际上也没有隐私可言。

公钥：通过一种算法得到一个密钥对（即一个公钥和一个私钥），其中，公钥是密钥对中公开的部分，私钥则是非公开的部分。公钥通常用于加密会话、验证数字签名，加密可以用相应的私钥解密的数据。

哈希值：通常由一个短的随机字母和数字组成的字符串来代表，是一组任意长度的输入信息通过哈希算法得到的“数据指纹”。哈希值是一段数据唯一且极其紧凑的数值表示形式，如果通过哈希一段明文得到哈希值，哪怕只更改该段明文中的任意一个字母，得到的哈希值都将不同。

在我看来，隐私性正成为推动区块链下一波浪潮的关键因素。你在2018年4月发表的论文《Ekiden：一个保护隐私、可信赖且高效能的智能合约执行平台》中，对Ekiden在保护隐私方面的技术架构进行了重点阐述。

你在决定创办绿洲实验室的时候，为什么会把隐私保护放到如此重要的位置？你的团队在这方面有什么优势？你心目中完美的隐私保护环境是什么样的？能否举例加以描述？

宋晓冬：我们和很多分布式应用开发团队聊天时发现，大多数团队想开发的应用都需要处理敏感数据。他们很想有一种在使用区块链平台时可以保护数据隐私的方法，比如构建分散式信用评分模型、分散式欺诈检测、基于区块链的基因组数据和物联网的数据市场等。所有这些应用程序都需要保护数据隐私，如果没有隐私保护，这些应用根本不可能实现。

然而，现有的区块链平台无法提供这样的隐私保护功能。我们看到了市场对于有隐私保护功能的区块链平台的需求，这也是绿洲项目受到业界及分布式应用开发者关注的一个主要原因。

我的团队在安全隐私领域工作过很长时间，我本人也有在安全领域几十年的从业经历。在安全领域，我们积累了很多经验和专业知识，也开发了不少技术，包括已经在优步应用的隐私保护数据分析技术。除此之外，我们还写了第一篇使用安全硬件实现智能合约隐私保护的研究论文。这些经验、知识和技术可以帮助我们构建一个以保护隐私为主要目标之一的区块链平台。

隐私实际上是一个非常复杂的话题，许多人搞不清安全和隐私的概念，哪怕是区块链行业老手也常常搞混。

为帮助大家搞清楚区块链中安全和隐私的概念，我们写过一篇文章,[①] 大家可以详细了解。为了更好地解决隐私保护面临的各种问题，我们集中了各种隐私保护技术，包括安全硬件、加密算法和差分隐私等多种技术。

第三问

从应用落地到生态建设，为什么还没有出现能撼动以太坊位置的公链

王峰：我认为，目前的公链已经是一个拥挤不堪的赛道。2018 年被许多人称作“公链元年”，大概有 30 多条公链在 2018 年主网上线，和早已在主网上线的热门公链项目以太坊、柚子、小蚁（NEO）、量子链、波场（TRON）等展开同台竞技，激烈程度丝毫不亚于硝烟弥漫的数字货币交易所大战。

你创办的绿洲实验室希望通过打造一个高性能的区块链平台，提供完整的隐私保护，并提出在区块链上实现诸如人工智能等计算密集型应用的目标。对投资者来说，这自然充满想象力。

实际上，很多同业者都试图同时解决去中心化、安全和高效的问题，但这是非常困难的。“不可能三角”如图 3.1 所示。当然，我们进一步拆分，安全里还有一层独立的隐私问题。我们把问题简单化，一步一步来，你认为眼下需要优先解决的是什么问题？安全性、隐私性还是可扩展性？

① 资料来源：https：//docs. qq. com/doc/BqI21X2yZIht1Wep9b0lS2Bb4FPZzf36S9eQ0ceNId363cdp0IQmKC2Cjyb92CZuFD1HtHi61OoJba3VSYkP1。

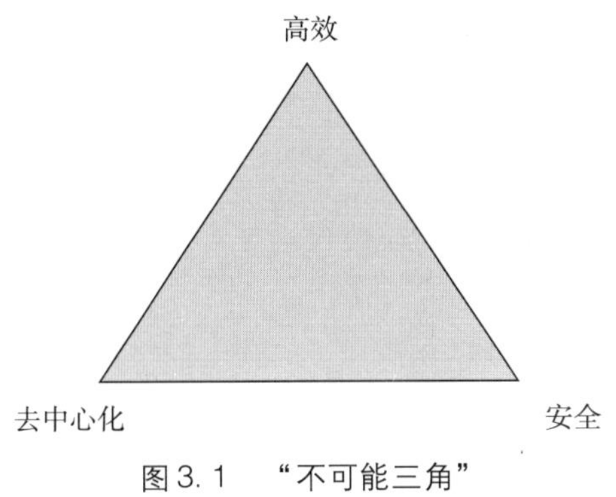

图 3.1 “不可能三角”

“不可能三角”： 我们选择目标时，面临诸多困境，难以同时获得 3 个方面的目标。在区块链领域，一般认为，“不可能三角”指当前的区块链技术存在 3 个难题，无法同时达到高效、去中心化、安全的目标，三者只能得其二。

宋晓冬： 隐私保护和可扩展性是目前区块链需要解决的两个最重要的问题。

对于可扩展性，我觉得，人们需要意识到，它不仅是指具备较高的 TPS。为了支持区块链在医疗保健、金融服务等领域的实际应用，区块链平台还必须为复杂的智能合约提供可扩展性。

王峰： 很多新进入或者准备进入市场的公链的目标是超过以太坊，甚至把自己包装成所谓的区块链 3.0。可是我发现，大量项目往往是基于以太坊的 ERC 20 标准和以太坊虚拟机开发的，却大谈要超过以太坊。这不由得让我想到，许多只读存储器或用户界面都是基于安卓原生系统开发的，谷歌的每次升级都影响它们的版本迭代，这些基于安卓系统的只读存储器或用户界面很难超越安卓本身。当前，无论在应用落地还是生态建设上，还没有出现能撼动以太坊位置的公链，你认为其中的核心原因是什么？目前公链之争的关键要素是什么？

以太坊虚拟机：建立在以太坊区块链上的代码运行环境，其主要作用是处理以太坊系统内的智能合约。简单来说，以太坊虚拟机是一个完全独立的沙盒，合约代码可对外完全隔离，并在以太坊虚拟机内部运行。

宋晓冬：以太坊网络是第一个建立智能合约的区块链平台，运营了数年，社区仍然很活跃。现在市场上的区块链平台越来越多，分布式应用的开发者有了更多选择，他们需要评估哪些方案更适合自己的应用。

就像不同的计算机语言支持不同类型的程序应用一样，我认为，未来我们也会看到不同的区块链平台支持不同类型的分布式应用，比如不同功能、信任假设、权衡机制、可用性设计的分布式应用，可以运行在与之对应的区块链平台上。

王峰：众所周知，以太坊目前遭受了很大争议，维塔利克正在尝试通过分片提高效率，通过零知识证明提供隐私保护，全力改进和优化以太坊的性能。而据 BTCmanager 的消息，以太坊团队又宣布将 Casper 的开发推迟一年，这个消息并没有被官方确认，但市场迅速做出跳水反应，以太币下跌了 10%。你是否还看好以太坊？你如果给以太坊“把脉”，会给以太坊开什么“药方”？

宋晓冬：以太坊是第一个建立智能合约的区块链平台，并拥有活跃的社区。我认为，我们从以太坊那里可以学到很多如何建立一个成功社区的经验。

当然，在区块链平台的治理结构、集中或分散的程度方面，在系统中进行变更和在新开发的便利性与速度方面，我们会有很多取舍。

王峰：对于通用型公链的生态布局和未来的发展机会，你是如何构想的？与通用型公链相对应，定制型公链也被很多人看好。因为不同的业务场景对底层公链的性能、共识机制等有不同的要求，搭建个性化的定制型公链成为一些行业和应用的迫切需求。在接下来的竞争中，你更看好通用型公链，还是定制型公链？未来公链市场会出现“百链千链”共存的局面，还是“赢家通吃”的局面？

宋晓冬：正如我前面说过的，我觉得，未来会有不同的区块链平台对应不同类型的分布式应用，就像不同类型的计算机语言适合不同类型的应用程序。

第四问
一个完美的公链及其生态，究竟是什么样子

王峰：万向区块链董事长肖风博士最近提出，一个公链的货币价值，要看分布式应用能创造的经济价值的总量，未来有可能出现价值1万亿美元甚至5万亿美元的公链。你认为公链估值被业内人士看高的原因是什么？一个完美的公链及其生态，究竟是什么样子？而苹果公司目前的最新市值也才突破1万亿美元。

宋晓冬：人们其实并不了解如何评估区块链平台的价值，这毕竟是一个全新的等待开发的科学领域。在互联网的发展史上，人们花了一定时间来制定评估指标，例如日活跃用户量等。

我认为，评估一个区块链平台的价值，需要进行大量研究，特别是当我们看到新的商业模式在区块链中涌现时。

王峰：2018年7月9日，绿洲实验室宣布完成4 500万美元的融资，投资方基本囊括了市场上最主要的区块链投资机构。从2018年1月开始，整个区块链的二级市场陷入熊市，随后趋势进一步加剧，有悲观者认为这可能会持续到2019年年底。市场的整体情况是否会影响绿洲实验室后续的融资估值？

宋晓冬：我们专注于构建技术和底层区块链平台，以及新技术因应用而产生的长期价值。所以，我们并不太关注市场的短期起伏。

第五问
2019年的公链竞争，是不是30%与技术因素相关，70%取决于商务拓展和运营

王峰：鉴于新一代公链项目研发所采用的技术手段越来越相似，有人认为，2019年的公链竞争，技术因素将只占30%，70%将取决于商业拓展和运营。从过往经历看，你的两次创业也都是偏技术型的，不知在区块链社区及商业拓展方面，你是否有所布局？或者是否找到了合适的帮手？

宋晓冬：我们是一个非常技术化的团队，但我们也一直在招商业拓展和社区运营的伙伴。我们充分认识到社群生态的重要性，特别希望在平台上构建不同种类的新应用，以帮助不同行业进行转变。

所以，我们一直在招商业拓展和社区运营的团队。我们已经对外启动，目前已有很多开发人员对绿洲平台感兴趣，要在绿洲平台上构建应用。我们正在积极与应用开发人员建立合作关系，一起创建区块链生态。

为了那些有兴趣在绿洲平台上构建应用的创新型初创公司，我们还启动了一个项目，叫作绿洲创业园区（Oasis Startup Hub）。这个项目会提供来自绿洲工程师的技术指导，以及顶级风险投资人的见解和战略建议，感兴趣的初创公司都可以申请。①

王峰：在我的印象里，绿洲实验室更多的是活跃在海外区块链圈及学术圈，中国市场对它的认知还不够，只有一些顶尖投资人对它有认知。绿洲实验室的中文社区运营好像没有开始，我甚至找不到它的中文网站。你怎样看待中国市场，对中国市场的未来有多大的期望？

宋晓冬：就像我前面提到的，我们于2018年7月才对外启动项目，之前一直专注于构建技术和底层区块链平台，和分布式应用开发者一起打造应用。我坚信，中国会成为全球区块链行业的主要角色，所以我们非常期待与国

---

① 资料来源：www.oasislabs.com/startup。

内社区密切合作。

第六问

人工智能与区块链将如何相互赋能

王峰：有数据统计，2017 年，全球范围内投入人工智能领域的资金有 152 亿美元，比 2016 年增加 141%。2017 年，全球范围内区块链和数字货币领域的投融资笔数达 63 笔，融资总额为 49 亿元，如图 3. 2 所示。而 2018 年一季度，全球区块链领域的融资额就已高达 67. 2 亿元，超过 2017 年全年的融资额。我注意到，很多侧重人工智能领域的基金转向了区块链领域，比如百度全力以赴投入人工智能领域的灵魂人物陆奇在离开百度后也提出，人工智能的数据获取和开发需要与区块链结合。我们是不是可以这样理解，越来越多的人工智能创业者和投资者把关注点转移到人工智能与区块链的结合上？

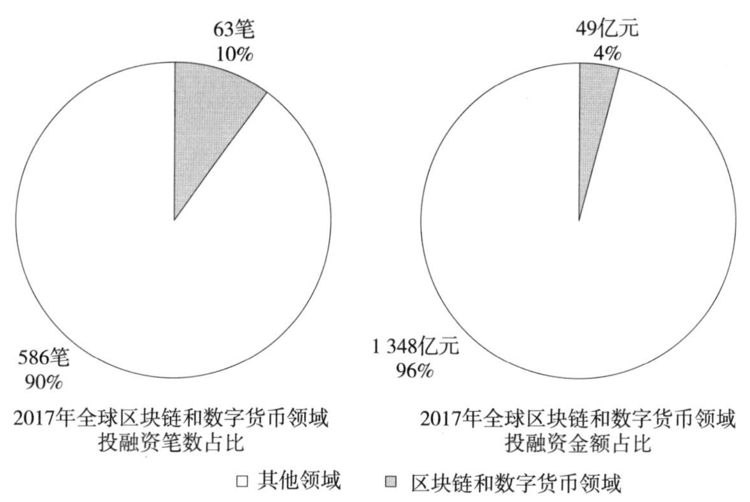

图 3. 2　2017 年全球区块链和数字货币领域投融资数据统计

宋晓冬：对人工智能和区块链的交叉领域感兴趣，并且在这两个领域都有丰富经验的人其实非常少。我偶尔遇到做过人工智能工作也做过区块链工作的人，总会很激动，我们需要更多这样的人才。为了促进区块链领域的进一步发展，我们设立了绿洲大学奖学金，① 为这一领域内有前途的研究人员提供指导，同时提供一小笔津贴，帮助他们去研究，有兴趣的朋友可以看一下。

王峰：如今，还有一些学者和投资机构不愿意提及和涉足区块链。你之前一直围绕人工智能探索新技术的发展，在深度学习、人工智能的应用领域有很深的研究，如今将重点放在了智能合约的区块链项目上。在你看来，区块链会对人工智能产生什么影响？人工智能可以解决区块链目前存在的哪些难题？两者是如何相互赋能的？"人工智能 + 区块链" 首先落地的应用场景会是哪些？

宋晓冬：除了区块链和计算机安全，我还做过人工智能和深度学习方面的很多研究。我觉得人工智能和区块链的交叉领域非常有趣，而且非常重要，其中有很多有意思的问题和新的方向值得探索。

举个例子，在绿洲平台上，一些分布式应用的开发人员开发了一款可有效保护个人隐私的医疗数据交易应用。众所周知，由于医疗数据本身十分敏感，这类信息往往不易搜集，医学研究人员很难获得足够的数据用于科研工作。

利用绿洲平台提供的隐私保护功能，医学研究人员可以编写含有训练机器学习模型代码的智能合约。智能合约还可以设置使用条款，限制全部数据仅能用在这个智能合约的训练机器学习模型中，而不会用于其他场景。它还可以规定用户如何向智能合约提供数据以获得报酬。用户在同意智能合约的使用条款后，便向智能合约提供数据。当搜集到足够的数据时，智能合约便可以开始训练机器学习模型，医学研究人员可以在此基础上评估模型的有效性。

---

① 资料来源：www. oasislabs. com/fellowship。

绿洲平台既可以支持智能合约确保用户的数据隐私得到保护，又可以利用获得的数据训练机器学习模型。正如我们看到的，这种方式在很大程度上减小了医学研究人员和制药公司获取医疗数据的难度，进而帮助训练机器学习模型，找到治疗疾病的方法。用户可以通过提供数据获得报酬，在数据隐私得到保护的同时，又为社会医疗进步做出了贡献。这只是区块链帮助解决深度学习不易获得数据的一个例子。

相同的技术还可以应用在许多其他领域，比如，不同数据源之间可以搭建合作桥梁，建立信用评分模型，在欺诈检测中，训练更好的机器学习模型等。

此外，我希望区块链技术可以帮助人工智能技术民主化。随着人工智能变得越来越强大，我们需要考虑是谁控制了人工智能的力量。

我认为，对于个人用户而言，能够控制人工智能的功能非常重要，这样，人工智能才能按照用户的最佳利益行事，这与现有人工智能的工作方式截然不同。我希望智能合约通过拥有机器学习功能，实现满足用户最佳利益的智能合约和人工智能 agent①。

第七问
智能合约的漏洞给区块链安全带来了怎样的新挑战

王峰：在我看来，鉴于区块链技术将推动金融革命，安全之于区块链产业的重要程度，将百倍于互联网产业。目前，区块链在智能合约、节点网络、生态（交易所、钱包等）及使用者等方面的安全隐患尤为突出。2018 年 8 月，腾讯发布《2018 上半年区块链安全报告》，称 2018 年上半年区块链领域因安全问题损失超过 27 亿美元。其中，智能合约漏洞主要集中在以太坊，如因代码的漏洞或者私钥的泄露等问题导致的资金损失达

---

① agent：人工智能领域专业术语，指能自主活动的软件或者硬件实体。

12.4 亿美元。智能合约的漏洞究竟给区块链安全带来了什么样的新挑战？我们应该如何应对？

宋晓冬：智能合约的本质是代码，代码漏洞并不是智能合约独有的问题，而是所有程序都会遇到的问题。代码漏洞是导致计算机系统被攻击的最主要原因之一。

在过去的工作中，我的小组一直在设计和开发新的技术和工具以自动查找代码中的漏洞，包括二进制程序、网络应用程序和移动应用程序。我的第一个创业公司的主要业务是，构建查找移动应用程序中的漏洞和恶意行为的自动化工具。在智能合约中，这些漏洞的影响更直接，因为用户可能会损失很多钱。

几十年来，业界在计算机安全和程序验证方面，一直致力于开发查找代码漏洞并提供代码安全性证明的技术和工具。这些技术和工具在智能合约中当然也很有用。

此外，编程语言对编写安全代码以及验证代码安全性的难易程度也有很大影响。我们可以改进智能合约的语言设计，以帮助应用开发者更轻松地编写更安全的代码。

许多经过正式验证的系统，采用的另一种方法是进行代码验证的协同设计、开发和验证。在编写代码时，开发者可以同时进行验证，而进行代码安全性和正确性证明的过程将有助于开发安全的代码。

王峰：很多人开始关注可信赖硬件，不过，最近来自比利时、美国和澳大利亚的两个技术团队同时发现了 SGX① 软件保护扩展的一个安全漏洞。美国政府的计算机应急准备小组在 2018 年 8 月 14 日警示，攻击者利用该漏洞可以获取一个内存芯片内的任意信息，包括敏感数据、通往长期内存的密码和密钥，还可以将敏感数据在一个安全飞地复制并获取。有观点认为，软件保护扩展技术要达到很高的安全水准，可能需要耗费数年时间。

① SGX：英特尔公司开发的一项旨在保障用户关键代码及数据机密性和完整性的技术。

所以，依赖单一硬件的隐私保护是否可靠？同时，可信执行环境的原理是将私钥保存在芯片生产商处，如软件保护扩展就是将私钥交由英特尔（Intel）负责，所以芯片生产商就成了一个中心化的节点，这是不是又与区块链的去中心化理念相悖？

宋晓冬： 许多经过正式验证的系统采用的另一种方法是进行代码和证明的协同设计或开发，也就是在编写代码的同时，还要进行证明，这样做有助于生成安全代码。

考虑到其强大的安全属性，可信执行环境（或安全硬件）可以成为构建安全系统的基石，可信执行环境使构建安全系统变得更加容易。

但是，我们需要一个值得信赖的可信执行环境。目前市面上的解决方案是闭源开发，因而业界很难分析、评估其安全性。在我们的一篇博客文章中，我们指出了现有闭源安全硬件的不足，并强调了开源安全硬件的重要性。①

Keystone 是我们与加州大学伯克利分校和麻省理工学院合作研发的一个项目，一个建立开源可信执行环境的项目。② Keystone 是基于 RISC-V 中的现有硬件功能开发可信执行环境。RISC-V 是早期在加州大学伯克利分校开发的一种开源 RISC 架构，已广泛应用于行业。

我们还举办了一次关于开源安全硬件的研讨会，③ 很高兴会议得到了整个业界的支持，来自谷歌、脸书、微软、英特尔、安谋国际（ARM Holdings）、加州大学伯克利分校、麻省理工学院、斯坦福大学和其他机构的知名研究人员和专家参与了此次研讨会，就最先进的技术、现有挑战以及建立开源安全硬件的策略进行了交流。

我们正在与产业型合作伙伴一起构建和部署开源安全硬件，许多区块

① 资料来源：https：//docs. qq. com/doc/BqI21X2yZIht1Wep9b0lS2Bb4FPZzf36S9eQ0SCC0i3u4FED0IQmKC2Cjyb92LwuOh0jS5Zm076rIU1YSUA10。

② 资料来源：https：//keystone-enclave. org/Ke/。

③ 资料来源：https：//keystone-enclave. org/workshop-website-2018/。

链公司联系我们表示支持，并表示希望加入这项工作。我们非常感谢业界对此给予的支持，并期待共同努力，实现这一目标。

王峰：据我所知，由绿洲实验室发起的第一个区块链项目 Ekiden 正在进行区块链隐私保护的探索。正如你前面提到的，它的隐私依赖于可信执行环境，也就是将私有数据放入独立硬件的“黑盒”中进行闭环计算。最近有海外媒体报道称，绿洲实验室决定调整隐私保护的技术路线，已经放弃软件保护扩展以及可信执行环境，你需要澄清一下吗？很多业界同人也非常关心你们的项目进展。

宋晓冬：感谢业界同人对我们的关注和支持！我们在开始设计绿洲区块链平台时，就希望确保区块链平台的健全性和可扩展性不依赖于任何安全硬件。绿洲区块链平台采用分层设计，具有分开运作的共识层、存储层和计算层。这种分层设计允许每个层独立扩展，可实现更大的可扩展性，尤其对复杂的智能合约进行执行。共识层不使用安全硬件，为了实现隐私保护，一些计算层的节点可以使用安全硬件。

绿洲区块链平台旨在提供统一的安全计算框架，包括安全硬件和加密技术，如安全的多方计算和零知识证明。这种统一的安全计算框架为开发人员提供了更多的选择。开发人员无须成为隐私专家，便可以利用最先进的安全计算技术，还可以选择使用最适合其应用的技术。

关于调整隐私保护技术路线的事情，我不知道在哪里发布了以上信息，我们并没有改变绿洲的设计。

第八问
零知识证明会是兼顾隐私性和安全性的最好解决方案吗

王峰：在 2017 年年底举行的亚太地区以太坊技术交流会上，维塔利克发表了题为“以太坊区块链中的隐私保护”的演讲，介绍了 4 种适用于以太坊区块链的兼顾隐私性和安全性的解决方案：通道（Channels）、混合器（Mixers）、环签名（Ring Signature）及零知识证明。他特别提到，零知识证明是最为强大的解决方案，能够被应用于以太坊区块链上几乎所有的场景。

你如何评价零知识证明在保护以太坊网络等区块链网络的隐私性和安全性上的作用？目前，市面上已经有零币（Zcash）、门罗币（Monero）等项目通过零知识证明技术探索解决交易中相关信息的隐私安全问题。从应用实践的效果看，零知识证明还有哪些不足和需要改进之处？

宋晓冬：零知识证明是密码学中一个很迷人的领域，它具有悠久的历史。我之前也在这个领域做过研究工作，但是，零知识证明具有很高的性能消耗，因此它很难应用于复杂的现实场景。

此外，零知识证明通常在计算个人的私人数据时被使用。如果我们需要计算来自不同数据源的数据，例如我之前提到的用于隐私保护的机器学习的智能合约，仅凭零知识证明是不行的。

第九问

谁是硅谷的明星创业者，学生还是教授

王峰：硅谷盛行学生创业，可以说，没有在车库里的学生创业者，就没有今天的硅谷奇迹。硅谷的创业明星中，从早期的史蒂夫·乔布斯（Steve Jobs）、拉里·佩奇（Larry Page）和谢尔盖·布林（Sergey Brin），到近几年的马克·扎克伯格（Mark Zuckerberg）、埃隆·马斯克（Elon Musk）、杰克·多西（Jack Porsey）等，他们大多数从在校期间就开始创业，甚至辍学创业。而你一直任教于卡内基-梅隆大学、加州大学伯克利分校等顶尖学府，在学术界颇有成就，广受尊重。同时，你还是连续创业者，先后创立了 Ensighta Security（后被 FireEye Inc. 收购）和 Menlo Security 两家

安全公司，一边在常春藤任教做研究，一边和学生们一起连续创业，你是怎样做到两者兼顾的？

宋晓冬：我喜欢在科研中寻找新的想法和技术，也非常希望看到这些新想法和新技术能够在日常生活场景中落地，从而更好地服务于人们的生活。

我们在现实世界研究技术的过程，有助于我们从实际案例中学习新知识，从而更好地改进技术，帮助解决社会发展中遇到的更多问题。

王峰：你能谈谈创立 Ensighta Security 和 Menlo Security 这两家公司的经历吗？有科技媒体把你称作“计算机安全教母”，你认为自己对互联网安全的最大贡献是什么？互联网安全领域的从业经历，对于你现在创办绿洲实验室有什么帮助？

宋晓冬：Ensighta Security 专注于构建分析移动应用程序的技术，是一个用来检测漏洞和恶意攻击行为的自动化技术和工具。Menlo Security 旨在构建安全浏览的新技术，以保护用户的计算机免受网络的攻击。这两家初创公司都是基于我在实验室开发的新技术而成立的。

我从事计算机安全工作已有 20 多年，并在许多领域开发了新的解决方案和最先进的技术。这些经验在绿洲实验室技术构建上起了很大的作用。

王峰：创办绿洲实验室和你过往的两次创业有什么不同？

宋晓冬：我认为，构建区块链平台是一个更复杂、更具挑战性的项目。研发有价值的技术只是难题的一部分，而如何构建生态系统，是很值得学习和研究的。

第十问

今天的大学是否应该开设区块链相关专业

王峰：有研究报告指出，全球前 50 名的大学中，42% 的大学现在至少已开设一门关于加密技术或区块链的课程。在中国，目前清华大学、同济大学、中央财经大学、北京邮电大学等近10所高校也已经开设了区块链课程。2014年，当纽约大学斯特恩商学院首次开设区块链和金融服务课程时，有35名学生报名，比该校普通的选修课少了8名，而到2018年春天，选修学生人数攀升至230人。你认为学生们对区块链课程兴趣提升的原因有哪些？你任教的卡内基－梅隆大学、加州大学伯克利分校的区块链课程进展如何？

宋晓冬：我曾在加州大学伯克利分校给学生们上了一节非常有趣的区块链课程。在学术界，以这种形式上课可能是第一次，它由3所学院——商学院、法学院以及工程学院的老师共同教授。学生名额平均分配给这3所学院。这节课非常受欢迎，报名上课的学生人数远远超过了课程原定接受的人数。

区块链本质上是跨学科的，涉及科学、商业、经济、法律和许多其他领域。对我来说，教授这样一门跨学科课程，并与来自不同学院的学生进行互动是非常有意思的。

目前，我们为计算机科学专业的学生提供了一节区块链和加密经济学的全新高阶课程。该课程涵盖了区块链不同方面的核心知识和最前沿的技术。

王峰：我注意到，尽管早在2014年就有大学开设了区块链课程，但直到2018年，仍鲜有高校在本科阶段设立区块链专业。相对于经济学领域有金融学、金融工程等专业，计算机领域有电子工程和软件工程，以及电子商务和网络游戏等专业，区块链领域横跨了密码学、经济学及软件工程等领域，已经非常复杂了，今天的大学是否应该开设区块链相关专业？

宋晓冬：区块链领域的发展仍处于初期阶段。随着它的发展，更多的学生会想学习这个领域的相关知识。区块链对于学生来讲，无疑是一个非常充实的学习方向。

我最后向大家讲一讲我们更长远的想法。进入数字时代，一个最重要的问题是要确立数字产权，这不仅是区块链，也是整个数字经济下一步能够成功的经济基础，如果这个问题得到解决，世界会完全不同，而现在技术与社会层面还没有成形。

绿洲在做这方面的探索，希望能和大家共同做出具有突破性、独创性的贡献。我们希望世界一流的人才能加入我们，一起为人类做出特有的贡献！

宋晓冬精华观点

1. 中国的人才将成为区块链领域的核心玩家

在如今的区块链行业，许多有中国背景的硅谷创业者或在美国留学的归国创业者正在成为主角，宋晓冬认为这一现象的原因在于，很多中国人既聪明又勤奋，在探索新方向和新领域方面又“大胆”，另外，中国的竞争比世界其他地方更激烈，这让中国人反应更快、更容易适应环境、创造力更强。她表示，未来如果一些创新应用最早出现在中国市场，自己一点也不会觉得意外，中国的人才将成为区块链领域的核心玩家。

2. 没有隐私保护，很多涉及敏感数据的区块链应用根本不可能实现

很多人寄希望于区块链能够解决隐私问题，宋晓冬指出，区块链本身并不能为用户提供隐私保障，分布式账本在分布的、互不信任的各方之间达成协议，比如在以太坊和绝大部分现有平台上，所有的数据和智能合约是公开的，不存在隐私保障。但是，人们又希望通过区块链部署涉及敏感数据的应用，比如构建分散式信用评分模型、分散式欺诈检测、基于区块链的基因组数据和物联网的数据市场等，所有这些应用程序都需要保护数据隐私。没有隐私保护，这些应用根本不可能实现。

3. 人工智能与区块链可以相互赋能，有助于满足用户的最佳利益需求

有关人工智能与区块链如何相互赋能的问题，宋晓冬表示，区块链技术可以帮助人工智能技术民主化。对于个人用户而言，能够控制人工智能的功能非常重要，这样人工智能才能按照用户的最佳利益行事。这与人工智能现有的工作方式截然不同。她希望智能合约通过拥有机器学习功能，实现满足用户最佳利益的智能合约和人工智能 agent。

4. 区块链对于学生来讲，无疑是一个非常充实的学习方向

当谈到是否应该开设区块链专业时，宋晓冬认为，区块链本质上是跨学科的，涉及科学、商业、经济、法律和许多其他领域。对于她来讲，教授这样一门跨学科课程，并与来自不同学院的学生进行互动非常有趣。宋晓冬还举了自己在加州大学伯克利分校开设区块链课程的例子，该课程由商学院、法学院以及工程学院 3 所学院的老师共同教授。这堂课非常受欢迎，报名上课的学生人数远远超过了她的预期。

区块链是程序员的时代，程序员的边界在于人性的边界｜蒋涛

蒋涛

知名开发者社区世纪乐知的创始人、总裁，曾担任巨人集团中文应用开发部经理、北京金山公司副总经理，联合创办北京豪杰公司，拥有超过 15 年的软件和互联网工作经验，成功开发、领导多个软件项目。他于 1999 年创办世纪乐知社区，2000 年创办《程序员》杂志，2011 年联合王峰创办极客帮创业投资基金，先后投资了 OKCoin（币行）、小电铺、北京凌云智能、聚合数据和巨杉数据等百余家高科技创业公司。

在由清科集团、投资界联合主办的“2018 投资界百人论坛”上，杨向阳曾说，蒋涛是他见过的能把区块链讲得最明白的人。

我认识蒋涛时，他负责北京金山的研发工作，当时我是由蒋涛面试后加入金山的。3 年后，蒋涛创办了世纪乐知，而我则追随雷军一直到金山上市的前夜。我感到好奇的是，蒋涛长期以来能对新技术和新趋势保持浓厚的兴趣。

我和蒋涛的关系，用一句话概括就是：我们是兄弟，是在最穷时会把钱放到一起，现在有机会会一起合作的兄弟。2018 年 3 月 30 日的区块链技术和应用峰会，是世纪乐知和火星财经联合发起的。

我很期待与蒋涛兄弟间的对话。

第一问

阿里巴巴和腾讯的大数据安全性，会步脸书的后尘吗

王峰：2018 年发生的一件事情，涉及中心化和去中心化之争，那就是脸书大量个人数据被盗。这恐怕是扎克伯格面临的最严峻的一次公关危机，其负面影响至今还在。如果在过去，大部分人会指责其管理不善和网络安全技术徒有虚名，但在今天的科技界，越来越多的人指出其问题归根结底在于，大量用户数据基于一个完全中心化的系统在运行，甚至在没有被允许的情况下使用，这令人非常担心，也让区块链领域不断提及的“去中心化”问题，再次被大众关注。

你如何解读脸书数据被盗事件？阿里巴巴和腾讯苦心经营多年的中心化大数据，其安全性如何才能不步脸书的后尘？

蒋涛：先说安全性，去中心化系统和中心化系统的安全性，对于顶级黑客来说是一样的。去中心化系统由于节点更多，每个节点安全性的强弱并不一样，有些节点的防护性可能弱一些。相比起来，中心化系统会更安全。

脸书数据被盗，实质上是用户数据被滥用的问题，核心问题是用户数据的所有权问题。运营平台并不应该拥有用户数据的所有权，在区块链时代可以更好地实现这个目标。

比如，使用区块链技术以后，当我们的身份证信息被读取的时候，根本不用获取太多的信息，只需知道这个区块链身份证是不是真的就可以。

我们的信息存储在身份证里，信息被如何使用，区块链上都有记录，我们同意后，才能被使用。

现在的了解客户（Know Your Customer，简称 KYC）规则本来只是要验证一个人的真实性，部分金融机构却把客户的信息全存下来，这导致客户信息被大量滥用。

了解客户规则：不仅要求金融机构实行账户实名制，了解账户的实际控制人和交易的实际收益人，还要求对客户的身份、常住地址或企业所从事的业务进行充分了解，并采取相应的措施。

第二问
用每月收入的1%来买比特币，比买养老金更可靠吗

王峰：对于任何进入区块链行业的人来说，比特币的话题是绕不过去的，那么，比特币到底在区块链世界里扮演了什么角色？有人说，在今天的数字货币交易市场上，最大的区块链应用就是比特币，虽说将比特币比作数字黄金的观点，已经被绝大多数人认同，但是这样下去，一定会有很多人倾家荡产。对一位没有任何技术背景的人，你打算如何向他解释比特币？

蒋涛：有关区块链，未来会形成一个数字资产的世界，区块链的锚定价值就是数字黄金，也就是比特币。就像全球经济中的货币是由美元来背书的，数字货币经济的基础本位币就是比特币。

我建议非技术人员要配置数字资产，因为这就像买房升值一样，否则在未来的加密货币经济体里，他就是穷人或者拥有零资产。用每月收入的1%来买比特币，比买养老金更可靠。

王峰：以太坊的维塔利克祭起了智能合约的大旗，让人人都可以发行数字货币成了可能。你认为，以太坊经济究竟为数字货币市场带来了多大

的价值？会不会有下一个维塔利克终结以太坊建立的数字货币经济体系？

蒋涛：比特币系统自从 2013 年发布 0.8 版本后，就没有重大更新了。2014 年，以太坊建立了一个智能合约和去中心化的应用平台。

现在加密货币市场 90% 以上的新项目都是通过以太坊进行 ICO 的。比特币的价值在于矿工，而以太坊的价值在于开发者。从这一点来说，以太坊经济才是真正的新世界经济体。

关于终结以太坊体系的问题，有多少人真正了解以太坊的强悍？我们有高手阅读过以太坊的全部源码，结论是，要实现以太坊的全部功能，性能的挑战很难避免。

以太坊虽然性能上有不足，但它的治理机制和整体设计是非常精巧的，它号称是一台全球计算机，以太币是燃料币，是有明显用途的：所有分布式应用都要交上机费。燃料和燃料费用的设计，对经济系统有很好的调节功能，解决了比特币手续费无限膨胀的问题。很多表示要超越以太坊的项目开发者，并没有真正了解以太坊系统的精髓。

未来会出现更多公链，取代以太坊的更可能是以太坊 2.0。

第三问
你看好柚子吗

王峰：如今，区块链即将跨入 3.0 时代，对于颇受关注的柚子，你看好吗？

蒋涛：BM 的技术水平很高，对区块链的思考也非常深刻。

BM 在博客中关于区块链的技术和治理的观点很深刻，非常值得一看。①

① 资料来源：http：//bytemaster. github. io。

关于柚子，看好它的人越来越多，有人把柚子节点运行起来了，技术上的可行性已被验证，达到1 300 TPS，柚子上线后应该会很成功。

第四问
面对区块链产业大潮，程序员社区该如何设计未来的社区模式

王峰：世纪乐知自1999年建立以来，聚集了大量的技术领袖、计算机程序爱好者。截至2018年，世纪乐知注册用户数达5 262万，它依然是程序员眼中的社区圣地。但世纪乐知毕竟已经创办了快20年，今天的热门社区中，微博已经被大V、明星和段子手控制，百度贴吧面临产品老化的问题，各种垂直化社区的创建门槛也越来越高。面对如火如荼的区块链产业大潮，以程序员社区著称的世纪乐知将如何设计自己未来的社区模式？有没有更好的激励手段？

蒋涛：原来世纪乐知社区的成员关系是弱协作的，用户自愿参与，缺乏强激励机制，现在基于通证的新型开发者社区的成员关系是强协作的，以太坊社区、柚子社区的飞速发展，都证明了通证的魅力。

分布式协作组织[①]（Distributed Collaborative Organization，简称DCO）将构建新型软件组织，包含开源的精神、商业的组织和区块链的激励机制，软件开发者在一起不仅是进行知识分享，更重要的是进行创造。他们创造有价值的内容或产品，并维持这一价值的不断增长，形成一个新型的程序员经济体，这是世纪乐知在区块链时代的目标。

关于世纪乐知社区的升级，我们计划做海外版世纪乐知，它将面向区块链开发者和生态，也面向全球开发者。

---

① 分布式协作组织：由世纪乐知董事长蒋涛提出，代表区块链领域对分布式协作组织的全新探索。

王峰：很多人认为通证只是社区的一部分，而不是做好社区的关键。你认为通证激励是社区的痛点吗？为什么？

蒋涛：通证是痛点，它是从弱协作向强协作转化的重要手段，只有强协作才会持续产生价值。在区块链时代，程序员离财富最近。软件时代离不开分销渠道，互联网时代离不开服务，而区块链时代则离不开程序员创造的通证。

第五问

想在公链上写一个属于自己的分布式应用场景，应该如何选择公链

王峰：达鸿飞设计了小蚁，帅初设计了量子链，老冒设计了区块基石（ArcBlock），陈榕设计了亦来云（ELA）。作为区块链从业者，如果想在公链上写一个属于自己的分布式应用场景，该如何选择公链？

蒋涛：需要考虑的内容有：第一，工具要全；第二，社区要丰富。选择公链，开发生态比其他因素更重要。

以太坊的开发者数量是其他所有公链的几十倍，但是每条公链，包括柚子、小蚁、量子链都有自己的特点。不过，除非能发挥其特长，否则分布式应用开发还应首选以太坊。

关于以太坊效率的改进，其实现在有很多解决方案。比如开发以太坊游戏，通过链下中心化的方式，可以先处理交易和数据，再批量上链确认，不需要每次都先上链交易。把部分数据放在链上，是现在的趋势。

第六问

以太坊去中心化自治组织是过于理想的意图，甚至是空想主义设计吗

王峰：你提出的一个关于区块链时代研发管理组织的新词——分布式协作

组织，引发了广泛关注。你提到，不要求完全去中心化、不要求完全以币权为凭证、不要求完全自动化治理，是分布式协作组织的三大特点。在我看来，以太坊去中心化自治组织是过于理想的意图，甚至是空想主义设计，而分布式协作组织是对其的进一步优化。你什么时候注意到去中心化自治组织是有局限性的？又是怎么想到做更务实的分布式协作组织的？哪些事情给了你启发？你能举几个例子吗？

蒋涛：从那些成功的开源软件的发展过程来看，虽然它们都是社区组织，但只有在被核心人物驱动的时候，社区才能够开发出优秀的软件，包括Linux，也包括Python①。优秀软件的开发，是需要核心人物的。所以，纯粹去中心化的自组织方式的效率未必有那么高，这是我们已看到的现状。比特币技术现在发展缓慢，缺乏核心人物是关键因素。

历史上像GNU② 这种纯粹理想主义的自由软件，在市场上叫好不叫座，去中心化自治组织接受程度堪忧，去中心化激进主义也会如此。Rchain等社区采用全自治的方式，每个功能都要社区成员投票，整体进展缓慢。

我们应该把决定权交给每个项目发起人，他可以做核心决策，决定组织结构是分层还是扁平。

公司治理也积累了很多有价值的机制，比如AB股权、所有权和决策权的分离，这些机制都将被设计进分布式协作组织。

第七问

为什么慢性子的你要跑步进入区块链

王峰：我知道你认识很多中医、玄学爱好者，而且这么多年，你一直保持

---

① Python：一种计算机程序设计语言，最初被设计用于编写自动化脚本，如今越来越多地被用于独立的、大型项目的开发。

② GNU：一个自由的操作系统，其开发始于1983年，目标是使计算机用户拥有分享和改进其所用软件的自由。

对太极和围棋的热爱，你是怎么保持这么多维度的开放性认知的？它们在你的思维框架里能和谐共处吗？你又怎么看大家对区块链看法的严重分歧——有人厌恶至极，有人奉若神明，有人敬而远之，有人趋之若鹜？我一直觉得你包容心强，性子偏慢，为什么这一次你却多次提及“跑步进入区块链”？

蒋涛：我觉得，对于整个世界，人类目前还有太多不知道的地方。暗物质、暗能量占了宇宙的96%，科学也只能努力解释4%的世界，尚不能解释所有发生在这个世上的事情。所以，我们应该对于未知保持一个充分开放的心态，保持敬畏。毕竟，科学也在迭代，我们应该不断改进自己，并保持这样一种心态。

区块链是一个多维度的经济体，不再是原来以金钱为衡量标准的单维经济体。它能够改变组织的形态，叠加多重的价值维度，这使它也在加速演变。

所以，“跑步进入区块链”并不是因为炒币或媒体的风口，而是因为区块链技术本身的演进速度，从平面信息互联网进入立体价值互联网，技术和项目的发展速度均呈指数级增长，我们必须跑步才能赶上。

通过区块链，我还认识了很多跨界的朋友，包括文物收藏、医疗健康、电影和玄学等领域的朋友，每个人都可以发扬自己的区块链精神，很有趣。

第八问
未来在去中心化底层上可能产生大量中心化的应用吗

王峰：在区块链时代，一部分人极力鼓吹去中心化。这让我想起了西方曾经出现的圣西门（Claude-Henri de Rouvroy）、傅立叶（Fourier）和欧文（Owen）那样的空想社会主义者，他们设计了一个美好的社会制度，但没能成功地运用到实践中。你觉得去中心化与中心化的关系是怎样的？未来，在去中心化底层上可能产生大量中心化的应用吗？

蒋涛：完全去中心化过于理想化，更实用的应该是去中心化与中心化叠加，各取所需，各展其才。

V 神正积极推进以太坊的 Plasma 计划，就是分层的以太坊系统，但也不是完全去中心化的扁平化设计。

去中心化是区块链的本质，但中心化系统也有很多优势，结合起来才是最实用的。

第九问
代码即法律，程序英雄的时代会来临吗

王峰：时代变化真快，这两年常常听到大家讲“代码即法律”①（Code is law），这句话已经变成许多程序员奔向区块链未来的指路明灯。不少人认为程序英雄的时代会再度来临。作为一名优秀的程序员，你如何理解“代码即法律”？

蒋涛：宇宙是依靠法则来运行的，生命也是有法则的。生命的代码写在DNA（脱氧核糖核酸）上，宇宙世界运行的法则是我们看到的物理定律和数学公式。

区块链世界就是在模拟这样一个生态，它更接近于宇宙的真实状态，这就是“代码即法律”。

王峰：区块链技术与应用的发展，很可能会涉及国家禁止的行业，程序员们该如何把握自己的正义边界呢？

蒋涛：关于正义的定义，不同人有不同的认知，它的概念不止一个维度。对程序员来说，最根本的任务还是技术创新，用技术来为人类社会探索新的可能。所有技术应用都有正反面，程序员的边界在于人性的边界。

王峰：你打算怎样对刚毕业的大学生介绍区块链这次前所未有的机会？在

---

① 代码即法律：区块链技术的去中心化、分布式存储等特性，使信息被记录到网络中无数的节点上，所有的流程都按照事先达成的共识，依据程序去执行，几乎不存在人为干涉的可能，这是一种典型的代码即法律的模型，也是比特币被信任的重要基础。

世纪乐知的区块链产业跃升中，你本人扮演了什么角色？

蒋涛：随着人工智能和区块链的发展，我们未来的生活很大程度上是由程序来决策和运行的，所以对于大学生来说，无论将来做什么，花三四个月的时间学会编程都是非常有用的。就像尤瓦尔·赫拉利（Yuval Noah Harari）在《未来简史》（*A Brief History of Tomorrow*）中所说，未来会出现“神人”，大部分人将沦为“无用阶级”，而要成为“神人”，必须学会编程。

对于世纪乐知的区块链产业跃升，我主要是布道者和资源组织者。目前我们正在组建一个 90 后开发者团队，打造新一代开发者经济体平台。

第十问
在区块链时代，一名优秀程序员最基本的素质是什么

王峰：到了点评风云人物的时候了。在你认识的程序员中，同时代的谁最厉害？比如，在互联网时代，谁最厉害？在区块链时代，你最看好的人是谁？你认为一名优秀程序员最基本的素质是什么？技术人员走向前台，最需要弥补哪些不足？

蒋涛：在我认识的同时代的程序员中，梁肇新[①]最厉害，不过我最佩服（但不认识）的是 Turbo Pascal、Delphi 和 C#的发明人安德斯·海尔斯伯格[②]（Anders Hejlsberg），最羡慕的是约翰·卡马克[③]（John Carmack）。

在互联网时代，谷歌的杰夫·迪恩[④]（Jeff Dean）是超级大神，主导

---

① 梁肇新：北京世纪豪杰计算机技术有限公司总裁，曾开发“超级解霸”“豪杰大眼睛”“豪杰超级 VOD 系统”等软件。

② 安德斯·海尔斯伯格：1960 年 12 月出生于丹麦哥本哈根，计算机科学家，Turbo Pascal 编译器的主要作者，Delphi、C#和 TypeScript 之父，刀奈特创立者。

③ 约翰·卡马克：知名的开源软件倡导者，id Software 的创始人之一。

④ 杰夫·迪恩：美国计算机科学家和软件工程师，1999 年加入谷歌，设计并实现了支撑谷歌大部分产品的分布式计算基础架构。

了 Map Reduce、Bigtable、谷歌大脑（Google Brain）和 TensoRflow 等项目。

在区块链时代，领袖程序员要有凝聚社区的能力，表达力要强，比如 V 神写出来的文章非常漂亮、简洁有力。

国内的程序员，不是技术大神，是产品大神，包括张小龙、张一鸣、王兴。

关于优秀的程序员有哪些特点，Perl 语言的发明人拉里·沃尔（Larry Wall）有句名言，他说优秀程序员有 3 种美德：懒惰、急躁和傲慢。因为懒惰，要写出省力程序，不干重复事；因为急躁，要尽快真正解决问题；因为傲慢，会极度自信，便有信心写出（或维护）别人挑不出毛病的程序。优秀程序员的关键能力是化繁为简，追本溯源，进行本质思考。

程序员的不足是唯机械论，缺乏同理心，把所有人的协作视作机器和逻辑，非黑即白，没有灰度处理能力。

王峰：你最近读了哪些书？能否推荐几个你常去的网站？

蒋涛：每周都要读书，书最有价值的地方在于思想交流。其实写过书的人都了解，把自己的思想和故事集结成书很不容易，所以畅销书和名著都是非常有价值的。

我书架上的书，包括《毛泽东文集》等，90% 是在孔夫子网站买的。

我推荐一本讲修炼的书《如何安心如何空》，类似于用理科生写作科学论文的方式讲述佛学，很有力量。

我上网经常浏览 Medium①、Techmeme②、Hacker News③ 等网站，还

---

① Medium：知名社交博客平台，由推特联合创办人埃文·威廉姆斯和比兹·斯通于 2012 年 8 月创立，允许用户通过文字的形式分享自己的故事，与志同道合的用户进行文字交流。

② Techmeme：知名科技新闻和博客聚合网站，能生成、过滤、存储实时新闻概要的页面并展开话题讨论，以科技话题为主。

③ Hacker News：关于计算机黑客和创业公司的社会化新闻网站，由保罗·格雷厄姆于 2007 年 2 月创建，其最大的特点是网站允许提交“任何满足人们求知欲”的新闻。

有非常值得一看的 Wait But Why①。

蒋涛精华观点

1. 数字货币经济的基础本位币就是比特币

对于比特币在区块链世界里扮演什么角色的问题，蒋涛明确提出，数字货币经济的基础本位币就是比特币，就像全球经济中的货币是由美元来背书的。他认为，在区块链领域，未来会形成一个数字资产的世界，区块链上的锚定价值就是数字黄金。蒋涛还向非技术人员提供建议：要配置数字资产，这就像买房会升值一样，否则未来在加密货币经济体里，你就是穷人或者拥有零资产。用每月收入的 1% 来买比特币，这比买养老金更可靠。

2. 区块链技术和项目的发展速度均呈指数级增长，必须跑步才能赶上

在蒋涛看来，区块链是一个多维度的经济体，不再是原来以金钱为衡量标准的单维经济体。它能够改变组织的形态，叠加多重的价值维度，这使它也在加速演变。所以，“跑步进入区块链”，并不是因为炒币或媒体的风口，而是因为区块链技术本身的演进速度，从平面信息互联网进入立体价值互联网，技术和项目的发展速度均呈指数级增长，我们必须跑步才能赶上。

3. 区块链世界的运行法则就是“代码即法律”

不少人对代码即法律不太理解，蒋涛给出了形象的解释：宇宙是依据法则来运行的，生命也是有法则的。生命的代码写在 DNA 上，宇宙世界运行的法则就是我们看到的物理定律和数学公式。区块链世界就是在模拟这样一个生态，它更接近于宇宙的真实状态，这就是代码即法律。

---

① Wait But Why：一个专注于写专题长文的博客网站，风格简洁，以有趣的火柴人插图为主要特色。

4. 基于通信的新型开发者社区将是社区未来的重要方向

谈到以程序员社区著称的世纪乐知如何设计自己未来的社区模式，蒋涛表示，分布式协作组织将构建新型软件组织，有开源的精神、商业的组织和区块链的激励机制。软件开发者在一起不仅是进行知识分享，更重要的是进行创造。创造有价值的内容或产品，并维护这一价值的不断增长，形成一个新型的程序员经济体，这是世纪乐知在区块链时代的目标。

为什么要坚持做区块链操作系统｜陈榕

陈榕

亦来云创始人、策划人，亦来云基金会理事长，清华大学计算机系 77 级学生，在美国伊利诺伊大学研究了 7 年操作系统，在微软总部工作了 8 年，参与了 Windows 操作系统底层模块的开发，回国后专注于操作系统开发。2017 年 6 月，他作为创始人策划成立亦来云基金会。

陈榕是技术领域的大师、区块链应用行业的先行者。我们看一看他的履历：1982年，毕业于清华大学计算机系，后赴美留学；1992年，参加美国微软研究院操作系统组，研发面向构件的操作系统；1997年，参与策划、开发微软软件即服务亦来云的操作系统刀奈特（.NET）；2000年，回国成立科泰世纪公司，研发自主设计的亦来云网络操作系统；2009年，中国联通选用亦来云中间件作为沃Phone操作系统框架；2013年，富士康投资亦来云开源计划；2017年，参与策划成立亦来云基金会。

我和陈榕的探讨，无外乎产业、历史和人性这3个维度。

第一问

如果以太币跌到 1 000 元，会不会造成币圈的彻底崩盘

王峰：2018 年 3 月 19 日，以太币价格跌到 3 000 元，一天就跌了 16%。你认为造成如此快速下跌的根本原因是什么？有没有想过以太币跌到 1 000元后会如何？会不会造成币圈的彻底崩盘？

2018 年年初，小蚁的市值从 176 亿美元跌到 55 亿美元，量子链的市值从 64 亿美元跌到 8.7 亿美元，波场的市值从 130 亿美元跌到 16 亿美元，你的亦来云的市值从 5.31 亿美元跌到 2.07 亿美元。作为区块链行业的从业者，你看到这一幕，心情如何？

陈榕：我从 1986 年开始做操作系统，到今天已经有 30 多年的时间了，差不多是中国最老的几个做操作系统的人之一。

2018 年的币价下跌，其实和之前的快速上涨有很大关系。大家也知道，目前有 1 000 多种数字代币，但是真正有技术含量，或者说有流量的代币其实并不多。

有人讲，曾经的移动互联网时代，关键是做流量；如今的数字代币时代，关键要做协议。从我过去近 20 年的创业经历来看，我认为做技术、做协议的前景是非常悲观的。我并不认为以太坊只是在做协议，其实比特币和以太坊更多的还是在做用户流量。

比特币于 2009 年上线，2012 年其市场刚需逐步被人发现，2013 年迎来第一次浪潮。之后，以太坊得到大量来自比特币的融资，而以太坊后来

也成为很多项目ICO的融资渠道，这些其实都是大流量的结果，也就是有人用，才有刚需。

我觉得中本聪的发明很伟大，以太坊提出的智能合约其实也非常出色，概念很好，也解决了世界上非常重要的难题。但从代码量、编程的协议质量来看，相对于TCP/IP①（传输控制协议/因特网互联协议），区块链的协议也并不见得会难多少。

技术是支撑流量的，没有流量的技术，其实很难兑现。所以我觉得，最近很多区块链创业公司一开始就定位在做协议、做技术，这和我2000年回国时犯了同样的错误。我回国时，觉得用C++重写刀奈特②才会有重大的科技进步，所以我就致力于做这件事儿，没有太关注市场，最后的教训非常惨痛。

我觉得，今天的很多区块链创业公司其实犯了同样的错误，一开始就打算去改进以太坊、改进比特币，不是说改进没有意义，但这样做没有客户，其实也就没有前途。

至于亦来云的币价，我基本不看，其他几个项目的币价，我也不看，因为眼不见心不烦。“寒冬”来了，大家早期高估了区块链的作用。不过，我们的工程进展还是比较顺利的，所以我觉得我们能够度过“寒冬”。

第二问

为什么做了多年操作系统，却找不到切入市场的最好机会

王峰：我虽然之前没有见过你，但听很多好朋友常常提起你：技术超强，

---

① TCP/IP：又称网络通信协议，是因特网最基本的协议和因特网国际互联网络的基础，由网络层的因特网互联协议和传输层的传输控制协议组成。

② 刀奈特：允许应用程序通过互联网进行通信和共享数据，而不管所采用的是哪种操作系统、设备或编程语言。

但找不到切入市场的最好机会。10 多年前你回国不久，Windows 2000 诞生，之后微软就出现了疲软，后来嵌入式操作系统风生水起，而在互联网兴起后，几乎没有人关心操作系统，再后来进入移动互联网时代，“城头大王旗”是苹果和谷歌。你有没有觉得自己总是生不逢时？你做了那么多年操作系统，好不容易赶上区块链这趟车，追上去的时候却发现，自己的公司和比自己年龄小两轮的技术创业者的公司相比，市值还有不小差距，你心里有落差吗？此外，我听说能做公链开发的人非常少，在今天市场这么冷的状况下，你会担心核心技术团队变得不稳定吗？

陈榕：我不看币价，也不看创业者年龄。另外，其实我觉得，有一些经验还是很有用的。

我过去一直做操作系统，因为操作系统是一个比较费时间的技术，所以相对来说，从业人员并不多，像做 TCP/IP 的人也不是很多。有人说区块链的专业人才缺乏，我倒不这么认为。其实区块链人才的绝对数是小，但是总体来说，不应该有这么多人做区块链。很多区块链技术，做了其实没有意义。

我最主要的感觉是，区块链不是面向客户的，既不面向消费者，也不面向商家。从根本上来讲，区块链就是一个网络操作系统内部的一个非常关键的部件。但是，它并不面对客户。所以，我认为在区块链公链上直接写分布式应用，就是画蛇添足，浪费时间。

回顾历史，大家知道，视窗操作系统最早是施乐公司（Xerox）发明的，除此之外，施乐还为我们带来了以太网和面向对象编程。这三大发明对人类的影响，其实至今都是不该被忽略的。

但后来占据电脑操作系统市场的是微软和苹果公司，如今在移动操作系统中苹果和谷歌又如日中天，微软好像走向了穷途末路。但是，这并不代表微软原来研究的技术方向不对，微软还是做了很多非常有意义的研发。对于这些技术的正确性，我是坚信不疑的。

微软在 1998 年、1999 年就提出了“软件即服务”的想法，后来其实没有完全实现，当时做了 Web 服务[①]（Web Service）之后，大家以为它就是软件即服务。其实，Web 服务还远远没有达到我们当时的设想。直到今天，Win10 操作系统才在很大意义上实现了 1998 年和 1999 年那时候的构思。

比如 Win10 提出了通用应用程序（Universal App），即同一个应用能在手机、平板、电脑、电视上运行。大家知道，有的手机是使用 ARM 架构的中央处理器（CPU），有的电脑是使用 X86 架构的中央处理器。如果今天开发一个应用程序，能够在所有设备上运行，能够跨 ARM、X86 架构，的确很难，但通过应用程序可以做到，而其他操作系统做不到。

微软公司还提出，Win10 开发以后没有 Win11，Win10 就是最终操作系统。为什么这样做？首先，现在进入了物联网、边缘计算[②]（Edge Computing）的时代，你拿着手机，就能与周边的设备互动，但是有没有设备驱动程序（Device Driver）呢？在过去的 PC 时代，你可以升级自己的驱动程序，但是在物联网、边缘计算的时代，你并不能强迫周边的设备升级驱动程序。

此外，分布式应用是第三方运营公司关不掉的应用，这是非常创新的概念，它本身不是画蛇添足，但在区块链的公链上开发分布式应用，则是画蛇添足。

因为在区块链公链上开发分布式应用，实际上是回归到了 B/S 结构，即浏览器/服务器（Browser/Server）结构。比如某个游戏直接用区块链公链作为服务器，用手机当作浏览器，如果几千个用户一起来访问游戏，这

---

① Web 服务：一个平台独立的、低耦合的、自包含的、基于可编程的网络应用程序，可使用开放的 XML（标准通用标记语言下的一个子集）标准来描述、发布、发现、协调和配置这些应用程序，用于开发分布式的互操作的应用程序。

② 边缘计算：在靠近物或数据源头的网络边缘侧，融合网络、计算、存储、应用核心能力的开放平台，就近提供边缘智能服务，满足行业数字化在敏捷连接、实时业务、数据优化、应用智能、安全与隐私保护等方面的关键需求。

个公链显然是支撑不了的。

再讲讲加密猫游戏。几个人交易加密猫，其结果记录在以太坊公链上，任何第三方公司都不能更改，这是一种全新的商业模式。但是这几个人玩加密猫还是需要通过该软件厂家的云服务器，如果服务器关了，这几个人只能眼巴巴地看着自己的数字资产（猫），却玩不了，玩不了就卖不掉，自己投资的数字资产就不能流通，自然也就贬值了。因此，加密猫其实并不是真正的 B/S 结构。

另外，这几个手机终端其实要自己形成另一个点对点网络，支持视频、音频和文件的传输。这里涉及两层点对点网络，一层是我们常用的类似用比特流①（BitTorrent）下载的点对点网络；另一层才是区块链的点对点网络。

亦来云其实就是在做区块链这个通用点对点网络，比如下载电影、下载文件、语音对话。那么这个点对点网络其实就是类似的网络电话，如 QQ 物联智能硬件开放平台这样的点对点网络。这个网络的第一步是要做到去中心化，利用区块链技术把即时通信软件（Skype）、腾讯网（Tencent. com）去掉。亦来云去中心化的点对点网络已经开源了，第一个云盘的范例程序会在之后对外开源发布。在这样的去中心化的点对点网络上，随机、动态启动类似加密猫的运营服务。这种去中心化的 Web 服务，根据用户需求启动服务，并非该软件提供商控制运营，因此即便是该提供商，也不能关闭其运营服务。基于共识的智能合约也只是这类服务的一种特例。

再说一下终极操作系统。因为互联网上各个网站、各种服务器的版本号很难统一，今后的操作系统都是智能设备，大家都是服务与服务之间的

① 比特流：一种内容分发协议。它采用高效的软件分发系统和点对点技术共享大体积文件（如电影或电视节目），并使每个用户像网络重新分配结点那样提供上传服务。这种方法可以使下载服务器同时处理多个大体积文件的下载请求，无须占用大量带宽。

交互，这样的话，不会强调对方的版本号是什么。

亦来云的网络，其实只用到了区块链的一些成熟技术。首先，亦来云的点对点网络，要有去中心化的 ID，这个去中心化的 ID 就来自亦来云的公链。其次，亦来云的公链提供了溯源的基本能力。最后，基于亦来云公链做侧链，营造数字资产的稀缺性。

第三问
项目的股权投资比例和代币分配比例是如何对应的

王峰：对于一个高技术含量的公链项目，我一直很好奇：如何分配代币？你参考过谁的方案？设计和实施过程中遇到过什么困难？在你的股东里有杨向阳、刘晓松、林栋梁，这几位都是你的清华校友，他们也是投资界赫赫有名的大佬，你们在分配代币的时候有过分歧吗？他们的股权投资比例和代币分配比例是对应的关系吗？

陈榕：杨向阳、刘晓松、林栋梁都是我的朋友，他们最近给我提供了很多帮助。亦来云是一个社区项目，百分之百开源，没有股份之说。所以，这几位传统的移动互联网大佬并没有占什么股份，当然也就谈不上有什么投资比例，我们也就没有什么分歧。

大家知道，应用型代币（Utility Coin）和证券型代币（Security Coin）有区别，即使是流通币（Utility Coin），你拥有一个，也并不代表你拥有了它的百分之多少；反之，你拥有证券型代币，才代表你拥有了一些权益。

对于证券型代币，各国政府对其监管都很严格，但亦来云恰恰不是证券型代币。2018 年 1 月 2 日，我们在美国进行了公募，非常成功，这是第一个通过美国豪威测试（Howey Test）且在美国做得合规合法的公募销售。

豪威测试：判定某一金融工具是否为“证券”的有效手段，它包含4要素：第一，出资，即众多投资者用自己的资金进行投资；第二，投入共同的项目，即众多投资者将资金投入同一个项目中；第三，期待获利，即众多投资者进行投资的目的是获得盈利；第四，获利来自他人的努力或经营，即投资者不直接参与经营，而是期待项目的发起人或经营者努力、经营而使自己获利。区块链行业一般认为，区块链项目通过了豪威测试，则不会被认定是证券属性，并且符合美国法律的要求。

杨向阳他们参与亦来云项目，我觉得和他们经历了上一轮的互联网发展有关。上一轮的互联网发展，虽然在早期阶段诞生了浏览器，但大家不一定拥有网景公司（Netscape）的股份。可是认真研究行业发展趋势之后，我们会发现后来有很多公司在互联网大潮中占得了先机，比如雅虎、谷歌等公司。

在互联网发展的早期阶段，我也恰恰有机会参与其中。1984 年我去美国的时候，阿帕网①（ARPANET）正改名为因特网，我经历了这个阶段，有了电子邮件账号。到了 1987 年，我还参与了用卫星搭建美国的一个超级计算机网的工作，后来这个超级计算机网促使了网页浏览器的诞生。

1987 年还是太早了，是互联网发展的萌芽阶段，我们研究了多窗口显示技术，用文件传输协议②（FTP）从克雷计算机③上不断地下载代码和数据，然后放在个人电脑上显示，后来这个模型促使了浏览器的诞生。

---

① 阿帕网：美国国防部高级研究计划局开发的世界上第一个运营的封包交换网络，它是全球互联网的始祖。

② 文件传输协议：用于在网络上进行文件传输的一套标准协议，使用客户/服务器模式，它属于网络传输协议的应用层。

③ 克雷计算机：由克雷公司生产的计算机，多指克雷公司生产和制造的超级计算机。

不过，我鼓励大家认真研究以下问题：第一，如果一个互联网有去中心化的 ID，那么我们的互联网会是什么样的？第二，如果一个互联网可以溯源了，会对人、对诚信有多大的影响？第三，如果互联网有稀缺特性，有 1 万本书在互联网上流行，不增不减，每两三分钟可以换手，那这个时候商品的稀缺经济就有可能诞生。

如果互联网有了这 3 个特性，人类社会就已经有了长足的进步。当然，区块链上有很多其他新技术，像闪电网络（Lightning Network）、并发等，但是这些技术还不成熟，也没有时间等这些技术成熟，先把 3 个比较成熟的特性应用在互联网上，已经能对人类社会产生非常大的影响。那么，我们为什么不想想市场？为什么不想想面向消费者和面向商户的业务呢？

闪电网络：用来解决比特币网络拥塞问题而提出的比特币网络改进方案。闪电网络的本质是把比特币网络作为结算网络，两个节点间在建立通道后，所有交易都可以在链下完成。该设计最早是 2015 年 2 月由 Joseph Poon 在其论文《比特币闪电网络：可扩展的离线即时支付》中提出的。

这就是我为什么不太认可做协议，做协议就是做技术，其实我们现在已经可以做对人类社会有更大影响的事情了。可是大家因为对互联网的理解、对基础操作系统的理解有欠缺，只看到了局部，没有看到一个整体的战略布局，这是亦来云与其他很多创业公司的不同。

虽然有 10 多年不成功的经历，但我也一直在想如何走出困境，我觉得价值互联网这一步应该是一个重大的机遇。

互联网如果有了去中心化的 ID、溯源、稀缺这 3 个特性，就能够有长足的进步。当然，这 3 个协议已经基本成熟，一些小公司再做协议、做闪电网络不是没有意义，但是在增强互联网能力方面，短期内我们等不了它们的研发进度。

区块链的技术已经开源了，也很成熟，比如比特币的技术，还有以太坊的底层。一些小公司做研发，不是面向商户，也不是面向消费者，而是面向做协议的风投机构。大家知道，面向风投机构的结局是非常悲惨的。还有的不是面向风投机构，而是针对 ICO，这肯定是“割韭菜”。一些年轻的公司初生牛犊不怕虎，但是互联网大潮里确实有非常多结局很悲惨的公司。

在区块链技术领域，小公司机会很少，只有极个别公司能把技术做到成熟。像以太坊这样被年轻人做得很好的项目，其实是凤毛麟角。

新的协议、新的公链只是信任的前提，有了协议、公链，不是自然就会有信任，基于用户流量建立信任的公链一定是非常困难的，原因是老百姓最多能记住 3 ~5 个值得信任的公链。

第四问
从“影响中国软件开发的 20 人”之一到区块链大公链项目领导者的挑战是什么

王峰：你 20 年来一直在研发一线，是许多程序员的榜样，2004 年《程序员》杂志还将你列为“影响中国软件开发的 20 人”的第一位。你现在领导一个区块链大公链项目，要实现社区化运营，部署生态化建设。你是什么时候开始有信心运营一个商业组织体系的？在团队管理、商业合作、公司运营方面，你面临什么挑战？在亦来云这个项目之前，你从微软总部回来有十七八年时间了，这期间你认为哪个阶段最成功？我见过很多从微软出来的技术精英，回国后都在非常出名的国企或者民营互联网企业担任要职，你为什么那么执着地要创业？

陈榕：2004 年《程序员》杂志将我列为“影响中国软件开发的 20 人”之一，我非常感谢。说到第一，我觉得夸张了，其实我算不上。20 人，我觉得自己也配不上，百度、腾讯、阿里巴巴真的做得非常好，而我相形见细，觉得很惭愧。

说到从微软回来创业，十七八年没成功过，但也有几个亮点：第一，我们在 2002 年和 2003 年的时候，做了第一版的内核，2007 年的时候做了完整的一款智能手机，那是百分之百自己做出的智能手机，是自己设计自己写的程序，没用别人的东西。这是非常难的一个课题，但是最后手机卖不动。

我们做完手机不久，苹果和安卓的手机就问世了。手机量产后，我们拿给一些客户使用，他们的反馈是，比 Windows CE 更稳定、效率更高。其实，它达到了当时的领先水平。但是，苹果和安卓系统实在是太强大了，后来我们把这家公司卖给了富士康。

第二，在富士康的支持下，2012 年我们再次出发，主攻工业物联网方向。当时我觉得工业物联网和智能家居，属于端到端的安全，用 C++ 做系统会有机会。与此同时，微软也启用 Win10 计划，用 C++ 来写刀奈特，我觉得这是一个重大的机遇。

后来这个项目做出了雏形，我们的智能路由器虽然没有量产，但达到了产品级别，也对外进行了产品演示。可是，由于种种原因，产品没有量产。一年以后的 2016 年，我突然觉得区块链有机会，决定转向区块链行业。

第五问
区块链真的需要一个操作系统吗

王峰：你一直坚守自己的操作系统之梦，非常不易。从当年的微软刀奈特的新一代操作系统架构开始，到回国参与 TD-SCDMA 的开发，到 2012 年，你在富士康的支持下写出“物联网操作系统”。我印象里，前几年你就做了“亦来云”，是基于大数据的云操作系统。我也注意到，这几个操作系统可以说并没有真正获得商业化应用。这其中的原因是什么？从微型计算机桌面时代开始，中国人好像从来没有在操作系统上有过什么建树。PC 时代是微软 Windows 的天下，手机时代是苹果 iOS 和谷歌安卓的天下。为什么在区块链时代，操作系统就有机会？另外，区块链真的需要一个操作系统吗？

陈榕：当然需要，更准确地说，需要的是虚拟机操作系统。2013 年亦来云就开始研发虚拟机技术了。我们的虚拟机已经能在 iOS 和安卓上跑出“你好，世界”①（Hello World），这其实是一个非常大的进展。我们现在的口号是，做所谓的智能 Web（Smart Web），即下一代的 Web。智能 Web 就是能跑程序的 Web，能跑分布式应用的 Web。这样一来，具备运行 C++ 程序的浏览器至关重要。

上一代浏览器基本是一个信息互联网，能够通过链接点击一个网页，后来有了 Java 脚本，再后来有了微信小程序。最终的测试是，浏览器能不能运行 C 代码？能不能运行 C 代码的即时应用程序（Instant App）？运行 C 代码最大的问题就是病毒，所以虚拟机的技术进展就非常重要。我曾说过：程序员的一小步，是人类科技进步的一大步。

区块链其实不需要操作系统。因为我们理解的操作系统是运行应用。过去操作系统是运行硬件抽象，做内核，现在硬件抽象已经非常成熟了，Linux 现在的改进空间已经不大了。其实，现在的操作系统在做的是虚拟机操作系统，即多虚拟机操作系统。

从另一个角度看，针对虚拟机操作系统来说，我们要为支撑什么样的应用而提供软件开发工具包（SDK），比如我们支撑分布式应用，还有应用程序。应用程序是面向消费者，消费者看到的运行软件是应用程序，而分布式应用是没有第三方网站遥控的应用程序，是第三方网站关不掉的 Web 服务。而系统程序员看到的驱动程序等运行软件，真的不能被称为

---

① “你好，世界”：因为编程语言曾使用它作为第一个演示程序，后来很多程序员在学习编程或进行设备调试时，延续了这一习惯。

应用程序。

比如硬盘上有电路板，也有操作系统，那么硬盘上写的软件，就是网络附属存储[①]（NAS），做容错，做读写平衡，如果要跳过坏的扇区，都是靠软件来完成的。可是消费者基本没有人知道这些软件，对他们而言也没有多大意义。

区块链作为网络操作系统的一个部件，提供了ID的分发，提供了溯源，提供了稀缺的能力。打个比方，它提供了民政局、公证处、版权管理、工业与信息化管理等部门的职能。而它要展现给用户这些服务能力，其实不是通过区块链本身展现。所以，就像讨论硬盘需不需要一个操作系统一样，你可以说需要，也可以说不需要，反正没有应用看得见。

对于红旗Linux系统，过去10多年中国也做了很多尝试，也有不少机构做自己的操作系统，其实这是非常必要的。但对于一些操作系统技术，尽管我们做了10多年，也参与了一些项目的研发，但最终因为没有面向客户，所以效果不尽如人意。

第六问
在去中心化的操作系统上，安全问题可以一劳永逸吗

王峰：我在通用软件产业有10年的工作经历，知道操作系统不同于PC应用程序或者我们手机里的应用程序，在已有的生态上写应用就可以。从历史来看，做操作系统从来就离不开硬件的支持，比尔·盖茨（Bill Gates）能做操作系统的根本原因，是他先搞定了与国际商业机器公司（IBM）的订单，并与英特尔创始人安迪·格鲁夫（Andy Grove）建立文泰来（Wintel）联盟。苹果也是自己做硬件，谷歌有强大的搜索引擎和基于网络基

① 网络附属存储：指连接在网络上，具备资料存储功能的装置，因此也称为“网络存储器”。

础（Web Base）的应用，还有生态化的安卓阵营。亦来云的操作系统在什么环境下运行？谁来做支持它的应用呢？另外，在中心化的互联网时代，安全是没有保证的，比如有分布式拒绝服务攻击（DDoS）、木马病毒、隐私泄露等。在去中心化的操作系统上，安全问题可以一劳永逸吗？新挑战是什么？

分布式拒绝服务攻击：一旦该攻击被实施，攻击网络包就会从很多 DOS 攻击源（俗称“肉鸡”）中犹如洪水般涌向受害主机，把合法用户的网络请求包淹没，从而导致合法用户无法正常访问服务器的网络资源。因此，分布式拒绝服务攻击又被称为“洪水式攻击”。

陈榕：这个问题很好，其实回国这些年，我最大的遗憾是没有做硬件的能力。我做过手机，也做过智能路由器，但是像供应链，包括开模，其实都是另一个领域的问题。人的精力有限，能力也有限，我做了几次硬件，都以失败告终。当时微软为了获得硬件的支持，能够与国际商业机器公司、英特尔结盟，真的是非常不容易。

我觉得今天的机会在于，下一代的操作系统应该是虚拟机操作系统，虚拟机其实是脱离硬件运行的。

我曾在美国展示了我们之前做的手机，大家以为我们要做区块链手机，估计是我们的做法误导了大家。我觉得根本就不应该做区块链手机，因为如果解决不了成本、供应链、品质等问题，而去挑战三星（SamSung）、华为、苹果，成功的希望其实是非常渺茫的。

也有做区块链手机的公司在市场上融到资金，我只能说恭喜它们，但我是不会去做手机的。如果做区块链手机，我们会是世界上最先起步的，毕竟我们 2013 年就开始做工业物联网手机了，但是我不认为这是一条活路，所以我不会去走。

关于虚拟机，原来的机器支持多进程处理，现在的机器支持多虚拟机运行，一个进程，就是一个地址空间的隔离。当年我们做 DOS（磁盘操作系统），其实就是一个单进程、多任务并发的技术。只要给进程配上一个硬盘，它就是虚拟机，不要把虚拟机想成可以运行 Linux、Windows 这样的东西，其实 Java VM 就是一个虚拟机。

但是 Java VM 有两大问题。第一个是 Java 不能独立运行程序，因为需要高效利用中央处理器指令的程序，比如游戏引擎、编解码器、人工智能算法等程序，通过 JNI（Java 转原声指令集接口）走到底层的硬件操作系统。

这也是为什么我在 1999 年离开微软，微软当时采用公共语言运行时（Common Language Runtime，简称 CLR）和 Java 竞争，摒弃了 C++ 的路线。

说到这一点，Java 程序绝对是图灵完备。但是图灵完备并不意味着能百分之百运行程序，因为大家要进行物理硬件的选择，而硬件都是有局限性的，存在速度、内存、电源管理等方面的限制。某一程度的图灵完备，运行一个程序要 100 年，这是人不可忍受的。

图灵完备：在可计算性理论里，如果一系列操作数据的规则（如指令集、编程语言、细胞自动机）按照一定的顺序，可以计算出结果，就被称为图灵完备。图灵完备这个词源于引入“图灵机”概念的数学家艾伦·图灵（Alan Turing）。

很多区块链创业项目的负责人，会称他们的程序是图灵完备，我觉得这个说法除了误导，还是误导。以现在人们对计算机的理解，能编程不是什么大事。当然，如果中本聪选择不做图灵完备，是他有自己的想法。比如亦来云公链，就藏在亦来云的去中心化网络运营平台 Elastos Carrier 之下，我们不会在亦来云公链上支持智能合约。

我们如果不支持智能合约，“写死”四五个功能，为什么要图灵完备呢？为什么要让人有可能攻击它呢？亦来云之所以这么选择，原因很简单，我们认为智能合约其实是一个用户态的事情，用户第三方程序员写智能合约，使其在原生指令集范畴实现图灵完备，这绝对是伟大的。图灵完备的智能合约是以太坊的一个发明，我们也很佩服。我们在用户态的侧链上，也会支持以太坊智能合约，也很有可能将来会支持以太坊虚拟机，但是现在我们会先选用小蚁的智能合约。

第二个是 Java 没有做到端到端。其实 Java 语言的发明是在 1995 年，当时是为机顶盒发明的。当时机顶盒上的中央处理器架构有 X86、Alpha 和 PowerPC。因为机顶盒的中央处理器不同，所以要把 Java 传送到机顶盒端，然后按需编译。但是当时没有设想 Java 能运行在 Server 上，如果 Java 不运行在 Server 上，就是 Server 和端都要运行 Java，中间的网络就有可能被接管。

这是微软设计刀奈特的初衷，如果服务器采用微软的云，那么端上会运行微软的 CLR，这样端到端两边运行时，通过一个叫映像（Reflection）的技术，就可以动态产生远程过程调用①（RPC），把软件封装成服务，就是一个软件的“黑盒子”。按照这样的方式定义接口、事件之后，你就不用管软件服务是用 Java 写的，还是 x86 或 ARM 写的，调用就行了，或者把硬件做成服务。这样的话，生成远程过程调用就能规避分布式拒绝服务攻击，也能规避隐私泄露和病毒。因为 TCP/IP 太灵活了，是今天互联网不稳定及用户数据泄露的始作俑者。

互联网的发明很伟大，源于当时人们做的一个非常英明的抉择。最早美国军方在投资做互联网时，可以选择做一个类似美国国家航空航天局（NASA）的网络中心，也可以选择把它全部开放，做成去中心化的、只

---

① 远程过程调用：一种通过网络从远程计算机程序上请求服务，而不需要了解底层网络技术的协议。

要有服务器就可以接入的互联网模式。最后，互联网的创建者们决定选择后者，成就了今天互联网的繁荣。

当然，恰恰因为这个英明的决定，引发了今天互联网的所有问题。比如，任何人都可以接入，任何人都可以发软件包，任何人都可以做中间人攻击，任何人都可以做分布式拒绝服务攻击，任何人都可以伪造身份。这些问题导致了病毒的大量传播和隐私的泄露。

此外，木马病毒的产生还有一个原因是操作系统有守护进程[①]（Daemon），不过今天的操作系统已经完全可以做到没有守护进程，没有后台守护进程。比如，微信小程序其实就是一种操作系统，是在微信中预置了内嵌浏览器，用户通过链接可以找到网站、公众号。端到端的连接都被腾讯接管了，所以一个微信公众号被人伪造成域名系统（DNS）攻击、分布式拒绝服务攻击的可能性都是微乎其微的。在微信里，一个人被人冒充的机会也非常小。

小程序就是操作系统，有用户和存储，但它的问题是，比如如果你发一个淘宝的网站链接，腾讯就会把它屏蔽。这显然不是一个公平、公正、中立的做法。

同样的问题也出现在谷歌、苹果等公司中。比如，苹果手机的操作系统比别的手机操作系统更安全，所以苹果可以为其操作系统定价。今天有了区块链技术的帮助，我们能够产生去中心化的ID，如果再利用区块链提供的对方公钥进行端到端的加密通信，就能够做到端到端的安全，这样就不用额外支付成本了。

此外，如果有了去中心化的ID和区块链的自动运行机制，客观上就把区块链的这张网给建起来了，去中心化实际上做到了去运营中心。打个比方，我们用手机打电话，两部手机之间就是端到端，如果没有了中国移

① 守护进程：一直运行的服务端程序，通常在系统后台运行，没有控制终端，不与前台交互。

动，就是去运营中心。再比如，两个人用微信语音打电话，如果去掉腾讯，也就是去运营中心。还有微博，它有作者和读者，新浪是一个运营中心。同理，脸书也是一种运营中心。我们通过区块链的自动运行机制，能把这种运营中心去掉，有人称其为分布式应用。

大家经常忽略另一种去中心化，即去媒体播放器中心。什么是媒体播放器中心？广义地讲，今天大部分软件都是一种中心，比如 MP3 文件、电影要被媒体播放器播放，Doc（文档）文件要被 Word 播放，HTML（超文本标记语言）要被浏览器播放，软件其实是一个很大的中介。

然而，软件作恶也屡见不鲜。比如大家要做浏览器，是因为想屏蔽别人的广告，把自己的广告嵌进去。或者，媒体播放器被二次盗版，一部电影放了 1 万次还是放了 100 万次，只有播放器知道，作者是不知道的。片前片后的广告放的是哪家公司的，挣了多少钱，也只有播放器知道。

如果我们刚才讲的虚拟机技术能够让第三方应用无法直接上网、没有第三方后台守护进程、不能安装第三方驱动，达到这 3 条，那么运行软件后其实是很难传播病毒的，因为上不了网，一个虚拟机只运行一个程序，传播病毒是没有意义的，当然也不能说绝对做不到。

虚拟机能运行媒体播放器，媒体播放器能把一个数据加载起来，间接地看，虚拟机就是播放器的播放器。如果我们把播放器给去掉了，就是去掉了二次盗版，去掉了软件中介，把所有的数据变成程序，这样会给作者带来更多的收益。

今天我们在社交网络、原来的浏览器上传播的都是数据，比如传歌曲，传视频，传文档。如果我们能在社交网络上传程序，那么用户体验和整个收益模型会有一个革命性的改变。

在过去的互联网上，所有的网站都是由一家机构控制的，比如我们现在想做供应链金融，想让这个网站更有诚信，就使这个网站由一个服务器来运行。如果说，我们把网站变成由几个机构通过智能合约做成的有共识的网站，显然可以有更多的诚信，起码供应链金融的各方会有更多的信心。这类网站在过去的互联网上是不存在的。

但是我要强调的是，这种网站对于一个网络操作系统来讲，其实是用户态的东西。比如10家机构要形成一个供应链金融应用，它们各自选用各自的云服务器，有人选阿里云，有人选百度云，有人选亚马逊云，进而用权益证明形成智能合约来共同运行。这其实跟公链节点、联合挖矿基本上是没有关系的，但是诚信可以递归。如果去中心化的ID依托于公链，那么一些哈希值也可以记录到公链上。将来，这几家供应链金融机构就不可抵赖，不可毁约。

我认为，把智能合约运行在公链上是不明智的，这可能会冒犯很多节点。我觉得公链没必要做智能合约，也没必要做图灵完备。当然，智能合约是要做到图灵完备的，这是两件事儿，把它们混为一谈自然会碰到效率的问题，也自然会捉襟见肘，因为区块链的本质是一台输出信任服务的专用计算机。而一台计算机是不可能服务所有互联网用户的，这是起码的常识。

比如记账，尽管可能是6 000个节点，6 000个计算机协同记账，那么一个账本就是一台计算机，只不过这台计算机不由任何机构控制，既关不了也不能悔改。区块链创造限量通证，人为制造稀缺，其实是区块链计算机的伟大之处，但我们不可否认它是一台很慢的计算机。比如“银河”巨型计算机其实是由数百个中央处理器组成的，内部有光纤，也有总线，每个机器上有自己的内核，这样形成了一个网络计算机。但对于老百姓来讲，“银河”巨型计算机就是一台计算机。

所以我们把区块链当作一台计算机，这对大部分消费者是有益的。不同的计算机各有千秋，比如“银河”巨型计算机比我的个人电脑运算得快，但是我家里装不下“银河”巨型计算机，也付不起电费。我的手机省电又好用，但是做不到实时智能驾驶。各种计算机的用途不同，架构不同，一台计算机不可能满足所有人的需求。

所以，在以太坊公链上做智能合约、做分布式应用，把有大量用户的应用程序一起运行在以太坊上，哪怕你的终端、手机上运行所谓的分布式应用前端，但后台依赖于区块链，也是不明智的。

亦来云其实并不依赖亦来云公链作为后台，它其实依赖其他的服务器节点作为侧链，实现所谓的机器人中介，避免人为中介，让应用双方感觉它们之间的通信及服务是端到端的。亦来云公链只提供去中心化的 ID、溯源、稀缺这 3 个功能，并不提供服务的运行。毕竟一秒钟做几十次的运算，能提供什么服务呢？我们想想，也知道那不可能。

第七问

“亦来云 = 一个目前没有成功的操作系统 + 蹭区块链技术热点”吗

王峰：有人这么评价：亦来云 = 一个目前没有成功的操作系统 + 蹭区块链技术热点。事实上，很多“毒舌”给国内区块链项目的评价都不高，认为大部分的项目都是空气币（AirCoin）。而且他们认为，亦来云根本不是为了区块链开发，且仅有2 000万行的代码，本质上它是一个写了 10 多年没有写完的操作系统加了一些区块链模块。你怎么回应？

空气币：没有任何技术依托的 ICO 代币，通过传销机构吹捧而号称有广大远景，但实际上不可行或无法兑现。其典型特质包括：白皮书无任何技术说明，全部由项目计划组成，无实质性的技术路线图，后期多数以交易所上市为主要目的，以币价作为衡量项目的唯一标准等。

陈榕：这些人这样说其实也没错。我们确实是做了 10 多年，其间有几次差一点就量产了，但是我们做得不顺利，几次都没有做成，我也不辩解。

之所以我现在还要做，首先不关别人的事，是我自己愿意的。当然我也不责怪这些“毒舌”，自己继续努力吧。其实过去的经验教训很有用，可以不到 1 年时间，使亦来云项目得到长足的发展，我觉得亦来云是非常有机会的。我们认为，技术走到今天，就像微软能够做到通用应用程序一样，一个操作系统能满足物联网的需求，希望大家能够意识到这是工业物联网的关键问题。

回头看，我们有 2 000 万行代码也好，有几千万行代码也好，今天我们把这些代码迅速搬到以区块链为基础的网络操作系统上，其实还是领先的。比如，我们的端到端去中心化网络已经开源了，4 个月左右就上线了，而如果从头做一个端到端互联网，4 个月是做不完的。

我们发布的虚拟机，都不能说是 0.1 版，反正“你好，世界”运行起来了。自动产生远程过程调用，可以没有守护进程和驱动程序的“沙箱”，在全世界的开源版本中我没见过。所以我认为能为人类做贡献就好了，别人怎么说随他们吧。

Elastos 这个名字我还是很满意的，这是我 2002 年起的名字。你仔细看 Elastos，其实就是 E-Last-OS。后来，亚马逊把云计算叫弹性计算（E-lastic Compute）。为什么这么称呼？就是根据计算资源的需要动态增加或减少虚拟服务器的数量。Compute 是虚拟机，Computer 是物理机，Computing 是程序的运行。

在我有生之年，如果做了一个没驱动、自动服务化的系统，互相发现，互相适配，那会是一个非常完美的结果。2015 年，Win10 诞生，Win8 之后，直接是 Win10，没有 Win9，而且永远不会有 Win11，这就是物联网操作系统。这件事我在 2002 年就了解了，所以冥冥之中，亦来云的名字也暗合此意。

第八问

你对操作系统的坚持，是不是有倪光南的影响

王峰：你曾经自嘲过，你创业做的事情是非典型的（做操作系统太难），

年龄也是非典型的（42 岁才创业）。我看过一篇你早年的采访稿，提到你 1982 年大学毕业后，考上中科院计算机所倪光南①的出国研究生，当时他正在开发汉卡。倪光南不断呼吁，中国要有自己的芯片和操作系统，并且亲自支持当年的红旗 Linux。你对操作系统的坚持，是不是一定程度上受到倪光南的影响？你现在跟倪光南院士有来往吗？你有可能通过他，获得更多支持吗？

陈榕：柳传志、倪光南创业时大概也是 42 岁。1982 年秋天，我进入中科院计算所六室（外设实验室）做联想汉卡。倪老师当时在加拿大当访问学者，老师看不见我，于是我就老偷懒儿，总去图书馆学英文，不好好干活儿。

后来我在美国的时候，突然发现有个叫联想的公司已经做得非常好。这才知道，它就是我当年所在的那个实验室。我回国以后，和倪老师也有来往，我非常敬佩他。联想对中国有贡献，倪老师不停呼吁中国应该有自己的技术，他在红旗 Linux 及芯片研发方面，都花费了非常多的心血。

从另一方面讲，我认为一些关键部门应该迅速启动自主可控的操作系统，这非常有必要，当然也不妨碍做一些基础研发。我们其实做了一些尝试，也跟倪老师汇报过。但说到请他帮忙，我觉得超出了倪老师的能力范围，因为这需要消耗大量资金，要有像富士康这样的工业巨头来支持，不是像倪老师这样的一两个人帮忙就可以做到的。

第九问

过去 5 个 10 年的经历，你得到和错过了什么

王峰：我常常感慨，时代造就人，性格改变命运。在你过去的 5 个 10 年

① 倪光南：中科院计算所研究员，1961 年毕业于南京工学院（现东南大学），首创在汉字输入中应用联想功能，中国科学院计算技术研究所新技术发展公司（联想前身）和联想集团首任总工程师，1994 年被遴选为首批中国工程院院士之一。

里，好像每隔 10 年都有一次重大转变：1977 年，恢复高考，你有幸成为第一批考入清华大学计算机系的人之一；1987 年，你在美国知名学府伊利诺伊大学研究计算机操作系统；1997 年，微软宣布全面转战互联网，当时 Windows98 正面临空前的反垄断危机，你参与设计新一代网络操作系统刀奈特；2017 年，你和校友韩锋一起策划成立亦来云基金会。到底是哪些机遇造就了你？我相信在这几十年里，你也一定遇到过不少困难和挑战，你性格里最重要的特质是什么？这期间你得到和错过了什么？如今，价值互联网新世界的大门已经开启，你打算给年轻一代的技术员什么建议？

陈榕： 我觉得自己的经历要分 5 个 10 年。1967 年，我在北京外国语大学的大院长大，但在农村上小学。

后来因为我学习成绩好，得到中学很多老师的培养和鼓励。我们当时的唯一出路，就是努力。我在农村劳动的时候，每天会花相当长的时间读 50 页书，即使困得不行，也要把 50 页书读完，虽然根本就不知道书里在讲什么，只是闭着眼睛不动脑子地读，结果高考我抓住了机遇。后来我考上清华、科学院，然后去了伊利诺伊大学，这些院校都是标准的工程大学，再之后我去了微软研究院。

我走过很多弯路，就是因为太自信了。其实人生的时间是很有限的，人的能力也有限。回国以后，我认为一个人就能写一个操作系统，但是做操作系统又太专注于技术，也正因为一心做操作系统，错过了中国互联网的大潮。

1984 年、1985 年，互联网处于第一阶段的因特网时代；1995 年左右，互联网进入第二阶段的 Web 时代。我是微软 IE 浏览器（Internet Explorer）的第 10 号员工，参与编写过软件构件重用（Active X）。

今天我们讲的智能 Web，就是互联网即计算机（Web as a Computer），以太坊称它为世界计算机。我认为互联网即计算机这件事大概率会做成，就是互联网要运行程序。这需要很多方面做到相互兼容，便于移植。比如，我们很快会把一些安卓类的应用稍加改动，在亦来云上运行。但是更多的应用和更多的机遇，因为溯源，因为去中心化的 ID，因为稀缺，会促使一个巨大的智能经济体诞生，其中还包含通证的正反馈激励，所以我觉得这件事会比现在的智能 Web 更大。

其实，在一个重大的机遇面前，大家不要太纠结区块链，而应该看到整个互联网，因为几乎所有软件、所有生意模型都有机会。

第十问
如何看待从计算机生产力解放到计算机生产关系革命的历史性跳跃

王峰：1995 年，太阳微系统公司[①]（SUN Micro Systems）的创始人麦格里尼（MCNealy）提出网络计算机（NC）主张，并称网络就是计算机，以对抗如日中天的微软个人计算机阵营。许多年后，亚马逊的 AWS 和阿里云占据了全球云计算市场，将当年太阳微系统公司创始人的技术主张变成千亿美元的价值。又过了多年，中本聪打开潘多拉魔盒，称比特币网络由无数台计算机节点构成的算力连接而成，在区块链构成的新世界里，网络就是一台超级计算机，再次成为去中心化技术主义者的谈资，历史矢量从计算机生产力解放跳跃到计算机生产关系革命，你对此有何看法？

我清楚地记得，当年一款基于端到端技术的音乐共享软件纳普斯特[②]（Napster），软件创始人是肖恩·帕克（Sean Parker），他的公司因美国音乐版权保护运动的控诉而倒闭。他后来洞察到脸书巨大的商业价值，以一个老江湖的身份，把扎克伯格从哈佛大学带到硅谷，走向华尔街。很多年后，一些人再次关注端到端，结合哈希算法，将信息互联网带入价值互联网。如果中本聪遇到了肖恩·帕克，历史会被改写吗？技术的赌桌，会重

---

① 太阳微系统公司：创建于 1982 年，主要产品是工作站及服务器。作为开放式网络计算的领导者，公司创立伊始，就率先提出“网络就是计算机”的理念，2009 年 4 月被甲骨文公司收购。

② 第一个被广泛应用的点对点音乐共享服务软件，最高峰时有 8 000 万注册用户。

新发牌吗?

陈榕: 其实，网络操作系统也好，世界计算机也好，都是需要运行软件的。互联网计算机一定需要一个去中心化的端到端网，但这个端到端网一定是能传输视频、声音和文件的。

如果一个计算机能运行多个虚拟机，虚拟机之间的距离就是未知的。两个虚拟机之间运行的应用与服务，无法知道虚拟机是运行在 Linux 上还是运行在 Windows 上，是运行在一台机器上还是运行在局域网里。其实虚拟机里的程序是不知道远近的，这就是网络计算机的开始。只不过这个互联网的计算机 ID，不能由一家公司开发，不能由一个公司控制。这是区块链非常重要的一个要点。

简单来讲，网络计算机用到了区块链的一些技术，而不是区块链计算机能做到世界计算机。区块链做不到世界计算机，这是我对世界计算机的一个基本理解。不能说中本聪把多少台计算机的算力连起来了，那个算力跟计算机的算力完全是两回事。

这里，我讲几个概念:

第一，计算与网络分离。程序在虚拟机里运行的是应用，它和网络无关。就像大家用手机打电话，看不到电话数据走的是光纤、卫星、海底电缆、微波、4G 还是 5G，因为用户看不见网络。把人看作计算机也是图灵等价的，既然人看不见网络，就能让应用看不见网络。

第二，计算、网络与安全分离。像刚才讲的安全，比如说 ID、稀缺、公证处这些安全问题，又和通信和计算正交。它们之间的关系，就是没有直接关系，就像计算跟网络没有直接关系，这是网络安全的基本认识，不然达不到网络安全的要求。什么是安全与通信、计算正交呢？比如，我们用两部手机打电话，因为反恐等原因，需要有人监听、做录音存档，然而两个打电话的人完全感觉不到。但是这些安全插件的插口在电信里显然是有的，同理，这些插口在操作系统里也是有的，比如使用组件对象模型（COM）即插即用的插件技术，支持软件服务的动态插入。

我认为区块链只是一个安全模块，笼统地讲，计算和网络其实都是正交可插拔的。这些成熟的工程实践，在区块链项目里完全看不到，先不说速度，就是在区块链上做分布式应用的软件工程水平都还差得非常远。

纳普斯特其实有两个问题。第一，它虽然使用端对端技术传输音乐，但自己还有一个网站。所以如果它传的音乐是盗版文件，美国法律就会对它进行追溯，它最后就会倒闭。

第二，今天我们在区块链的基础上做去中心化的端对端，可以传有版权的内容，做到稀缺定序。比如我买一本纸质书，看完可以半价卖掉，但是我买一个电子文件，就没有办法半价卖掉。也就是说，纸质书我可以随便处置，它是我的财产。电子文件我没办法随便处置，它就不是我的财产。

如果电子文件有限量版，能够半价卖出，能够做直销，那么直销的人可以拿到提成。但目前还没有这种商业模式，这是世界范围的虚拟世界的私有经济。

当然区块链也有它不好监管的一面，比如没有人能控制住它，也没有政府能够关闭它。我们如果通过这种技术传输盗版文件，其实很难被发现。但我不认为这是主流，因为如果大家能够通过它做生意，作者从源头上不想作品被人盗版的话，也是可以做到的。

传递价值一定有传递程序，毕竟数据太容易被盗版，不能承载价值。程序加载时，通过区块链确权，很容易注册哈希，然后验证谁是最原始的作者，产权会更清晰，也有地方说理，盗版现象也会逐渐减少。

提到政府监管，我不认为比特币是钱，它是一种稀缺有价商品，有人称它为数字黄金，这有一定道理。随着新一代网络操作系统、世界计算机即网络计算机的蓬勃发展，将来用协议做 ICO 的机会是不大的。

前面提过，尽管区块链公链是建立信任的基础，但是大家都相信的公链也不过三五个。信任，并不是简单的技术问题。所以未来基于公链的流通币只会是非常少的几种，比如美国政府也只认可几种代币是应用型代币。这其实对于监管没有很大的难度，因为它的数量非常有限。目前许多ICO为了避免监管，强说自己的是应用型代币，拼凑一些似乎是流通功能的需求，但没有公众的信任，哪里可能会流通？

至于亦来云与区块链的关系，亦来云是一个运行分布式应用的环境，区块链相当于手机的指纹识别，是一个安全模块。它们两个是包含关系，亦来云包含区块链，但是亦来云公链不直接面向客户。当然，我们会在亦来云侧链上支持智能合约，做到以共识为基础的网站。

亦来云是一个网络计算机，网络计算机上会有两类存储：一类存储就像我们电脑上的公共存储，比如bin目录是放程序的地方，是每个用户都能共享文件的地方；另一类存储，是个人存储，比如主目录。亦来云做的个人云盘，就是网络计算机的个人存储；亦来云定制的星际文件系统（IPFS），就是网络计算机的公共存储。

亦来云会帮助分布式应用发行通证。通证可以为众筹网站Kickstarter[①]提供确认权益的便利，类似新三板申报制发行的股票。许多国家倾向于将这类ICO纳入监管的范畴，它们都倾向于备案制，就像股票发行需要备案一样。你只要承担责任，正常报税，很多国家会倾向于开放、疏导与截流并用。

最后总结一下，去中心化的ID、存证溯源、稀缺定序、去网络运营中介、去媒体播放中介、智能合约共识Web服务，这6条公理能推导出多少伟大意义？

我认为未来公链的数量会减少。从公链我会想到操作系统，操作系统能做几百个，但主流的操作系统一般不会超过3个，因为别人要在操作系

① Kickstarter：2009年4月在美国纽约成立，是一个专为具有创意方案的企业筹资的众筹网站平台。2010年，Kickstarter被《时代周刊》评为2010年最佳发明之一。截至2018年10月底，KickStarter上提交的项目已经突破15万个，参与投资支持项目的总人数已经超过1 540万。

统上写程序。而开发团队、小公司不愿意写多个操作系统的不同版本的应用程序。

公链为什么将来会走向有限？因为在公链上开发智能合约，大家会支持几十种不同的智能合约开发办法吗？就像你可以发明几十种计算机操作系统，但最后只有三五个会成为主流。

公链的通证就剩三五个，也便于监管。因为你只要 ICO 就不可能不公开，你一定要让别人买，一定要流转，这个事情能纳入监管机构的备案就好了。

快牙是很有意思的一个项目，通过隔空投送（AirDrop）或者无线直连（Wi-Fi Direct）进行点对点传播。大家可以想一想，将来打麻将的时候，坐在一块儿的几个人在手机上就可以直接打了，这是很有可能发生的。

我觉得，更多合作的组织是互联网企业。因为互联网有 BAT 几个巨头存在，个人创业的机会很少。如果都是由区块链支撑的世界计算机或者互联网计算机，这些个人就可以重新定位，有了区块链新的概念以后，我认为他们可以重新“焕发青春”。相比之下，区块链传统企业积累不多，面向用户的经验也不足，这也是为什么我会更看好传统互联网企业。阿里巴巴使天下没有难做的生意，自己也赚到了钱，我觉得非常值得尊敬。阿里巴巴做区块链是否有机会呢？

我们应该在世界层面看问题，不应该在一个短期的局部市场看问题。

现在亦来云全部是社区化运作，其实我已经不适合这种年轻人的社区了，但是我觉得应该鼓励年轻人在社区化运作上往前再走一步，以太坊把它叫去中心化自治组织，蒋涛把它叫分布式协作组织。我觉得他们都有自己的见解，但这绝对是一种新的组织形式，最终会影响社会的组织和个体的活法。

大家有空可以去故宫的交泰殿看看，这是当年皇帝放印玺的地方，匾额写的是“无为”。无为，就是统治天下不瞎掺和商业的事。这好比做一个网络智能经济操作系统，开源、开放、社区化地运作，没有不公开的利益，因为区块链百分之百开源，不会把流量导到一个服务器上，也不会把钱打入个人的钱包。

一方面，产品是阳刚的，产品竞争时似“天行健，君子以自强不息”，大家一起竞争，不用把代码亮给别人，也不会把底牌亮给别人，要保密，不会开源。所以，我并不同意有些极端的开源社区指责不开源“邪恶”，毕竟竞争时不开源，这是必要的。

另一方面，互联网平台是阴柔的、孕育万物的，就像“地势坤，君子以厚德载物”，比如 Linux，只要是基础设施，一定要百分之百开源，不能不公开，正是这个原因让 Linux 走到了今天。Linux 在研发上虽然可圈可点，但却不尽如人意：主要是没有反馈，没有激励。如果有了区块链的激励，我认为，包括 Linux 社区在内的开源社区能够振兴。

陈榕精华观点

1. 没有流量的技术和没有客户的项目，都很难兑现

面对数字通证时代，首先要做协议的观点，陈榕并不认同，他以自己过去 10 多年的创业经历分析，只做技术、做协议是非常悲观的。新的协议、新的公链只是前提，不是有了协议、公链，就自然有了信任。技术是支撑流量的，没有流量的技术，其实很难兑现。在陈榕看来，以太坊并不只是在做协议，比特币和以太坊还是偏重用户。今天的很多区块链创业公司一开始就去改进以太坊、改进比特币，不是说改进没有意义，但如果没有客户，其实就没有前途。

2. 分布式应用本身不是画蛇添足，在区块链公链上开发分布式应用是画蛇添足

陈榕认为，区块链不是面向客户的，也不是面向商家的，区块链是一个网络操作系

统内部的一个关键部件。分布式应用本身不是画蛇添足，但在区块链公链上直接写分布式应用，就是画蛇添足，浪费时间。他还指出，在以太坊公链上做智能合约，做分布式应用，把有大量用户的应用程序一起运行在以太坊上，哪怕你的终端、手机上运行的是所谓的分布式应用前端，但后台依赖的是区块链，也是不明智的。

3. 区块链其实不需要操作系统

在陈榕看来，区块链作为网络操作系统的一个部件，它提供了 ID 的分发，提供了溯源，提供了稀缺的能力，它就像提供了公证处、版权管理等部门的职业。这些能力要展现给用户，其实不是通过区块链本身展现。而且，现在的操作系统在做的是虚拟机，即多虚拟机操作系统。所以，如果把操作系统理解成运行应用，区块链其实不需要操作系统。

4. 区块链能让传统互联网企业和开源社区重焕青春

陈榕将区块链企业和传统互联网企业做了对比，他认为，有了区块链新的概念以后，传统互联网企业可以重新焕发青春。相比之下，区块链企业积累得少，面向用户的经验也不足，所以他更看好传统互联网企业。此外，陈榕还提到，如果有了区块链的激励，包括 Linux 社区在内的开源社区也能够振兴。

区块链短期难以撼动BAT｜帅初

帅初

量子链发起人，毕业于英雄学院（Draper University）和中国科学院，曾就职于阿里巴巴，攻读博士期间即投身区块链技术的开发和研究中，具备丰富的行业开发经验。

春节期间，我看了帅初的采访，觉得他思路清晰，表达干净利落，有极客范儿，就想着要认识他。

我查了帅初的资料，介绍异常简单，但链接了他进入 2017 年福布斯中国 30 位 30 岁以下精英榜单的页面，榜单里有鹿晗和迪丽热巴，竟然还有我投资的物联网项目 Ruff 的联合创始人荆天为，以及做 QuickDeal（一家加拿大信息分类服务平台）的崔超，于是我也小小地骄傲了一下。

我感觉，大家的状态好像回到了 2000 年甚至更早，变得这么年轻。3 点钟睡觉是及格，5 点钟睡觉才是优秀。

在区块链的世界里，去中心化和中心化交替运动，答案在历史中，不是技术，而是组织哲学。

期待我和帅初的对话，我希望能够与大家一起，保持年轻的心，共同学习进步。

第一问

量子链项目是从社区中孵化出来的吗

王峰：查过资料后我发现，你可能是目前国内区块链创业者中最早做技术传播的人，比如你写了《从 0 到 1 建立自己的区块链》开发手册，同时我发现，你还是几个社区的狂热布道师，你做这些事的初衷是什么？

帅初：应该是 2013 年，我在 Bitcointalk[①] 上开始大量发帖子，关注各种新项目的进展，当时有关加密数字货币和区块链技术的中文信息非常少。由此，我考虑写一些基础的技术教程，希望可以有更多人关注这个新技术的潜力，于是在巴比特和 Bitcointalk 上发表了大量的技术教育帖。

在 2013 年和 2014 年，国内的技术开发者是非常少的，我当时写帖子的最初想法是，结识更多的技术开发者，后来发现，当时发布的帖子逐渐成了整个行业的入门指导。

王峰：我看了一些帖子，很棒。

帅初：现在看来，很多帖子都很初级，但是在 2015 年，国内确实很少有人写技术性的帖子，在此聊聊我的写作背景。

自从 2009 年中本聪发布了比特币的开源项目，区块链技术作为其背

① Bitcointalk：著名的老牌比特币论坛，成立于 2009 年。早期，中本聪曾活跃于此论坛，与网友深入探讨过挖矿能源、比特币网络扩展、区块大小等问题。

后的支撑技术开始慢慢发展。自 2014 年以来，越来越多的科技巨头和产业资本逐渐进入这个领域，对区块链技术的发展起到了极大的促进作用。

我们可以把比特币看作基于区块链技术的第一个金融应用，它是一个去中心化，无须信任单个节点，隐私又透明，在共识机制下人人维护的货币系统和支付清算网络。这样一个去中心化的清算网络正在成为另一种互联网的基础设施，就像计算能力、带宽是互联网的基础设施一样，比特币的支付网络正成为另一种互联网基础设施——“信任”，这样的基础设施每天由全世界的矿工共同维护，散发出越来越迷人的魔力，并成为金融科技（FinTech）创新的温床，吸引着越来越多的资源进入该领域。

除了在支付和金融领域的应用，区块链作为一种去中心化、共享的无须信任单个节点的公开透明数字账本，也在被逐渐应用到物联网、身份认证、供应链管理、版权管理等众多领域。区块链技术解决了计算机领域著名的“拜占庭将军”问题，从而使得在无须信任单个节点的情况下，可以创建一个去中心化的共识网络。

目前，大多数和区块链技术相关的项目都在国外，国内区块链技术的开发和应用相对滞后，因此，我计划在闲暇时间写一些简单的开发手册，希望可以帮助到从事这个行业的个人或初创公司。

王峰：V 神也是从写有关比特币的文章开始进入区块链行业的。

帅初：Bitcointalk 聚集了早期行业里的各路精英，中本聪之前也一直在上面发帖子。① 当时我写文章的时候，没有太多想法，一是因为兴趣，二是因为热情。

王峰：我怎么感觉你的量子链项目也是从社区中孵化出来的呢？社区的力量真强大。

---

① 中本聪隐退前，在 Bitcointalk 上的所有发言集合见 https：//bitcointalk. org/index. php？ action = profile；u = 3；sa = showPosts。

帅初：量子链和社区走得很近，大部分的技术和想法都来自社区，因为比特币和以太坊都是开源的项目，量子链最初的想法是希望融合比特币和以太坊两者的优点。

第二问
中科院读博、硅谷学习、淘宝做研发，对你创立量子链各有什么影响

王峰：你于2012年在中科院读博期间接触比特币，就开始研究其背后的区块链技术，那时候，大家一心扑在移动互联网、社交、工具、游戏上，一群上海交大的学生甚至还做了一个叫“饿了么”的O2O（线上到线下）应用，几乎没有人特别留心比特币和它背后的区块链的机会。你曾经提到，2015年你在淘宝基础产品部工作的时候，再次动了做区块链创业项目的念头。我的问题是，这段阿里淘宝研发和中科院读书时期钻研比特币的经历，以及在硅谷学习并与当地区块链初创企业接触的经历，对你后来创业做区块链平台量子链有什么影响呢？

帅初：2014年，整个行业进入谷底，而且当时我“读博”辍学，也在寻找一个突破的方向，考虑如何做一个流行的区块链产品，学习了一段时间的产品设计，后面也去硅谷学习了几个月，看到了硅谷的技术发展，慢慢产生了做量子链的想法。回过头来看，每一段经历都很有价值。

2014年，币圈（当时还没有链圈之说，链圈应该是2017年兴起的说法，区块链概念的流行是在2015年年底）很多人离开了这个行业，但是圈里的很多朋友坚持到了今天。

目前行业还面临着很多技术挑战，我个人感觉，还没有到精雕细琢互联网产品的阶段。从互联网成熟的产品体系看区块链的应用，你会发现这些应用非常不成熟，产品也是初级的。

在中科院读博期间，我给了自己很多的自由时间来探索各个加密货币

的技术方向，基本上整个读博期间就做了这一件事情，其他事情都没怎么做好。当时我对这件事情着了迷，确实没有时间和精力准备博士论文，于是在读博士的最后一年退学了。

第三问
你为什么不建议将资金量大的项目放到智能合约上操作

王峰：你讲的故事我印象很深，比特币和以太坊的“信徒”分别称两者为“比特神教”和“以太坊骗局”。你想将这两个社区连接在一起，既保留比特币点对点电子货币协议的底层架构，又在应用层上继承以太坊的智能合约，比如你提到可以很好地兼容以太坊虚拟机，这样看来，你确实能捡到便宜。那两方支持者看见你的东西出来以后，会不会同时将矛刺向你呢？要是我的话，我就可以同时拿系统的安全性和稳定性问题来攻击你。

帅初：比特币和以太坊的定位不一样，各有优缺点，比特币定位于点对点的电子现金系统，以太坊定位于去中心化的应用平台。

比特币比较简单，通过一些标准的交易类型和有限的脚本能力，来完成自己的定位，从这个角度上讲，比特币网络不是一个平台，你不大可能基于比特币搭建第三方应用，但是以太坊通过引入虚拟机，把一套加密货币拓展成了应用平台，有很好的灵活性，别人可以在上面搭建应用。

量子链当时的设计需求是兼容这两个最大的社区，安全、稳定、可靠的比特币底层，再加上虚拟机的灵活性，然后再加上我们自己的创新（权益证明共识机制和更好的治理协议）。我当时想，这样更容易吸引社区的开发者，因为这都是他们熟悉的东西，另外还在安全和灵活方面做了折中。

王峰：我要追问你，如果量子链遭受大规模分布式拒绝服务攻击，你如何反应？

帅初：分布式拒绝服务攻击对区块链的系统不会造成太大的威胁，但是区块链系统会有很多其他的攻击向量，如女巫攻击（Sybil Attack）和微尘攻击等，针对共识机制和智能合约也有其他的攻击方式。只要区块链系统有100个以上的全节点，分布式拒绝服务攻击的难度应该就非常大，因为区块链系统通过冗余设计，保证了高可靠性。

女巫攻击：指利用社交网络中的少数节点控制多个虚假身份，从而利用这些身份控制或影响网络中大量正常节点的攻击方式。它最早出现于无线通信领域，由微软雷蒙德研究院杜瑟尔（Douceur）第一次在点对点网络环境中提出，他指出这种攻击将破坏分布式存储系统中的冗余机制。

在CAP原理中，对区块链来说，A（可用性）应该是最重要的，比如比特币网络，从运行到现在，应该从没有宕机过。

CAP原理：分布式计算系统不可能同时确保一致性（Consistency）、可用性（Availability）和分区容忍性（Partition），设计中往往需要弱化对某个特性的保证。其中，一致性是指，任何操作应该都是原子的，发生在后面的事件能“看到”前面事件发生后导致的结果；可用性是指，在有限的时间内，任何非失败节点都能应答请求；分区容忍性是指，网络可能发生分区，即节点之间的通信不可保障。

王峰：理解，毕竟比特币和以太坊已经有一套框架规范了，对开发者来说不那么陌生。很多人对你的设计思路很好奇，你不建议将资金量大的项目放到智能合约上操作，这如何理解？

帅初：智能合约的本质就是对资金和数据进行自动化操作，合约的安全问题是一个挑战，并且合约的多样性和合约所使用的编程语言，都给合约的安全带来了很多挑战。如果将大量资金放到合约中，万一合约代码出现问题，资金是否能取回就是一个挑战。之前 Parity 钱包的多重签名合约出现问题，[①] 以太坊的几千万美元被永远锁定，在不硬分叉的情况下，这笔钱基本上就永远丢失了。

相比而言，比特币对资金的处理模式更加标准和规范，包括多重签名和一些标准的交易类型，当然这也和比特币的灵活性不足有关系，不过这确实意味着犯错误的可能性降低了很多。

王峰：我还是关心量子链系统的相关问题，你怎么看待刚刚发布的以太坊 ERC20？最近它好像有迭代版本了。很多开发者对合约开发语言 Solidity 并不熟悉，它有点类似脚本语言 JavaScript，但量子链支持更多语言吗？

帅初：ERC20 通过一些标准的接口，使代币的发行极其容易，这也是 2017 年以来，各种 ICO 项目兴起的动因之一。最近还有一种新的代币 ERC721，属于非同质代币（non-fungible Tokens），可以用到数字资产领域。

因为目前量子链是兼容以太坊虚拟机的，所以所有以太坊上的合约都可以在量子链上使用。关于未来支持更多的编程语言，我们在开发自己的智能合约虚拟机量子链 X86，[②] 它可以支持 C、C++ 、RUST 等主流的编程语言，毕竟以太坊虚拟机也有很多局限和需要改进的地方。

第四问

未来前 100 名的公链里，中国企业会占到 20% ~30% 吗

王峰：我看你几次提到，在前 100 名的公链里，中国企业只占到2% ~

① 2017 年 7 月 20 日，Parity 钱包的多重签名合约被爆出有一个漏洞，黑客盗取了大约 3 200 万美元的以太币和各种代币。

② 有关量子链 X86 虚拟机，见 https：//www. 8btc. com/article/158544。

3%。在互联网时代，一开始我们是 Copy to China（复制到中国），在移动互联网时代，我们好不容易，利用大市场和后发优势扳回一局，成了 Copy from China（从中国复制）。

我的看法是，中国互联网超过美国互联网是因为我们善于在应用层做体验和迭代，而不是中本聪那样的底层逻辑，比如我国写底层系统的工程师不多，但硅谷有很多以一当十的系统工程师，美国人的底层架构思维比我们强一些，所以在区块链方面又走到了我们前面。我看有文章说，你预计未来几年，前 100 名的公链中，中国企业会达到 20%~ 30% 的比例，这个判断来自哪里？如果以太坊是加密新经济的中心，中国在这一轮新竞赛中的优劣势分别是什么？

过去是 DOS/WinTel Windows-Inte 架构，后来是 ARM/安卓，现在是比特币/以太坊，形势看起来很残酷啊！

帅初：我感觉，中国在技术研发上会慢慢跟上美国，另外我们拥有巨大的移动互联网用户基础和丰富的场景优势。长期来看，中国在公链、产品落地、场景落地、细分行业应用这些方面都会慢慢发展，并有机会领先。

至于我们的劣势，我感觉还是研发和底层技术。很多区块链的基础研发，还是海外做得比较多，并且在研发的早期领域，无论是比特币还是以太坊，几百名核心开发者中，中国程序员都很少。

当然，这有很多历史原因，且早期加密货币的理念大多来自海外。

第五问

未来的社会生产和生活场景中，哪些去中心化应用很快会让我们受惠

王峰：现在有些人一提到区块链，必说去中心化。你觉得，在未来的社会生产和生活场景中，哪些使用中心化技术后肯定还会继续造福我们？哪些

去中心化应用将很快让我们受惠?

帅初: 互联网经过几十年的发展，在吃喝玩乐、衣食住行这些领域，一些互联网公司已经做出来了非常好用的产品，我个人感觉，区块链在这些基本需求领域是没有太多机会的。从这个角度讲，区块链是很难在短时间内对 BAT 有什么冲击的。区块链适用于一些特定领域，例如游戏行业（虚拟道具和游戏渠道变革）；数字内容领域（视频、音频、文字）；各种 ID 的变革（人的 ID 和机器的 ID 等）；金融领域（如通过智能合约提供保险服务、自金融领域）；组织架构变革，代替公司制度；投资领域（风险投资基金、私募股权基金）和为数字资产提供服务的机会（钱包、交易所、衍生品和流动性）等。

未来的场景应该是遍地开花，但是现阶段我们还没有看到可以颠覆 BAT 核心业务的机会，BAT 解决了人类最根本的一类需求，也具备广泛的共识。

王峰: 中国有多少区块链核心技术开发者?

帅初: 中国慢慢有一些应用的开发者了，但是在解决区块链面临的一些基础问题的时候，我觉得，国内的研发和技术积累还不够。从比特币和以太坊对核心开发者的要求来看，这个级别的开发者，在国内还是非常少的。

王峰: BAT 都是中心化的，未来区块链时代还会继续中心化吗?

帅初: 这取决于如何定义去中心化的程度了，目前行业对去中心化的程度没有一个精确的定义。另外，区块链系统的进入门槛也非常重要，如果门槛太高，很多时候反而不容易得到社区的支持，但是面向企业应用还是可以的。

第六问

如何看待陈伟星和朱啸虎有关区块链的这场争论

王峰: 很多人会对这个问题感兴趣，我想问已处于链圈技术中心地带的你，如何看待陈伟星和朱啸虎有关区块链的这场争论？陈伟星说今天 ofo 的最大机会是区块链化，朱啸虎则说现在的区块链最多相当于 1994 年网景之前的互联网。对此，你怎么看？

帅初：区块链不单单是一个技术变革，还带给大家一个新的理念，打开了一扇窗，让大家意识到，世界原来还可以这样来协作和运行。

我个人感觉，谈区块链技术的影响力是 10 年、20 年以后的事情，你很难想象在 2000 年可以通过手机呼叫优步打车，从这个角度讲，我觉得不用着急，技术会通过越来越多的应用慢慢落地，并提升商业运行的效率。

1998 年的互联网，对于我们 90 后或者 85 后的创业者来说很陌生，我查看了维基百科，我记得当时美国证券交易委员会在听证会上提到一个细节——这是大量年轻人聚集的领域和地方，很有可能会慢慢发展起来。

对于陈伟星和朱啸虎有关区块链的这场辩论，我个人觉得是很正常的事情，一个新的技术，需要大家全方位地讨论和辩论，美国应该进行过很多次辩论，这是一个互相认识和互相学习的机会。

王峰：如果让你给朱啸虎一些建议呢？

帅初：我没什么建议。思考清楚了才会产生行动力，但是对于新事物，我们可以动态地看待其发展，很多新事物在刚出现的时候，往往是不被看好的。

王峰：陈伟星呢？你会不会觉得他一夜之间被包围了？

帅初：比特币创造了一个新的组织范式，一个价值 1 500 亿美元的网络，其背后没有主人，没有公司。这在人类历史上，应该是第一次吧？

第七问
你会把柚子当作自己的假想敌吗

王峰：我听你讲了量子链和柚子的很多区别，它们是你的假想敌吗？我简单浏览过 EOS. IO 的技术白皮书，开门见山就大谈可以支持数百万级 TPS，可是你却说区块链不是为 TPS 而生的，更快的 TPS 可以用支付宝和微信支付。可是，如果按陈伟星说的 ofo 应该去做区块链，那不是基于柚子才好吗？毕竟优步、爱彼迎（Airbnb）至少有数千万日活跃用户。

帅初：关于 TPS，有不同的切入途径，比特币、以太坊、量子链等都是先保证网络的去中心化程度，再通过各种提升可扩展性的方案提升 TPS，如扩容、分片、状态通道等。

从区块链诞生的原因来看，去中心化应该是很多项目的第一原则。如果我们需要中心化的方案，那么已经有太多解决方案了。瑞波、比特股和柚子先从 TPS 入手，然后慢慢解决网络的集中问题。孰优孰劣，我想最终还是靠市场来选择吧。

第八问

你最看好什么分布式应用，最缺什么分布式应用

王峰：我看了量子链的网站，你们团队的黑 T 恤照片很帅，你的网站页面几乎是我看到的国内团队中最酷的，其中的分布式应用二级页面上已经放了很多商标，其中有银客（INK）、钱包（Qbao）和 Flash 研发的 Bee-Chat，你最看好谁？此外，你最缺什么类型的分布式应用？在几个细分领域的应用场景，你提到了可以道具化和渠道化的游戏、电影、音乐、文学等娱乐和金融保险，物联网 ID 等，能否给我们举一些例子？我刚刚才看了你的网站，它比游戏网站还酷。

帅初：从目前行业的角度来说，技术和产品在同步发展，我们需要找到除了加密货币和 ICO 之外的，能够不断落地的应用，但现在很多分布式应用都处于早期的概念阶段，还很难真正服务于 C 端用户。不同领域的团队在做不同的尝试，我们需要一些能够紧密结合区块链技术特点，并能带动 C 端用户的例子。

例如，在视频领域，互联网视频的分发、版权保护、支付体系等，可以借助区块链技术变革现有的视频（电影、短视频）创作和分发体系。通过新的文件格式，借助智能合约技术，实现视频分发和付费的统一，并且可以实现视频版权的保护和点对点交易，从内容领域推动互联网从信息互联网到价值互联网的变迁，重构现有的互联网内容分发体系。我个人觉得，在这个领域，人们可以发挥很大的想象力。

王峰：在现在的分布式应用组合中，你喜欢哪一个？我看到你们平台上有50多个合作分布式应用了，都是第三方的吗？

帅初：智能合约给程序员打开了一个新的世界，因为区块链系统提供了一个无门槛的、可信的清结算协议。很多时候，人们需要的只是程序的功能，并不希望天天下载不同的App。从这个角度讲，如果我需要打车，其实并不需要滴滴、优步或者易到等App，我只需要对手机说句话，告诉它我要去哪里就可以了。人们需要App的功能，但是这些功能并不一定通过应用程序来实现，你也可以在智能合约上实现。

当你用3行智能合约的代码，借助区块链的平台，实现了一个应用程序的功能时，就没有程序员愿意给苹果应用商店（App Store）和谷歌市场（Google Play）开发应用了，这就有机会重构软件开发流程，颠覆软件行业。因为区块链作为一个全球计算机，会帮助你执行其他的逻辑，你不需要自己去管理服务器或者网络了。

第九问
区块链会引发全球生产力发展的阶段性停滞甚至倒退吗

王峰：区块链掀起了人类历史上又一次用技术重构生产关系的革命，先不谈各国政府监管态度不尽相同，且说苹果公司和谷歌的规模已经很大了，眼下，我们对它们有设备上的依赖，它们不会审核通过你支持的分布式应用，我们只能选择使用企业应用或者重新回到网页模式获得体验。新利益集团对立，互不相让，我很担心，这场革命极有可能引发全球生产力发展的阶段性停滞甚至倒退，你觉得呢？

帅初：我觉得不至于吧，但是加密数字货币必然会面临更多的约束和监管。区块链平台本质上是提供了一个信任创造的平台、免信任的平台（Trustless Platform），更低成本建立信任，必然会降低商业交易的成本，提升商业效率。从这个角度来看，我觉得并没有那么大的冲突。

王峰：免信任，这个词好。

第十问
今天的你还有比特币信仰吗

王峰：你大学时代就开始接触比特币，并走上了追随中本聪的道路，现在你也在开辟一条自己的道路，很多人跟你走，我在公司内部的开发团队里说过要不要和你合作。那么，今天的你还有比特币信仰吗？

帅初：我之前写过的一篇文章《如果在历史上找一个人对标中本聪，我想那个人应该是牛顿或者香农》，可以更全面地阐述我对这个问题的看法。

我想说的是，中本聪造了第一辆汽车，然后我们都不用骑马了，我们都在汽车上。如何对汽车进行迭代，并且发展出飞机，才是我们长远的努力方向。

加问一
你如何看待比特币核心组发出的公开信

王峰：不久前区块链行业发生了一件大事，比特币核心组[①]发出公开信，

① 比特币核心组：作为比特币的核心开发团队，一直负责比特币核心的开发和维护，在社区具有强大的影响力和号召力。

打算修改比特币的共识机制工作量证明，引入工作量证明+权益证明混合机制。据说，这是为了应对吴忌寒的比特大陆对比特币算力的垄断。吴忌寒反驳说，这么做会让比特币在虚拟货币市场的份额跌到10%以下。你觉得这场抢夺比特币话语权的斗争，会以什么方式收场？

现在大家普遍感觉比特币“不好用”，转账时间和费用被诟病，更主要的问题是没有以太坊智能合约支持下的生态体系。我刚才也提到，量子链更像比特币+智能合约的糅合体。对于所发生的事情，你早有预料吗？

你又怎么看待吴忌寒支持的比特币现金（BCH）呢？有人认为它才是真正的比特币！

帅初：社区里有人想引入新的共识机制，我觉得这是正常的，去做就好了。市场自由竞争，不同技术和分叉之间也自由竞争，但是当我们谈论加密数字货币的时候，不是技术来决定的，背后的因素超越技术。

对比特币的批评，取决于比特币社区如何定位自己，不同的定位也决定了不同的技术方向。我觉得市场自由竞争是好事情，行业也才刚刚开始，回看比特币社区，我觉得应该有更多的创新和迭代。

今天（2018年2月25日）上午，我对比特币核心组发出的公开信，写了一点自己的看法：作者对中国和比特大陆有偏见；要改算法，自己修改就可以了；权益证明的比特币，其实已经有好几个了；比特币定位于数字黄金，还是转账系统，决定了其技术演进的方向；量子链本质上是一个权益证明版本的“比特币+智能合约”；比特币社区需要更多大胆的想法和创新。

帅初精华观点

1. 区块链在人的基本需求领域没有太多机会，短期难以撼动BAT

帅初认为，区块链在人们的吃喝玩乐、衣食住行等基本需求领域没有太多机会，从这个角度讲，区块链很难在短时间内给 BAT 带来冲击。他也提出了区块链适用的 7 个特定领域，包括游戏行业（虚拟道具和游戏渠道变革）；数字内容领域（视频、音频、文字）；各种 ID 的变革（人的 ID 和机器的 ID 等）；金融领域（通过智能合约提供保险服务、自金融领域等）；组织架构变革，代替公司制度；投资领域（风险投资基金、私募股权基金）；为数字资产提供服务的机会（钱包、交易所、衍生品和流动性）等。

2. 不建议将资金量大的项目放到智能合约上操作，合约代码的安全是重要挑战

在帅初看来，智能合约的本质是对资金和数据进行自动化操作，合约的安全是一个挑战，合约的多样性和合约所使用的编程语言，都给合约的安全带来了很多挑战。如果将大量资金放到合约中，万一合约代码出现问题，资金是否能够取回就是一个大问题。

3. 区块链不是为 TPS 而生，如何解决 TPS 问题最终要靠市场来选择

帅初认为“区块链不是为 TPS 而生”。他认为，关于 TPS 的问题，有不同的切入途径，类似比特币、以太坊、量子链等都是先保证网络的去中心化程度，再通过各种提升可扩展性的方案提升 TPS，如扩容、分片、状态通道等；而瑞波、比特股和柚子先从 TPS 入手，再慢慢解决网络的集中问题。孰优孰劣，最终要靠市场来选择。

4. 智能合约给程序员打开了一个新的世界，有机会重构软件开发流程，颠覆软件行业

提到分布式应用的未来发展前景，帅初表示，智能合约给程序员打开了一个新的世界，因为区块链系统提供了一个无门槛、可信的清结算协议。如果借助区块链的平台，可以用 3 行智能合约代码实现一个应用程序功能，那么就没有程序员愿意给苹果应用商店和谷歌市场开发应用了。区块链有机会重构软件开发流程，颠覆软件行业。

区块链数字货币“史诗级”漏洞，不是最后一个，也不是最厉害的｜周鸿祎

周鸿祎

360 集团创始人兼首席执行官，知名创业导师，“免费安全”之父。2006 年，周鸿祎创立 360，创新性地推出“免费安全”战略，颠覆了传统互联网安全行业，开创了中国互联网的新格局。2018 年 2 月，周鸿祎率领 360 集团回归国内市场并在上海证券交易所成功上市，将之发展成全球领先的互联网安全企业。

一直想在“王峰十问”上和周鸿祎对话，想不到BM和柚子给了我机会。

周鸿祎本科毕业于西安交通大学电信学院计算机系，后被保送西安交通大学管理学院系统工程系攻读研究生。他曾创办“3721网络实名”，开创中文上网服务之先河，历任雅虎中国总裁等职务；2006年创立360，推出“免费安全”战略，开创了中国互联网的新格局；2011年3月30日，带领360在美国纽约证券交易所上市；2018年1月，当选“2017十大经济年度人物”；2018年2月，360在上海证券交易所成功上市。周鸿祎同时也是第十三届全国政协经济委员会委员。

2018年5月29日中午，当360发布柚子存在高危安全漏洞的消息时，我正好在和联创策源总裁冯波喝咖啡，听到这个消息，我心里一震：360要入局区块链了！

随即冯波就给周总发了微信，没想到周总很快就回复了。所以，我们请来了江湖大佬，人称“红衣主教”的周鸿祎进行对话，主题是柚子安全风暴。

如今，越来越多的企业从自己擅长的领域切入区块链领域，我预感后面会有更多的企业进入区块链领域。

第一问

360公司披露柚子存在严重的安全漏洞真的是计划已久吗

王峰：360以PC安全卫士起家，其后一直从事互联网安全应用开发，近几年也开始布局企业级安全领域，为什么会突然进军区块链领域呢？我们浏览了你最近一年的个人微博，仅看到两条与区块链相关的内容，一条发布于2017年9月4日前后，一条是昨天（2018年5月29日）转发的360安全卫士披露柚子存在安全漏洞的公告，中间很长一段时间，鲜有提及区块链。在2018年关于区块链的讨论最热烈期间，你也从未轻易表达对区块链的看法，可是昨天，在披露柚子存在严重的安全漏洞之际，360闪电出击，在一天之内连续公布了与币安、欧链、EOS LaoMao、Dbank等项目的合作，这是为什么？你是计划已久吗？下一步是否还有更大的计划？

周鸿祎：从2018年年前开始，我努力学习区块链。之前没有发表过多看法，是因为我确实看得还不是非常清楚。

但在安全领域，我们是专家，所以在2017年年底，我们就已经开始关注区块链安全，研究区块链技术和相关的安全问题了。

在这个过程中，我们和业内很多项目负责人也有过接触和交流，我们的心态比较开放，希望大家都能够关注安全问题。所以，当有人主动来找我们，希望在区块链安全方面进行深入交流时，我们非常愿意为区块链行业提供更安全的解决方案。

接下来，我们肯定还会继续深入研究区块链安全问题，也会继续保持开放心态，欢迎大家来交流合作。

尽管很多区块链、数字货币自称非常安全，但任何复杂的软件系统都存在漏洞，当漏洞被人利用，就会产生风险，就会存在安全问题。

区块链技术也一样。我们最近发现，很多区块链系统、交易所系统、钱包系统存在问题。

之前大家都在关注区块链带来的商业机会，但是很少有人关注区块链的安全问题。最近柚子准备上线，它在区块链行业里非常具有代表性，而我们这次发现柚子漏洞并提交给对方，是希望督促它修补系统。披露漏洞是我们安全公司的职责所在。

不是大家认为的计划已久，下一步也没有更大的计划，我们的目标就是踏踏实实帮助区块链行业排除风险。

我至今也不觉得自己懂区块链，个人也没有买虚拟货币，看着大家热烈讨论，我真的觉得自己有许多还不太懂。但是，我们比较懂的就是安全问题，所以我们希望和大家一起交流，以使区块链行业更安全。

至于很多人和我们合作，说明大家开始重视安全问题，这是一件好事。我们很开放，对所有人来说，我们都愿意帮助其保护用户的安全。我们希望把区块链行业的安全生态发展起来。

第二问
这个柚子漏洞为什么价值百亿美元

王峰：在 360 公布#3498 柚子漏洞之前，柚子的漏洞已经在 GitHub 上被提交了 3 497 条，但在 360 披露前鲜有人关注。实话实说，你如何看待刚刚披露的安全漏洞的严重程度？为什么称这个漏洞价值百亿美元？为什么

360 安全卫士在微博上称其为“史诗级”漏洞？在我过去的认知里，“史诗级”一般是对某事物的高度赞扬。

周鸿祎：我们是中立的，我们提出任何一个系统的漏洞，都是为了帮助这个系统改善其安全性，不是为了打击它。

区块链领域的企业其实是合作共生的关系，作为新生事物，该行业的任何一家企业存在安全漏洞都会让公众质疑整个行业、对行业失去信心，这是不利的。所以，我们反对大家利用安全问题做文章，把安全问题变成竞争的工具。

如果#3498 柚子漏洞被人利用，那么他们可以控制柚子网络里的每一个节点、每一个服务器，不仅仅是接管网络里的虚拟货币、各种交易和应用，更可以接管节点里所有参与的服务器。拿到服务器的权限，他们就可以为所欲为了。例如，如果有人做一个恶意的智能合约，那么他就能够把里面所有的数字货币拿走了。

所以，对于区块链网络来说，不会有比这个更严重的漏洞了。

再说 360 安全卫生为什么称这个漏洞是“史诗级”的。柚子在区块链发展史上的重要性众所周知。如果我们没有提出这个漏洞，柚子没有被修复，而等到柚子主网上线后被恶意的黑客发现并利用了，到那时候柚子遭受的损失将难以估量。

柚子现在的估值至少有 100 亿美元，所以我觉得这个漏洞价值百亿美元的说法并不夸张。

另外，“史诗级”是安全领域常用的说法，“史诗级”是从“Epic”翻译过来的，国外安全社区经常用“Epic bug”（“史诗级”漏洞）或者“Epic fail”（“史诗级”失败）来形容比较重大的安全漏洞。

当然，因为大家对“史诗级”这个词的理解不一样，所以称其为“百亿美元的漏洞”，可能会更好一些。

第三问
你怎么看 BM 回应“Bug 已修复”

王峰：今天（2018 年 5 月 30 日）凌晨，柚子创始人 BM 在电报群中回应了 360 披露柚子存在安全漏洞的问题，称 360 报告中提到的漏洞早已被修复，且早于 360 发布报告的时间。对于漏洞本身，BM 称大部分漏洞来源于第三方代码库而非柚子核心代码，此外，该漏洞并不能改写可执行内存，且攻击者不能获得 root（根）权限，除非在部署节点时就已经以 root 用户身份来运行。BM 似乎暗指 360 制造恐慌，并声明对于任何挑起市场恐慌的行为，将取消其相应的奖励资格。BM 的迅速回应减轻了公众对柚子安全隐患的恐慌，反而让更多人猜测这是 360 精心策划的一次安全炒作事件。对此，你怎么看？

周鸿祎：针对漏洞修复这件事，我需要和大家普及一个知识，安全厂商如果对外公开披露漏洞，一定会先和项目方沟通，提交漏洞给他们去修复，在得到修复确认之后，我们再公开漏洞信息。因为如果柚子的漏洞没有被修复，我们就公布了消息，肯定会引来一大批黑客，所以我们发布报告的时间当然会晚于漏洞实际修复的时间。

我们这样做不是针对柚子，对微软、谷歌、苹果公司都是一样的。我们处理安全漏洞的步骤通常是：首先，挖掘漏洞；其次，研究这些漏洞如何被黑客利用；再次，向相关的厂商汇报，比如这次处理柚子的漏洞，就是先把黑客如何利用漏洞的视频和涉及的详细代码报给柚子，等待对方修复；最后，等对方确认修复后，我们才会对外公布。

BM 提到的 root 权限，是指计算机系统中的最高权限，是否获得 root 权限，不影响攻击者控制柚子节点，没有 root 权限他们一样可以发动攻击。如果用户使用 root 权限运行柚子，那么攻击者就可以获取 root 权限。BM 的回应在 360 对外公布漏洞之前，柚子就已经修复了漏洞，其实正好说明我们遵循了行业标准流程，即“报告 → 修复 → 公开”。

事实上，我们先私下联系了 BM，通知他柚子存在安全漏洞，希望他们先予以修复，等柚子修复漏洞后，我们再对外发布公告，这些都是有聊天记录的。对方向我们表示了感谢，也表示会给我们发放漏洞奖金，并对外发布致谢。

我们一直在和 BM 单独沟通此事，昨天晚上他在电报群的留言截图不够完整，有些断章取义。实际上，在那条留言之后，BM 很快回复说，漏洞是真实存在且有效的。我们和柚子官方及 BM 本人一直在沟通关于漏洞提交和定性的事情，今天早上在和 BM 及团队沟通时，他们依然非常认同我们的成果和技术实力。

如果说我们要制造恐慌，那么我们应该直接在柚子主网上线时公布这个漏洞，恐慌效果一定比现在要强得多。

在整个过程中，360 一直非常负责任地严格遵循安全行业的安全漏洞披露原则。我们作为国内最大、全球排名前三的安全厂商，希望和全球同行和科技公司一起，解决网络安全问题，降低因为网络安全问题给用户带来的损害。

帮助大家发现漏洞、修补漏洞，提供安全放心的产品给用户，是我们共同的责任。区块链是一种新兴的技术，我们参与其中的目的，无论是这次披露柚子存在安全漏洞，还是之前和其他区块链机构的沟通，都是希望和大家一起共同构建安全放心的区块链产品。

第四问

柚子漏洞的发掘，与安全大脑有什么关系

王峰：此次发布柚子漏洞事件，让伏尔甘（Vulcan）团队一战成名，可是此前行业内很少有关于他们的消息，大家对他们比较陌生，能否向我们具体介绍下他们？我们注意到，你最近不断提及 360 安全大脑，能一并介绍

下吗？你们安全大脑团队跟BM团队是通过电报直接交流的，你们是从什么时候开始接触的？据说，你们和柚子很快要有合作，你方便在这里透露一下吗？

周鸿祎：在安全领域，很多人都熟悉360伏尔甘团队。伏尔甘之前是我们360安全卫士的攻防研究团队，因为参加世界黑客大赛Pwn20wn[①]而得名。

伏尔甘团队在攻防研究、挖掘厂商漏洞和帮助厂商修复漏洞方面非常有实力。2015年参加Pwn20wn黑客大赛时，伏尔甘团队用17秒攻破了微软的IE11，是历史上首支成功攻破IE的亚洲团队。连续多年参加Pwn20wn黑客大赛，伏尔甘团队斩获了十几项冠军，在2017年的Pwn20wn黑客大赛上更是拿到了世界总冠军。所以，安全领域的人对他们是绝对不陌生的。

关于最近推出的360安全大脑，从名字上大家就能看出来，大脑肯定要能学习，还能做运算、做决策。简单来说，360安全大脑，是一个具有感知能力、学习能力、推理能力、预测能力和决策能力的智能安全防御系统。这次柚子漏洞的发现，就结合了360安全大脑和安全专家的能力。

举个例子，2016年，美国曾遭遇一次大断网事件，后来查明原因，是黑客利用安防智能摄像头进行了一次分布式拒绝服务攻击，360被邀请参与了事件的紧急处置，最后还得到了联邦调查局（FBI）的致谢。其实在这件事情发生之前，360安全大脑就发现有针对安防智能摄像头的异常访问流量，随后我们就在安全社区里做了预警。360安全大脑是人工智能基于对大数据的分析判断，加上我们经验丰富的安全专家的智慧，构成的真正的“安全超脑”。

---

① Pwn20wn黑客大赛：全世界最著名、奖金最丰厚的黑客大赛，由美国五角大楼网络安全服务商、惠普旗下TippingPoint的项目组ZDI（Zero Day Initiative）主办，谷歌、微软、苹果、Adobe等互联网和软件巨头对比赛提供支持，希望通过黑客攻击挑战来完善自身产品。

与 BM 团队联系是我们的安全团队直接负责的，我们和柚子方面目前没有直接合作。从 2018 年年初开始，我们已经与一些合作伙伴就柚子生态建设、安全防护、主节点的竞争等方面进行了交流讨论。

第五问
360 真的在联合某些组织做空柚子吗

王峰： 虽然我并不相信，但有传闻，360 在联合某些组织做空柚子。国内有很多柚子超级节点的参与者，他们中有很多人是柚子的狂热支持者，刚刚 360 披露柚子存在安全漏洞，从而引发了各种猜测。

周鸿祎： 从我们披露漏洞的时间，大家应该能知道我们肯定不是在做空柚子。假如我们真的想恶意做空柚子，那么完全可以暂不公布漏洞信息，直到柚子主网上线时再曝光。

我们现在的做法是严格遵循安全行业标准中的漏洞通报机制的，这是非常负责任的做法。我们希望柚子和整个区块链行业发展得更好。

第六问
区块链企业自身应该采取哪些措施来加强区块链的安全性呢

王峰： 除了柚子之外，我注意到以太坊也发生过几次严重的安全事件，[①] 柚子和以太坊这样规模较大、实力较强的区块链企业尚且如此，其他区块链企业则更需额外警惕安全风险。你认为区块链企业自身应该采取哪些措

---

① 2016 年 6 月 17 日，当时最大的众筹项目 TheDAO 遭到攻击，300 多万以太币资产被分离出资产池；2017 年 7 月 21 日，智能合约编码公司 Parity 确认有 15 万以太币被盗。

施来加强区块链的安全性呢？

周鸿祎：我认为，区块链领域真正的安全问题其实还没有出现。这次 360 披露柚子的漏洞，也是希望大家能够重视区块链的安全问题。

在网络安全行业里，有两种情况是最可怕的：一种是做“沙漠里的鸵鸟”，知道有问题但不改；另一种是知道问题而不曝光，最终被人利用。

我最近在提一个概念“大安全”，简单来说，就是网络安全问题已经从最初简单的信息安全，演变到现在从线上到线下都会受到网络攻击的威胁，并且新威胁越来越多。区块链是这两年的热点技术，我把它遇到的安全威胁也归到新威胁的类别中。

在区块链行业，某个项目自身的安全防护能力肯定是有限的，要想解决安全问题，只靠 360 一家安全公司很难做到，应该是整个安全行业共同发展。所以，区块链行业需要与网络安全行业协同发展。

我们应该记住：没有攻不破的网络。只有没被发现的漏洞，或者被发现没公开的漏洞，不存在没有漏洞的网络。无论是区块链行业，还是其他行业，都要正视网络安全问题的重要性。

除了借助网络安全行业的外部公司力量，还可以推行一些漏洞奖励计划，让整个安全社区来帮助企业解决安全问题。我们每年都会帮谷歌、微软和苹果公司解决很多问题，它们都有自己的漏洞奖励计划，对提交漏洞的团队给予奖励。

王峰：从目前的漏洞产生机制来看，360 安全团队只曝光了柚子智能合约的设计缺陷，实际上，从漏洞风险来看，我们认为可能在点对点端口、远程过程调用端口、服务器与集群等方面还可能潜藏着很多漏洞。针对这些问题，360 的技术团队是否会对柚子进行系统评估？

周鸿祎：从攻击者的角度来看，一个系统或者应用有很多的攻击面，他们可以通过各种途径和方式尝试突破，其中软件设计与实现的缺陷是最直接的一个攻击面。

360 有很多安全团队，他们会从不同角度发现系统的脆弱性，通过评估给出整体的安全解决方案。目前，区块链应用主要以智能合约应用和数字货币为主，从 360 安全团队发现的安全威胁来看，区块链领域的确还存在很多安全威胁，我们会在这方面逐步拓宽关注和研究的方向。

第七问
你如何考量曝光漏洞的时机和方式

王峰：在伏尔甘团队发现柚子漏洞之后，你们是如何考量曝光漏洞的时机和方式的？你们认为该漏洞爆出的时机和方式，是否符合网络安全行业通用的负责任的处理机制？

周鸿祎：正如我上面提到的，这次我们的处理方式是非常负责任的，也是网络安全行业比较通用的方式。在发布时机的选择上，伏尔甘团队在完成对漏洞利用研究的测试之后，立刻联系了柚子的创始人 BM，我们希望帮助柚子开发团队先解决这个漏洞，保证漏洞不会被攻击者利用，在他们修复完成之后才披露漏洞信息。

我们采用这种方式，在呼吁大众关注区块链技术的同时，也希望大众注意区块链安全。我认为该漏洞的爆出时机和处理方式都是合适的、负责任的。

第八问
区块链行业会不会出现一家像 360 这样有影响力的安全企业

王峰：如果 360 进入区块链行业，那么 360 的机会在哪里？你如何评价目前区块链行业数字货币交易所处于中心地位的状况？

周鸿祎：360 现在涉足区块链领域，肯定还是围绕安全。对于安全问题，公众不应该在披露之后短暂关注一下就结束了。希望大家记住，这次柚子的漏洞不是最后一个安全问题，也一定不是最厉害的一个。

未来区块链行业一定会出现更多的安全问题，之前传统互联网领域遇到的安全问题，区块链领域一定也会遇到。这就是 360 的机会。

王峰：我们注意到，360 在 2018 年 5 月中旬发布了区块链安全态势感知系统，同时针对钱包、交易所、矿池和智能合约推出了区块链生态安全解决方案。已经上线的产品 Dbank 数字钱包，功能比 imToken 还要多。你能否介绍一下 360 在区块链安全方面的布局和解决方案，如怎么做交易所安全产品？怎么做矿池安全产品？怎么做智能合约安全产品？

周鸿祎：过去这一段时间里，360 在区块链这个方向上用心研究了很多，也制订了一些方案。我们未来会基于区块链安全生态推出 3 个系统。

第一个是数字货币钱包安全审计系统，其中会详细地列出一些审计的要点，阐述如何做一款比较安全的数字钱包，保障用户的财产安全。第二个是区块链安全态势感知系统，该系统基于 360 安全大脑，可以自动对异常区块、异常交易、异常地址和智能合约进行监控，不仅可以将交易风险降到最低，还可以对非法数字货币进行溯源。第三个是区块链节点安全解决方案，目前主要针对柚子。

王峰：未来几年，区块链行业会出现一家像 PC 互联网时代的 360 这样有影响力的安全企业吗？在区块链时代，360 安全产品是否能够全面开源？

周鸿祎：我觉得应该不会出现这种情况。区块链问题的解决会是产业化的，360 肯定会是其中的主力，但不会像 PC 互联网时代那样一枝独秀，会有很多从事安全的企业和个人一起来保障区块链的安全。

第九问
网络安全业务的边界在哪里

王峰：在第二届世界智能大会上，你提到“人工智能本身就存在安全问题”。你举例说，360 安全团队曾利用超声波干扰技术，成功实现对特斯拉（Tesla）的欺骗，让它相信前方的障碍物并不存在，360 安全团队也因为上报了这个漏洞，进入特斯拉名人堂。你的观点是，人工智能也许有 99.99% 的概率保证识别是正确的，但是对于安全来讲，只要出现一次识别错误，就会造成严重后果。比如，前段时间，优步公司改装的自动驾驶测试车在美国撞死了一位女士，这充分说明今天的人工智能技术并不是一个完备的体系。真没想到，360 在安全领域的涉猎已如此广，360 定义的网络安全业务的边界在哪里？是人工智能、物联网，还是区块链？

周鸿祎：人工智能和区块链的安全有一个共同点，就是它们的算法，都要通过代码实现，而代码是人写的，所以肯定会有漏洞。

我之前看到一个数据：在开源软件中，平均每千行代码就有 6 ~ 8 个安全漏洞。所以，对于新生事物，作为安全领域的从业者，我在看到其美好的一面的同时，会不自觉地看到潜在的安全风险。安全领域的从业者更像是一个“看门人”，时刻都要保持一颗怀疑之心、守护之心。

关于网络安全业务的边界，我们现在进入一个“大安全”时代，随着云计算、大数据、人工智能、物联网等新技术的发展，网络安全已不是最初的信息安全，而是从个人的信息安全、金融安全、家庭安全、出行安全，到企业安全，再到社会的公共安全，再到国家的信息基础设施安全、政治安全、军事安全……所以，我觉得不能给网络安全业务设定边界，网络安全行业会有越来越多的问题出现，这是 360 面临的挑战，但也是机遇。

从一个创业者的角度，或者从一个企业运营者的角度看，企业也不应该给自己做过多的限定，360 核心业务的基因是安全，基于此，360 的边界是一个有限的无限边界。

第十问
为什么在移动互联网时代，360 的竞争优势并不明显

王峰：在 PC 互联网时代，360 的影响力巨大。而在移动互联网时代，今日头条、小米科技、美团点评等迅速崛起，与 PC 互联网时代占尽先发优势不同，360 的竞争优势并不明显，这会不会让你感觉到失落？我们都知道你是一个不服输的人，这会不会也是 360 迈入区块链领域的动力？

周鸿祎：安全行业的企业或个人很容易受到行业的关注，不论是 2017 年 5 月的勒索病毒①，还是 2018 年 5 月发布的柚子漏洞，可能很快就能让全行业关注到你。

但与此同时，从事安全工作是一件要耐得住寂寞并长久投入努力的事情。比如上文提到的伏尔甘团队在 Pwn20wn 黑客大赛上只用了 17 秒就攻破 IE11，但实际上他们研究代码所花费的时间是很多人想象不到的。比赛之后，伏尔甘团队帮助微软、谷歌、苹果公司修复了很多漏洞，他们更像是一群站在大家身后的“守护者”。

在 PC 互联网时代，木马病毒横行，我们顺应潮流，用 360 安全卫士、360 杀毒帮大家解决了安全问题，可能获得了比较多的关注。在移动互联网时代，实际上我们也做了很多事情，谷歌在其 2017 年的致谢榜单中对 360 表示了感谢，因为我们帮助谷歌修复了安卓系统的 200 多个漏洞，排名全球第一，而且修复漏洞的数量是第二名的 3 倍。此外，我们还和公安部门进行了合作，比如推出猎网平台，以打击电信电话网络诈骗。我觉得这些都非常有价值。

这些年，我们在原创核心技术上的积累也非常多，比如 360 安全大脑

---

① 勒索病毒：一种新型电脑病毒，主要以邮件、程序木马、网页挂马的形式进行传播。该病毒性质恶劣、危害极大，一旦感染将给用户带来无法估量的损失。该病毒利用各种加密算法对文件进行加密，被感染者一般无法解密，必须拿到解密的私钥才有可能破解。2017 年 5 月 12 日，WannaCry（想哭）比特币勒索病毒在全球范围内暴发，引起广泛关注。

是我们多年技术积累的结晶。360 安全大脑的网络安全空间大数据现在是全球规模最大的。正因为有这些大数据和数据中心的支撑，360 安全大脑的态势感知、智能查杀、攻防与溯源，包括应急响应的水平，在全球都具有很强的竞争力。

我不服输，但不是说非要进入区块链领域，而是说，在“大安全”时代，我希望能够继续发挥安全守护者的作用。未来，区块链应用有可能会深入生活、生产的多个领域，360 作为国内最大的安全公司，当然希望充当一个守护者的角色，为区块链应用保驾护航。

周鸿祎精华观点

1. 及时披露漏洞，是安全公司的职责所在

面对蓄谋已久的炒作、联合做空柚子等质疑，周鸿祎解释，尽管很多区块链、数字货币的设计都标榜非常安全，但任何软件系统，只要非常复杂，就会有漏洞，漏洞只要被人利用，就会带来风险，就会有安全问题。360 的目标，就是踏踏实实地帮助区块链行业排除风险。360 团队发现柚子漏洞之后，提交给对方，希望督促他们修补系统。在周鸿祎看来，披露漏洞是安全公司的职责所在。

2. 反对利用安全问题做文章，把安全问题变成竞争的工具

周鸿祎明确表示，提出任何一个系统的漏洞，都是为了帮助这个系统改善安全性，保证它的安全，不是为了打击它。区块链属于新生事物，在区块链行业里，大家其实是协作共生的关系，如果某一家企业有安全问题，那么大家会质疑整个行业的安全性，这是不利的。所以，他反对利用安全问题做文章，把安全问题变成竞争的工具。

3. “单打独斗”不行，区块链行业要能够与网络安全行业协同发展

“大安全”概念是周鸿祎提出的，他认为，网络安全问题已经从最初简单的信息安

全，演变到现在从线上到线下都会受到网络攻击的威胁，并且新威胁越来越多。区块链作为这两年的热点技术，遇到的安全威胁也是新威胁之一。但是，在区块链行业，某个项目自身的安全防护能力肯定是有限的，只靠 360 这样一家安全公司也不行。所以，区块链行业要能够与网络安全行业协同发展。

4. 360 公司的网络安全业务的边界，是一个有限的无限边界

随着云计算、大数据、人工智能和物联网这些新技术的发展，网络安全已不是最初的信息安全，而是从个人的信息安全、金融安全、家庭安全、出行安全，到企业安全，再到社会的公共安全，再到国家的信息基础设施安全、政治安全、军事安全……周鸿祎表示，网络安全行业会有越来越多的问题出现，这对于 360 来说，是挑战也是机遇。360 核心业务的基因是安全，基于此，其业务边界将是一个有限的无限边界。

第二部分

创业者

我不是一个精明的商人｜吴忌寒

吴忌寒

32 岁，比特大陆的联合创始人、执行董事、联席董事会主席兼联席首席执行官，负责整体策略规划及业务方针。与詹克团于 2013 年 10 月联合创办比特大陆，在加密货币行业已有多年的经验积累，对市场有深刻了解。在 2013 年 10 月联合创办比特大陆之前，于 2009 年 6 月至 2010 年 8 月担任北京尊盛投资咨询有限公司的分析师，于 2010 年 10 月至 2013 年 4 月担任北京盛世宏明投资基金管理有限公司的投资经理。2009 年 7 月，获得北京大学金融学专业及心理学专业的学士学位，同时还担任比特大陆（香港）、Tospring Technology 及比特大陆（美国）等比特大陆的附属公司的董事或法人代表。

比特大陆联合创始人吴忌寒，是一位非常神秘的人物。

我们先看一看他的经历：2009 年毕业于北京大学，获经济学和心理学双学位。 在创业之前，他曾从事私募股权母基金的投资分析师和投资经理工作，2011 年接触比特币，并与长铗等人联合创立了中国比特币社区巴比特，同年，他首次把中本聪的比特币创始论文《比特币：一种点对点的电子现金系统》翻译成中文。 2013 年，他创办比特大陆，任公司董事和联合首席执行官。

不久前，我和忌寒第一次见面，因为都是重庆人，感到格外亲切，他话不多，给人的第一印象是温文尔雅、谦逊从容。

但我相信，他平静的外表下，内心一定澎湃激昂。 经历过比特币世界从空无到繁盛，并几度起落浮沉的他，拥有比特币世界绝对的权力，正在区块链所引发的新“大航海时代”中，带领比特大陆这艘航船劈波斩浪、勇往直前。

在新的大航海时代，我们将走向何方？ 通过对话忌寒，我们希望能给大家一些启发和思考，这也正是“大航海时代”主题的初衷所在。

第一问

比特大陆市值有一天会超过比特币市值吗

王峰：2018 年 6 月 7 日彭博社报道，红杉资本（Sequoia Capital）和新加坡政府基金以 4 亿美元参与了比特大陆的上市前融资，当时坊间传闻此轮估值达 120 亿美元。如果这个消息属实，可以想见不久后，我们会见证在传统资本市场上最大的区块链项目的 IPO。鉴于比特大陆进入人工智能芯片领域，彭博社将联发科技（MTK）、英伟达（Nvidia）等集成电路厂商拿来与比特大陆做估值对标。

但我认为，每家公司都对标的是自己的时代，而不是某个厂商。GPU 芯片厂商英伟达赶上了世界对人工智能逐梦的红利，虽然之前它的市值曾横盘了 13 年，被业界和投资者不重视，但从 2016 年年初开始一路狂涨，10 多个月增长了 10 倍，创历史新高，达到 1 600 亿美元。

另一个例子是高通（Qualcomm），这个移动设备芯片霸主在 2014 年就超过了千亿美元市值，它赶上了苹果、三星、华为、小米等推动的智能手机大爆发热潮，虽然市值现在降到 800 多亿美元，但它依然是移动互联网浪潮的最大受益者之一。之前，英特尔赶上了个人电脑走进家庭和企业的红利。总之，它们都是背靠巨大增量的市场，成为产业的领导者。

比特大陆作为控制“数字黄金”比特币等数字货币市场矿机的霸主，作为区块链产业中举足轻重的力量，什么时候会迎来属于自己的市场价值巅峰？比特币最高市值是 3 200 亿美元，现在是 1 100 亿美元。你是否曾想过，有一天你的公司市值可能会超过比特币市值？

吴忌寒：市值是比较虚幻的东西，有一个概念叫流动性幻觉，指的是某一类资产名义上的总市值，导致每个投资者都觉得，假如自己卖出手里的股票或者资产，就能得到"价格 × 数量"的收入。但是这里面有一个幻觉存在：当所有投资者都要在同一时间套现，就很难以这样的"价格"真正卖出去——如果投资者集体抛售，价格就会低很多。

巴菲特常说，你如果要买一只股票，就要假设股票市场明天就会关闭10年，你是否还愿意买入。在经营企业时，天天盯着市值，也是不利的，因为财务投资者的风险偏好和个体情绪、宏观经济波动等都会影响市值。

行业的周期波动，也会带来企业市值的巨大变化，做企业的还是盯着自己企业核心竞争力的发展比较好。创始人不理会二级市场的市值，这样的魄力其实对于企业的发展是很关键的。

你刚才提到的某家企业的创始人敢于对抗所有人的反对，对一些未经证明的方向猛下赌注，我认为，他的竞争对手要是职业经理人，他可能就做不到这一点。最后，总是关注二级市场反应的竞争对手，会吃很大亏。

第二问
51%攻击会不会带来区块链的世界末日

王峰：2018年2月，比特币官方网站的管理员科布拉（Cobra）发布公开信，打算修改比特币的共识机制工作量证明，引入工作量证明 + 权益证明混合机制，据说这是为了应对比特大陆对比特币算力的垄断。科布拉也曾发布推文称，吴忌寒和微比特（ViaBTC）的首席执行官杨海坡两人可以轻易对比特币发起51%攻击，彻底击垮比特币网络。

而后，你在推特上回应："在修改（比特币）原始白皮书前，请阅读中本聪关于51%攻击的分析，它（51%攻击）不会成为比特币的终结者。"容我冒昧地说一句，我猜99%的比特币拥有者都没有像你那样，仔细读过比特币的原始白皮书，你能否进一步解释你的回应？

吴忌寒：在中本聪的比特币白皮书中，有这样的表述："设想如下场景：一个攻击者试图比诚实节点产生链条更快地制造替代性区块链。即便它达到了这一目的，但是整个系统也并非就此完全受制于攻击者的独断意志，比方说凭空创造价值，或者掠夺本不属于攻击者的货币。这是因为节点将不会接受无效的交易，而诚实的节点永远不会接受一个包含了无效信息的区块。一个攻击者能做的，最多是更改他自己的交易信息，并试图拿回他刚刚付给别人的钱。"

这里的重点包括：第一，即便攻击成功，整个系统也并非就此完全受制于攻击者的独断意志；第二，一个攻击者能做的，最多是更改他自己的交易信息，并试图拿回他刚刚付给别人的钱。

在中本聪的白皮书中，他论证了 51% 攻击只会导致部分系统使用者，也就是接受攻击者支付的人，在没有防范的情况下，受到伤害。

科布拉是比特币官网的域名的联合控制人，他（或她）个人与比特币核心组的分歧很大，2018 年还采取单边行动，把比特币官网推荐的客户端 Bitcoin Core 改成了一个大家不熟悉的名字 Bitcoin Knot。①

科布拉算是很狂热的人了，同时反对几乎所有重要的比特币企业，我不幸又有幸地成为其反对的对象之一。

王峰：就在上个月，比特币的分叉币之一比特币黄金（BTG）就不幸沦为 51% 攻击的受害者，攻击者成功实施"双花交易"（Double Spending，又称双重支付），向自己发送了超过 38 万个比特币黄金，这显然很疯狂。我们简单计算，如果所有资金被盗，攻击者将获利超过 1 800 万美元。而且，一些外媒报道，萌奈币（MonaCoin）、ZenCash（一种匿名币）、边缘（Verge）和莱特币（Litecoin Cash）等不少数字货币已经遭遇过 51% 攻击，蒙受了上百万美元的损失。

---

① 资料来源：https：//www. yours. org/content/the-bitcoin-conspiracy--luke-jr-and-cobra-bitcoin-b344bf498005。

双花交易：也称双重支付，指在数字货币系统中，由于数据的可复制性，同一笔数字资产因不当操作被重复使用的情况。具有大量计算能力的节点发送一个交易，请求并购买资产，在收到资产后又做出另外一个交易，将相同量的币发给自己。攻击者通过创造一个分叉区块，将原始交易及伪造交易放在该区块上并基于该分叉开始挖矿。如果攻击者有超过 50% 的计算能力，双花最终可以保证在任何区块深度上的成功；如果低于 50%，则有部分可能性成功。

作为拥有比特币网络接近一半算力的比特大陆掌门人，你如何让我们相信，由中本聪一手创造的、寄托人类美好未来的原生比特币网络不会被人恶意破坏？在你看来，随着 51% 攻击现象的频频出现，未来可能会动摇整个数字货币世界的根基吗？

吴忌寒：首先，我没有"拥有"那么多比例的算力，我们很多客户自己运维自己的矿机，但是把算力指向我们经营的矿池。这种算力指向是随时可以变化的，如果我们作恶，我们的客户会立即响应，把算力切到其他矿池，不会坐视我们作恶不管的，即我们可以算是"受托"了很多比例的算力。

51% 攻击没有办法凭空创造价值，也就是说，没有办法凭空增发。

说到比特币黄金网络攻击，其中还是有很多疑点的：攻击者控制了 38 万个比特币黄金的私钥，那么，请问谁有这么多的比特币黄金呢？

按照一般的攻击手法，这些比特币黄金被送到交易所，会立即被卖出，换成其他种类的币被提现带走。但是这么大量的比特币黄金应该是不可能完成整个攻击流程的。交易所是很清楚的，它会允许 1 800 万美元的一次性提现吗？能够允许大额提现的账户，都符合严格的了解客户规则，跑得掉吗？同时，理论上这么大量的卖出，我们当时却看不到比特币黄金价格的巨幅下跌。那么，攻击者到底是否真的对交易所实施了双花交易呢？

这些问题该怎么理解？

作为51%攻击的发起人，攻击者可能会让自己的挖矿设备的价值大幅降低。

比特币黄金等被51%攻击的数字货币的一个重要特点是，采用GPU等通用计算设备挖矿。有关的算力据说来自Nicehash网站，这是一个专门租赁云算力的网站。即租算力的人不需要投资硬件，可以随时挖矿。

对于比特币黄金这类币，攻击者击垮了一个，还可以挖其他的币，因为计算设备是通用的。Nicehash租用算力，反正硬件是租来的，也不用担心硬件贬值。在供专门应用的ASIC挖矿的币种上，攻击者付出的代价就要大很多。

我们如何相信比特币网络不会被破坏？简单来说，不要相信。任何区块链从业者只要告诉你，自己的区块链不会受到攻击，是绝对安全的，那么你听听就好，不要当真。我的微博签名是：比特币现金是一种独立的、去中心化的记账单位，没有任何个人与机构对它的价值给予任何承诺与担保。

中本聪在比特币的原始白皮书中，详细分析了攻击者采用51%攻击整个区块链的情形，对其可能遭到破坏的后果进行了描述。这种科学和诚实的态度，是我们应该学习的。

那么，大家为什么还是认为比特币网络是安全的呢？不是它不会遭到51%攻击，而是在遭到攻击的情况下，损失有限，而且社区还有很多技术手段对整个系统进行恢复。简单讲，区块链对攻击具有极强的免疫性。

如果一种数字货币的网络被51%攻击了，该怎么办呢？可行的选择有很多，一是被动等待网络恢复。因为攻击者单纯发动51%攻击是没有直接收益的，必须和具体的卖空、假充值挂钩，具体来说，往往是为了双花某一笔交易。持续攻击成本很大，所以攻击者攻击一下就不攻击了，一旦得手就会停止攻击。二是社区可以发布紧急布丁，给区块链加上检查点

(check point)，紧急约定攻击者的区块链无效。

所以，有关51%攻击，我们有很多应对办法，它不会带来区块链的世界末日。

第三问
比特大陆该如何应对竞争者的挑战

王峰： 接下来是关于新竞争者进入的问题。最近，日本的GMO宣布其7纳米矿机芯片已经接受预订，届时GMO全网算力将比现在增加9倍。下龙矿业的DragonMint T1则采用了三星生产的10纳米芯片，性能也很强。相比之下，比特大陆的蚂蚁矿机S9（Antminer S9）使用的只是16纳米芯片。比特大陆该如何应对GMO等竞争者的挑战？

吴忌寒： 区块链网络是开放的，因此也必然会充满竞争，竞争可以让网络更加安全。更多更强的竞争者出现，说明区块链已经达到了势不可当的程度，希望大家能够携手让区块链发展得更好。

王峰： 我看过很多评论，说你精明，其中就包括比特大陆会先根据算力回本周期，计算矿机价格，而不是根据成本计算矿机价格，等等。其实这无可厚非，毕竟你有专业经济学的底子，无论是类似小米的成本价做大市场，还是基于市场供需不断调整用户心理价以获取市场主动权的定价手段，都各有道理。但是坊间有人说，比特大陆最新产品会先给自己的矿池使用，北大心理学和经济学双学位，给了你进入这个新兴市场的自信吗？你认为自己是一个精明的生意人吗？

吴忌寒： 很难说是自信，我真实的状态是，内心总觉得公司还有很多方面做得不好，但是我要忍住，不能把这样的情绪过多地传递给自己的同事。

如果我是精明的生意人，大概不会陷入比特币扩容的纷争之中。我假装什么都不懂，全力投入区块链其他领域的发展中，才是最为正确的。我本身对中本聪早先设定的路线图有强烈的热忱，才是真的。

市场经济的基本原理就是，需求方愿意付出的真金白银才是价格，所以我们定价肯定要根据市场的需求情况，不能盯着自己的成本。客户不关心你的成本，客户只关心付出的价格能够换回什么东西。

第四问
你什么时候才有了真正的安全感

王峰：在过去的 6 年里，比特币市场波澜壮阔，但也曾长期处在黑暗的岁月，甚至投资比特币是不被认可的，我相信当初没有人能准确预料到比特币有今天的局面。2012 年，中国第一批矿机诞生，这个时代让我想起了哥伦布所在的大航海时代，他野心勃勃地启程，历尽艰辛，却不知道是否能到达梦想中的新大陆，又是否该返程，回到初始的港口。你的这段经历，最好的日子是在哪一年？最黑暗的时候又是在哪一年？什么时候，你才有了真正的安全感？

吴忌寒：新大陆被发现之后，有的人游山玩水，去去就回，而有的人定居在新大陆，不同的人有不同的选择。

社区里有的先行者，很早就开始尝试开展“只用比特币生存 ×× 天”或者“只用比特币周游全世界”的活动，这大概就是最为坚定的要在新大陆定居的人。社区里绝大多数的投资者，则是高抛低吸，希望获取财富，他们大概就是返回出发港口的人。我自己则对于航行本身有兴趣，在哪里定居，将来再说。

最好的一年肯定是 2017 年，行业发展超乎想象，公司也享受了行业增长的巨大红利。公司最困难时是 2014 年，那一年行业处于大熊市，公司几乎破产。

谈到安全感，如果追求安全感，我就不做企业了。最重要的事情是公司全体同事一起做的。

王峰：比特大陆并不是矿机市场的最先进入者，事实上，烤猫 2012 年开启了矿机时代，几乎同一时间，嘉楠耘智的南瓜张也进入了这个市场。据说，你先买入烤猫的股票，后来还买过南瓜张的矿机。我注意到你在 2013 年 11 月推出第一代矿机，但 2014 年比特币就进入了长期熊市，直到 2016 年年初才开始进入大的上涨周期。在这个阶段之后，比特币重回大牛行情，比特大陆一举占据了比特币网络的最多算力。比特大陆能够穿越长期的熊市，我相信你一定有驾驭的方法。保持桅杆不被风浪折断，在这个过程中，你做了哪些重要的事情？

吴忌寒：我们主要是在技术研发、生产组织、产业整合等方面做了大量的工作，公司还不断在多个国家整合跨国的研发力量。

第五问
以太坊最终会脱离工作量证明机制算法吗

王峰：前不久，比特大陆开发了一款针对以太坊挖矿的供专门应用的集成电路矿机——蚂蚁矿机 E3，其挖矿效率比传统 GPU 矿机高出 250%。这引起了以太坊社区的强烈反对，有一种观点认为，一旦大面积推广这款矿机，极有可能导致以太坊算力集中化，进而威胁到以太坊的去中心化网络。以太坊开发团队的派珀·梅里来姆（Piper Merriam）提出硬分叉方案 EIP958，改变算法，用来抵抗供专门应用的集成电路矿机。你认为以太坊最终会脱离工作量证明机制算法吗？

吴忌寒：维塔利克是一个坚定的理想主义者，他曾经是在比特币社区写一篇新闻报道赚 10 多美元的少年记者，他也是属于那种准备定居在新大陆不回来的人。他原本希望在比特币的 Op_Return 空间内发展他的智能合约计划，但是后来他因为意识到了比特币核心组的敌意，决定独立发展。

在比特币现金社区诞生的时候，他给予了大力的声援。维塔利克推动区块链实现权益证明的努力已经持续很多年了，中间也遇到过挫折。最早，以太坊希望能够一次性实现完全的权益证明，但是很快就退回到“工作量证明＋权益证明”的混合设计。维塔利克虽然非常坚定地希望实现权益证明，但他在面对事实和真理的时候，是一个非常诚实的人。

据我观察，以太坊整个社区大体也是如此。他们在权益证明具体方案出来之前，会谨慎地分析风险。我们自己的技术判断是，完全权益证明系统的安全性和去中心化特性，短期内都是不可能的。我们会积极跟踪权益证明技术的发展。

目前看来，要实现没有中央权威的状态，只有工作量证明是经过验证且安全的。

比特大陆本质上是在从事区块链业务，不会把自己局限在挖矿业务领域。我们对于权益证明的理解能力和技术储备，其实比很多正在进行中的权益证明项目的理解要领先很多。时机成熟的时候，比特大陆也可以进军权益证明市场。

王峰：如果以太坊由工作量证明转向混合机制，挖以太币将变得不再这么有利可图，这并非没有先例。门罗币矿机问世后，门罗币社区集体更新算法，从而导致在旧的门罗币上面，基本只剩下比特大陆的矿工们，门罗币的市值从 26 亿美元掉到 8 400 万美元。我们也注意到 2018 年以柚子超级节点竞选为代表，很多新的公链都采取了类权益证明的机制。你如何看待工作量证明挖矿市场的发展前景？你对未来工作量证明挖矿市场规模的预期是什么？

吴忌寒：工作量证明机制可以分享整个区块链行业的成长，只是市场份额是否能够保持有待观察，但是成长是一定的。

王峰：我也就此问题咨询了中科院计算技术研究所上海分所所长孔华威先生，他认为未来数字货币如果启动 ASIC 抗体（Anti-ASIC），比如比特币出现可编程工作量证明（ProgPOW），会使比特币回到 2009 年人人可挖币的时代。果真如孔所长所说，这对比特大陆的商业策略会有什么影响？有消息说，比特大陆正在为10多种加密货币销售定制的矿机，而且正计划增加，这是真的吗？

吴忌寒：对于ASIC抗体的算法，本身是任何一个区块链独立社区的自由选择，我觉得任何社区之外的人都无话可说，我们必须尊重。

但是他们的选择是否明智呢？他们是否真正为了社区的前途做出了正确的思考？我是持怀疑态度的。

ASIC抗体的算法不一定安全，也不一定去中心化。一些对中央处理器非常友好的算法，几乎都是黑客控制的“肉鸡”在挖矿。“肉鸡”的控制者在这些币种上面占据了绝对的优势，这难道是去中心化吗？而我们知道，黑客很难控制供专门应用的集成电路矿机。

很长时间以来，比特大陆就在研发多种矿机了，我们未来还会研发更多矿机。

第六问

在人工智能芯片领域，比特大陆与英特尔、英伟达相比有什么竞争优势

王峰：2017年年底，比特大陆在2017世界人工智能大会上发布了面向人工智能应用的专用定制芯片算丰BM 1680、深度学习加速卡SC1和SC1 + 以及智能视频分析服务器SS1，正式进军人工智能行业。“三体迷”一定知道，“算丰”这个名字就来源于刘慈欣科幻小说《三体》中的智子（Sophon）。你估计，未来5年，比特大陆40%的收入将来自AI芯片。你是怎么做出进军AI芯片领域这个决定的？从矿机芯片开发转型到AI芯片开发，哪些技术积累可以适用？将会遭遇的最大挑战是什么？

吴忌寒：本质上，比特大陆是一家高性能计算芯片企业，在区块链与数字货币领域获得成功后，我们看到了人工智能作为新的应用领域的出现。我

们发现，传统的芯片没有办法满足深度学习的计算需求，需要一个新的ASIC架构来为它做专门的处理器。

王峰：最近，英特尔公司推出了最新版NNP芯片，英伟达公司推出了Jetson Xavier，谷歌也推出了TPU 3.0，国际商业机器公司推出了“真北”，就连埃隆·马斯克的特斯拉也宣布要开发自己的人工智能芯片，显然芯片的研发竞争已经如火如荼了。与这些巨头相比，比特大陆的竞争优势是什么？是否有差异性的竞争选择？

吴忌寒：我们跟这些巨头还不算是竞争关系。人工智能是一个新兴市场，应该是这些企业共同把这个市场规模做得更大。

比特大陆和英伟达等公司的策略也不太一样。比特大陆作为一家新晋公司，会从应用的角度出发，和它们一起把应用做得更好。谷歌是一家非常开放的公司，它推出的TPU 3.0是引领开源精神的产品，对我们帮助很大。

王峰：在人工智能应用落地方面，比特大陆是如何考虑的？据说，比特大陆已和腾讯、阿里等互联网巨头在人工智能领域展开合作，你能否透露更多的合作信息？

吴忌寒：比特大陆的人工智能产品可以应用于安防监控、语音处理、图像识别、机器人等各个领域。互联网巨头拥有大量数据，也有机会打造一些非常棒的场景，它们会是比特大陆人工智能产品重要的合作方与应用方。

目前第2代人工智能芯片已经完成测试，第3代和第4代产品也沿着研发路线图加速进行，我们与业内主流互联网公司均保持着紧密的沟通与合作关系。

第七问
为什么2018年以来，比特大陆突然在海外业务上发力

王峰：从2015年起，比特大陆就陆续在美国、以色列和荷兰等国设立研

发中心，但 2018 年一开年，公司的海外布局突然提速，接连在瑞士的“加密货币谷”楚格州设立分公司，在新加坡建立地区总部，在加拿大魁北克地区寻找适合的地点设立矿场，在俄罗斯设立 ASIC 矿机服务中心等。比特大陆对于海外业务的整体布局是怎样的？为什么 2018 年以来突然在海外业务上发力？

吴忌寒：比特大陆一开始就是在全球布局的公司，我们会根据每个国家的综合优势来进行布局，力求为当地的经济发展和就业做出贡献。

以前公司人手少，很多办公室只有几位员工，2017 年因为行业的整体发展，办公室的数量增多了，每个办公室的人数也增加了。以往在我们去某地开设办公室时，没有人注意我们；现在我们刚一开始咨询中介设立公司，当地媒体就开始报道。这会给人一种“发力”的感觉，实际上我们一直没有放松过。

王峰：你在接受彭博电视台采访时表示，美国是比特大陆最大的目标市场之一，公司比特币挖矿业务将在美国“有巨大的扩张计划”，你打算如何扩大美国市场？目前进展怎么样？

吴忌寒：美国地大物博，人才很多，能源价格也不是很高，我们目前在美国的发展比较顺利，已经初步克服了很多困难。

第八问
比特大陆对区块链的投资布局是怎么考虑的

王峰：我能感觉到，比特大陆已经在投资上做了深度布局。自 2017 年以来，比特大陆已经投资了亦来云、微比特、AICHAIN（一家区块链服务公司）、英雄互娱、恺英网络等多个区块链项目。2018 年 5 月，比特大陆又以 1.1 亿美元，领投了移动支付和加密货币交易公司 Circle Internet Financial。比特大陆对区块链的投资布局是怎么考虑的？会重点选择哪些赛道或细分领域？

吴忌寒：我们非常看重区块链服务实体经济的能力，未来将重点选择那些对实体经济有帮助的区块链项目。

吴忌寒精华观点

1. 对51%攻击有很多应对办法，它不会带来区块链的世界末日

有人说51%攻击会带来区块链的世界末日，吴忌寒并不赞同，他认为，区块链对于攻击具有极强的免疫性，即使遭到攻击，损失也有限，而且社区还有很多技术手段能对整个系统进行恢复。可行的选择有很多，一是被动等待网络恢复，因为攻击者单纯发动51%攻击是没有直接收益的，必须和具体的卖空、假充值挂钩，具体来说，往往是为了双花某一笔交易。二是社区可以发布紧急布丁，给区块链加上检查点，紧急约定攻击者的区块链无效。

2. 面对区块链的新大陆，不同的人会有不同的选择

在吴忌寒看来，发现区块链新大陆之后，有的人游山玩水、去去就回，而有的人定居在新大陆了。不同的人有不同的选择。至于他自己，则对航行本身有兴趣，对在哪里定居的问题，会等将来再说。经历过行业在2014年至暗和2017年高光的沉浮之后，吴忌寒坦言，如果追求安全感，就不会做企业了。

3. 比特大陆是一家高性能计算芯片企业，希望与同道共同将人工智能市场的蛋糕做大

吴忌寒把比特大陆定义为一家高性能计算芯片企业，在区块链与数字货币领域获得成功后，他看到了人工智能是一个新的应用领域，但传统的芯片没有办法满足深度学习的计算需求，需要一个新的ASIC架构来为它做专门的处理器，因此，比特大陆选择进军人工智能芯片领域，并希望与英伟达等巨头一道，共同把人工智能市场的蛋糕做得更大。

“交易即挖矿”的商业模式会失败｜赵长鹏

赵长鹏

币安创始人兼首席执行官，区块链和交易系统专家，彭博商品期货研究团队前主管，Blockchain. info 前技术总监。

币安创始人兼首席执行官赵长鹏，被很多人称为 CI。

2018 年年初，赵长鹏登上了《福布斯》封面，一下子引发了舆论的高度关注：他只用了短短的 180 天，就成了数字货币富豪榜上的亿万富翁。然而，很多人往往忽视了，赵长鹏自大学毕业后为交易所搭建网络交易系统到现在，已经足足有 21 年从事与交易相关的工作经验。

如果按照一万小时定律来看，一万小时的锤炼是一个人从平凡变成世界级大师的必要条件，那么赵长鹏今天获得如此财富和成就，也就不意外了。

我们看一看赵长鹏的经历。1977 年，出生于江苏连云港。1987 年，随父亲去了加拿大，后在温哥华读了 6 年中学，在蒙特利尔读大学。1997 年，大学毕业后，在日本东京从事金融交易所系统的相关工作。2001 年，担任纽约彭博社技术总监。2005 年，回国创业，创办富讯信息技术有限公司（简称富讯），公司主要从事国内外金融、证券系统软件开发、系统集成等业务。2013 年，退出富讯，全职投入比特币行业，加入 Blockchain. info。2014 年，以联合创始人的身份加入 OKCoin，出任首席技术官（CTO），管理 OKCoin 的技术团队和国际市场团队。2015 年，从 OKCoin 离职。同年 8 月，创立比捷科技，该公司提供交易所快捷搭建服务。2017 年，创立币安，担任币安首席执行官。2018 年 2 月，入选福布斯数字货币富豪榜，位列第三，个人虚拟币净资产约 11 亿 ~20 亿美元。

随着以交易即挖矿为代表的新生代交易所的强势突围，数字货币交易所战场“硝烟弥漫”。币安这个百亿帝国能否继续立于不败之地？我相信经过交易所风雨的赵长鹏，心里已有数。

赵长鹏比较低调，很少公开露面，除了在个人推特、微博上发布一些动态外，一直极少接受媒体采访。

我希望和赵长鹏的对话能碰撞出更多火花，给大家更多启发。

第一问
为什么选择乌干达作为币安法币交易的第一站

王峰：长鹏，我要先恭喜你，昨晚（2018 年 6 月 28 日）我看到了关于你的一个好消息，币安第一次涉足法币交易，在乌干达将建立数字货币交易所，推出新平台币安乌干达（Binance Uganda），支持当地法币乌干达先令和其他主要数字货币交易。不过，相对于其他竞争对手来说，币安开通法币交易的步伐明显慢了很多。币安迟迟没有开通法币交易的原因是什么？你们为什么选择乌干达作为币安法币交易的第一站？据说，币安可能将在亚洲某个国家开通法币交易，可否透露些细节？

赵长鹏：很多人都盯着经济金融发达的国家，但是我觉得我们要深耕行业，把区块链和数字货币普及到世界各地。非洲是一个人口基数非常大的地方，我觉得我们作为行业的领头羊，还是要做这件事情的。

关于币安的战略和策略，我们一直有自己的节奏，一般不会跟着人家的节奏走。所以，当别人都在做法币交易所的时候，我们先去做了币币交易所。当时，有好多人问我为什么不支持法币，在他们看来法币市场可能更大。但我并不那样认为。

现在倒是一个比较好的时机，我们可以把法币渠道、各个桥梁全部打开，让体量更大的基金等可以直接进入币安的体系里，为行业做增量和基础建设。乌干达作为第一站，更符合我们的全球性战略。不管做法币还是做币币，我们都是用全球的眼光去做的。

王峰：开通法币交易，可以让更多新的投资者通过法币购买加密货币，给交易所带来更多流量。同时，投资者可以方便地把数字资产变现。然而，法币交易行为并不被所有人看好，有人持反对意见：数字货币本质上只是一种具有稀缺性的信息代码，在公开平台上以法定货币交易数字货币，不是数据创新，最终的结果只能是资产泡沫。我们相信你一定已经和乌干达等国家金融监管机构进行过深入沟通和交流，在此想先听听你的看法。

赵长鹏：这个想法应该是不符合逻辑的。我相信，我们应该把法币和币币之间的交易渠道打得越开越好、越大越好，桥梁越宽越好，这样的话，更多的人可以自由地进或出。

我们现在需要的是把桥梁做得越宽越好，让更多的人能够容易进来。

我们的确和乌干达的金融监管机构进行了深度的沟通，它们非常支持我们。随着我们的努力，越来越多的国家监管部门会支持数字货币，这样整个行业规模才会变大。

第二问
“交易即挖矿”模式会对主流货币交易所的日活跃用户量造成冲击吗

王峰：我注意到，你并不看好“交易即挖矿”模式，一向低调的你，甚至连发微博进行抨击，称其“不但是变相ICO，而且是高价ICO”，为什么你这次反应如此强烈？有人甚至猜测，“交易即挖矿”模式对同样依赖高频交易的币安是一个巨大的威胁。我就单刀直入了，“交易即挖矿”模式果真对币安以及目前的主流数字货币交易所的日活跃用户量造成了冲击吗？

赵长鹏：我们也分析了这个数据，我们过去的用户非常少。在币安的用户一般都是高级用户，他们很容易看出这个模式的漏洞。我可以和大家分享一下我对这个模式的一些看法。

从商业模式来说，我觉得任何商业模式要想成功，就必须能够持久。我们想一下，如果币全部被挖完了，几周后，这个商业模式怎么维持呢？谁愿意付1‰的手续费去继续交易？这不是白白送手续费给别人吗？自己持有平台币就好了，还可以得到分红。但是没有人交易，平台收入少了，分红的回报也就少了。如果回报率低，那么谁还投入资金持有平台币呢？

比如说，币安现在有 1 000 万个用户，就算每天有 1 000 个比特币（比币安现在高很多）的手续费，每人也只能分 0.000 1 个比特币。这样，用户攒 10 天也不够付一笔网络转账的手续费，谁会把钱压在那儿啊？那么大家都开始抛，平台币的价格会怎么样？

如果说有解决方案，到时可以降低手续费以刺激和吸引用户来交易，那么收入和对应的分红更少，平台币还会有人持有吗？平台币的价格会怎么样？

明白了无法持续的问题，我们就会判断这个模式迟早会失败。其实，我们已经没必要研究下去了，就只看短期，它也还有很多其他问题。

即使在挖矿的时候，我们也可以看看这个商业模式。有人付了手续费，这个手续费按照分红比例分给那些持有平台币的人。平台没有收入，再发与手续费等值的平台币，这是零成本；给交易者返佣，再给 20%，这也是零成本。同时，团队又同比例解锁 100%，这又是零成本。这时候，只有 100% 的手续费入场分红，就算所有收到分红的人都把它买成平台币，平台币也已经增发了等值的 220%。按照这个供需关系来看，你觉得币价会怎么样？平台币价格会下跌，造成买的人更少，进而会恶性循环。

所以，我觉得现在这个模式能够撑这么久，已经非常不容易了。

王峰：有不少人认为，传统交易所实施不了“交易即挖矿”这种通证经济模式，因为平台币的规则和模式早已被制定。尽管之前何一曾提到，1 000个联盟交易所计划其实“就是拍脑门拍出来的，但另外一家比较受欢迎的交易所 Z 网（Bit-Z），却动了真格的。2018 年 6 月 25 日，Z 网破天荒地开启了‘交易即挖矿’模式。Z 网官方透露，上线 25 分钟，即完成100万个BZ（Z网的平台币）挖矿记录，3小时后成交量已达61.8亿元，12小时后成交量达270亿元，交易量排名蹿升至全球第一”。烽烟四起，币安对此有什么应对策略？

通证经济：一般指把通证充分用起来的经济。在这个经济体中，一些重要的价值、权益（如门票、积分、合同、证书、资质等）都被通证化，这个体系借助区块链或可信的中心化系统得以运行，把数字管理发挥到了极致。

通证化：又称令牌化，是将现实世界中的有价物转化为数字价值的过程。通过区块链技术可将线下资产标记出来，并将单一资产进行分割，例如，将一间房屋转化为1 000份数字资产，然后在市场上流通。

赵长鹏：币安的特点是，一般都会有准备，我们的备案都是做得非常足的，执行起来也非常快。

王峰：2017年，无论是快速转战海外市场，还是采取返还手续费和推荐返佣的方式，你们都开了行业先河。但直到大量交易所跟进之后，币安才宣布一个和OKEx相似的平台币运作方案。在跟进“交易即挖矿”模式交易所的节奏上，币安好像变慢了。莫非币安是由勇击转入智取了？或者我直接问你，当年的激进主义者正因为公司变大而变得保守了吗？

赵长鹏：我们一直不是特别保守，保守的话应该都还拿着法币。我之前解释过“交易即挖矿”模式，按照我的分析，它是收割用户的模式，没有什么长期的价值。

我们的节奏并没有变慢。你看币安在乌干达等国际市场上的动作……还有一些我们没能发布的消息，我们并不比别人慢呢。

第三问

币安上币的破发率为什么那么低，币安项目收费如何

王峰：与传统的金融市场对标，数字货币交易所完全可以被看成一个超级金融中心，因为它融合了证监会审核、交易所流通这两大核心功能，高踞生态链的顶端。据我了解，在目前的数字货币交易所中，币安以上币严格著称，不少交易者认为，币安交易的币种普遍质量上乘，相对于其他交易所更值得信赖。何一在5月的一次币安媒体沟通会中提及，币安是上币最严格的币币交易平台。据统计，2018年1月6日至3月8日，国内竞品破发率为81.25%和77.94%，而币安破发率仅为11.76%。4月到5月，币安上币的数量更是屈指可数。币安如此之低的破发率是如何实现的？仅仅是因为上币严格吗？

赵长鹏：破发率为什么这么低，其实有一点大家可能不理解，我觉得审核严格是第二个环节。最重要的是第一个环节：交易平台要吸引好的币过来，首先自己需要有品牌效应，不能是一个不好的品牌。所以，品牌做的事情一定要正，这个时候会有一个正能量的循环。

当然，我们上币团队的审核能力真的是非常强的。他们经常早上9点开始上班，到晚上一两点才回家，整天盯着白皮书研究项目。即使这样，有些时候，我们也没法预估项目未来的发展，所以还是有少数失败的。

王峰：何一曾解释过，币安上币唯一的通道是在网页提交项目材料，审核团队在线调取信息，不同小组进行不同维度的调研和评估。在这里，你方便分享一下币安具体的上币规则吗？你们的上币规则，经过哪些调整优化？

赵长鹏：其实我们审核项目的原则很简单，要有好的、有历史的团队，好的产品和使用产品的用户。但我们一般不会定硬性的指标，比如用户量一定要达到多少，或者Telegram① 群里面一定要有1万个用户。因为如果我

① Telegram：一款主打隐私安全的加密即时通信应用，截至2017年10月，其全球月活跃用户量达到1.7亿，每天发送700亿条信息，每天至少有50万个新用户加入。

们定了这样的标准，有些人就会根据标准刷出来。

所以，对外来说，我们上币审核的具体规则是一个黑盒子，但其实很简单，只要项目好，我们就会上。我们上的项目其实都是我们看得很深的项目，包括技术和代码，项目的其他方面我们都会看得非常细。

王峰：目前市场上常见的上币模式有 3 种——平台审核、投票上币和充值人数排名，你认为哪种机制对投资者更加负责？

赵长鹏：我觉得如果管理得好，这 3 种模式都可以很有效。这不是模式本身的问题，而是你如何设定、平衡模式里的一些参数的问题。如果有不好的参与者，你如何处理？又如何去防御一些利益的影响？

比如社区投票。如果社区投票需要持有平台币才可以投的话，那么我们早期的天使投资方，一个币都没卖过，它们拥有币的比例比较高，那么它们再去投资其他的项目，投票权就会非常大。这个事情是好还是不好？还是需要设一个上限？现在我们都说不太清楚。在具体运营时，我们要把参数调整好，而这个参数要调很久。

王峰：从客观上看，币安的上币模式还是一个中心化的评估决策体系，虽然中心化会更高效和专业，但对于外界来说还是黑箱，免不了被误解。

对比来看，业界越来越多的交易所开始尝试新的审核上币模式，如火币海达克斯（HADAX）上线“超级投票节点”，行业内信誉良好的专业机构可以申请参与监督投票；FCoin 则成立了上币投票委员会，由 3 个组织共同组成：社区委员会、社区合伙人、专家评审团队。这种由不同利益方共同审核的模式，是否会同时实现有效评估和公开透明呢？未来币安会对此借鉴吗？

赵长鹏：社区投票的上币模式，应该是币安发明的。现在上币有很多种不同的模式，但我觉得上币模式不重要，重要的是最后你的结果好不好，有没有保护好用户。

我觉得在这方面，币安做得应该还是非常好的，等币安的公链出来之后，上币就比较容易了。我觉得上币体系的结构越复杂，相关利益结构方也就越多，最后就越容易出问题。

王峰：有媒体统计，截至 2018 年 5 月，币安已经支持 120 种加密货币、100 多种钱包和 240 个交易组合。我不知道我的观察是否准确，目前数字货币交易所的商业化手段主要有 3 种：上币费、手续费和平台币。如果是这样，币安更侧重哪一种？你们的理由是什么？

赵长鹏：我们手续费的收入占比最大。这部分收入非常透明，也非常公正，我喜欢这种简单的模式。币安团队持有的币，到目前为止没有一个被动过，我们团队一个币也没卖过。团队成员的身价应该很高了，但是我们到现在没有靠卖币赚过一分钱。长期看，这些币共分 5 年解锁，已经解锁的部分，到目前为止我们也一个都没动过。

王峰：据我们了解，币安并非对所有项目都收取上币费。币安的项目收费与否以及收费的标准是什么？关于上币费问题，如果赶上类似于 2017 年的大牛市，项目方被收费似乎有一定的合理性。但是，处在目前这样的大熊市，平台一旦收新币的上币费，就好比交易所先割了项目方的“韭菜”。你有没有考虑过取消上币费呢？

赵长鹏：我们的原则是，项目方自己先说愿意付多少钱，然后我们会综合考虑，他们即使说零也可以。大家如果填我们的上币申请表，就会发现里面有一项是让自己出一个价格，当然写零也可以，我们会把这些信息一起收集上来，然后进行审核。如果你觉得自己的项目特别好，在申请表中写零是可以的。

第四问

你是一个为交易而生的人吗

王峰：我了解了你的经历，你在 10 岁时随父亲去了加拿大，一直到 20 岁都在那里。毕业后，你进入金融交易市场，中间尝试过自己创业；2013 年全职投入比特币行业，并出任 Blockchain 的首席技术官；2014 年以联合创始人的身份加入 OKCoin，出任首席技术官；2015 年从 OKCoin 离职，当时引起很大争议；2017 年，创立币安。

说到你这段成长史，我觉得很有意思，你一直没有离开过交易。我入行时做工具软件，后来在网络游戏行业做了 10 多年，圈中很多人说我是“为游戏而生”的。但我觉得你才是“为交易而生”的。你从 1997 年大学毕业后从事金融交易所系统开发开始，到现在经营数字货币交易所，有 20 多年了。在我看来，你就是一个为交易而生的人。你有过交易败笔吗？或者你一直都是大赢家？

赵长鹏：这里面有两个部分，第一部分是我的经历，我刚刚也说了，这对我们国际化是非常有贡献的。第二部分，其实我离开 OKCoin 的时候是很平和的。

做交易平台的人反而不能进行交易，所以我对交易其实一直都非常不在行，我对交易平台比较在行。

王峰：交易可以说是人类文明的基础，我们每天都在交易，但是做好交易太难了。为什么你对交易平台有如此大的兴趣？你对交易的理解到底来自哪里？来自你的学习和成长经历吗？听说你很喜欢打德州扑克，和交易有关系吗？

赵长鹏：我其实运气比较好，大学的时候就接触了对应的交易系统，所以后来就一直在金融和技术合流的行业工作。我觉得，交易是一个经济体系的血脉，交易所更像心脏，你可以直接看到它对整个经济的影响，所以我一直很喜欢交易这个领域。

我觉得打扑克牌跟交易不太一样，我偶尔打扑克牌，却更想创业。但它们有一个相似之处，即你在没有掌握全部信息的时候，需要做一些决定。不过我已经好几年没有碰过扑克牌了，完全没时间，也不敢想。

王峰：我曾经读过全球最大的对冲基金桥水基金创始人瑞·达利欧（Ray Dalio）的《原则》一书，其中的一句话让我印象颇深：“人际关系是我的主要目标，我做的一切事情都是为了完成这个目标，赚钱只是附带结果。”那么，作为全球最大的数字加密货币交易所的掌门人，20 多年深谙各种交易系统运营之道，你的原则是什么？从你的角度来看，做交易平台的职业底线是什么？

赵长鹏：我手机里应该有这本书的电子文件。我的原则很简单，一个人把自己照顾好之后，就应该照顾一下其他的人，这是我们能够生存下来的最基本的原则。如果我们不这么想的话，就会消失。那么我们就要想一下如何为人类做一些好的事情，如果你的能力大，就多做一点，如果能力小，就少做一点。每个人都要尽力，尽自己的力量做一点事情。

交易平台必须遵守职业底线，即不参与交易、不操纵市场，为用户提供公平的交易环境，这也是我们一直在做的事情，但我们的价值观是保护用户，用户是我们的社区成员。我会做的就是交易所，我知道怎么做一个非常公正的交易所，我要把这个做好。

王峰：2015 年下半年到 2017 年 7 月 14 日创立币安，你这期间的经历，外界似乎了解得并不多。在这段将近两年的“空窗期”，你居然离开了区块链行业，离开了神奇的数字货币市场，原因是什么？两年以后，你重返数字货币交易战场，原因又是什么？在离开区块链行业的这两年里，你思考了什么？

赵长鹏：闭关练功。其实币安的交易系统从 2015 年就开始开发了，它不是从 2017 年 6 月才开发的，1 个月的时间是开发不出来这个系统的。

第五问

主流货币交易所的交易量孰真孰假

王峰：2018 年 5 月 31 日，你在推特上发出一张交易所过去 30 天的 Alexa（一家专门发布网站世界排名的网站）流量排名，并质疑交易量排名与 Alexa 流量排名不吻合，暗示竞争对手的交易量有造假嫌疑。然而，早在 2018 年 3 月，美国科技博客 Medium 刊登了署名文章《追踪虚假的成交量：一场加密的瘟疫》（Chasing fake volume：a crypto-plague），引起了币圈热议。该文作者指出，中国的虚拟货币交易所——火币、币安等都存在成交量造假行为，假交易的数量占比达 70%~90%。一方面，你指责竞争对手造假；另一方面，你又被科技媒体质疑造假。究竟是谁站在了真理这边？会不会是研究工具或模型的不同，造成了交易量造假的错误结论？

赵长鹏：那篇文章的中文译文，出现了一些偏差，其实原文提到，在所有交易所里只有币安看不出有假交易量，因为我们真的没有。对于其他交易所的假交易量，那篇文章里已经说了，我就不重复了，因为占比都很高。

我觉得用户都是聪明的，究竟谁的交易量是真，谁的交易量是假，以及刷量的问题，用户应该都知道。我觉得现在刷量的太多，很多假的交易量，对我们这个行业不好，显得我们这个行业很虚假。

王峰：我还注意到，你曾经说，希望币安能够报告较低的交易量，这样就可以不总是处在第一位。你似乎在很多场合下都提过，币安不做第一。你为什么会有“不做第一”的想法？

赵长鹏：真正的强者不会天天喊自己是第一高手，在以非交易为目的的语境下，正确的表达是我们不在意第一，我们更在意的是，我们为这个行业做了多少基础建设工作。我们其实不是为了做第一而做第一，把事情做好就行了，第几不重要。而且，我认为，现在的排名是有瑕疵的，而排名也是非常难做的，所以真的不重要。

第六问

去中心化交易所，在未来两三年内会不会成为主流

王峰：2018 年 3 月 13 日，币安宣布启动专注于区块链资产交易与转换的公链——币安链（Binance Chain）项目。通过开发币安链，币安将会从“企业”转型为“社区”，同时币安链也将会被用于转移或交易不同的区块链资产。此外，币安还宣布将把币安币（BNB）迁移到币安链上。信

息发布后，币安币大涨至11美元，单日内涨幅超过25%。

币安过去一直用公链开发，使用的是ERC20代币，为什么币安这次要自己开发一条公链，而不是使用行业内已有的资源与技术？你说币安链是优先级最高的事务之一，那么，你将多少精力分配给了币安链？币安链的最新进展如何？

赵长鹏：我们的公链项目一直在开发中，团队非常优秀。我希望自己有20%的时间放在公链的项目上，但目前可能比这稍微少一点，但接下来我会花更多时间在这个项目上。

公链在5年、10年、20年以后肯定是一个趋势，所以对于真正好的模式，我们是不会放弃的，我们拥抱变化和创新。

王峰：我联想到你2018年3月初提到的“未来的几个月将会推出一个去中心化的交易所”。在我看来，币安链的推出，是在为币安币构建流通渠道，它也是去中心化交易所的重要技术依托。然而，去中心化交易所目前还只在“看上去很美”的阶段。媒体统计，目前全球数字货币交易所已超过1 000家，去中心化交易所不到5%，所占市场份额寥寥。有人说，去中心化交易所，在未来两三年内不会成为主流，取代中心化交易所需要很长时间。你同意这个观点吗？从目前愈演愈烈的交易所大战看，创新型社区化的中心交易机制会不会才是发展方向？

赵长鹏：这个观点我同意，目前公链的性能不够高，短期内，我觉得大交易量应该还是在中心化的交易平台上，去中心化的交易平台可能还要等几年才会成为主流。

第七问
币安有IPO计划要靠拢传统金融市场吗

王峰：矿机和交易所无疑是区块链产业的两大巨头行业。我听说了矿机行业全球第一的吴忌寒的比特大陆于 2018 年 9 月底在港交所交表的消息，其估值最高达到 400 亿美元。矿机行业排名第二的嘉楠耘智已在 5 月向港交所递表。那么，作为交易所行业的执牛耳者，币安会选择靠拢传统金融市场吗？

赵长鹏：我们没有 IPO 计划，传统金融行业的 IPO 已经变成了一种融资手段，或者是早期投资者“解套”的一个工具，所以我不想那么做。或者说，IPO 是一个风投机构“解套”的工具，而我们没有风投机构投资者，区块链已经把我们带到了下一个时代。

王峰：你之前曾任职于传统金融交易所，在目前币市总市值远低于传统资本市场市值的情况下，你认为数字货币交易所未来会取代传统金融交易所吗？抑或两者将在一定程度上进行融合？

赵长鹏：我觉得两者会并行一段时间。数字货币交易所的规模还是比传统金融交易所小很多，说取代还有点早。我们很难预测数字货币交易所以后会演变成什么样子，专心做好事情就行了。

赵长鹏精华观点

1. 币安项目破发率低，最重要的原因是交易平台能吸引好的币过来

赵长鹏表示，币安破发率低最重要的原因是，交易平台能吸引好的币过来。这需要交易平台有品牌效应，不能是一个不好的品牌，品牌做的事情一定要正，这样就会有一个正能量的循环。此外，赵长鹏也承认，有些时候没法预估项目未来的发展，还是会踩坑，但币安踩坑的次数应该非常少。

2. 币安的原则是用户至上，上币规则很简单，只要把项目做好了，币安就会上

币安上币审核的具体规则是一个黑盒子，“但其实很简单，只要项目好，我们就会

上”。至于上币费，币安的原则是，项目方自己说愿意付多少钱，然后币安再综合考虑。如果项目方觉得自己的项目特别好，在申请中写零也可以。

3. 真正的强者不会天天喊自己是第一高手

赵长鹏在不少场合都提过“币安不做第一”，对此他解释说：“真正的强者不会天天喊自己是第一高手，在以非交易为目的的语境下，正确的表达是我们不在意第一，我们更在意的是，我们为这个行业做了多少基础建设工作。”赵长鹏还指出，现在的排名有一些瑕疵，排名也非常难做，所以排名真的不重要。

4. 币安没有 IPO 计划，区块链已经把币安带到了下一个时代

对于是否向传统金融市场靠拢，赵长鹏表示，币安没有 IPO 计划，传统金融行业的 IPO 已经变成了一种融资手段，或者是早期投资者“解套”的一个工具。他说：“我们没有风投机构投资者，区块链已经把我们带到了下一个时代。”他还认为，数字货币交易所和传统金融交易所两者会并行一段时间，说前者取代后者还有点早。

全面回应上币政策、海达克斯风波｜朱嘉伟

朱嘉伟

火币集团首席运营官，负责火币集团的运营管理工作，曾就职于甲骨文、凯捷咨询，拥有丰富的公司管理、数据分析以及业务运营管理经验。

我们先看一看朱嘉伟的经历：

2007 年，研究生毕业于河海大学，当年加入甲骨文（Oracle）。

2010 年，任凯捷咨询（中国）有限公司（Capgemini）项目负责人，曾服务腾讯、搜狐、去哪儿网、凤凰网、华润集团等几十家知名企业。

2015 年，加入火币，历任火币首席执行官助理、运营总监、首席运营官。

最近，各家传统数字货币交易所的日子都不算太好过，特别是火币：刚受到以 FCoin 为代表的“交易即挖矿”交易所的猛烈冲击，又因为海达克斯[①] 超级节点规则的变更，要直面多家区块链风投机构公开退出的抵制。其实，新入局者的竞争也好，合作伙伴的抵制也罢，争议的核心仍离不开一个点——上币。

上币的标准是什么？上币费为什么这么高？有些好项目为什么上不了？上币后为什么都破发？相信不少人有过类似的疑问。市场在不断成长，项目方和投资者也变得更加理性，在这场交易所混战中，是甘愿留守，还是转投他营，他们会“用脚投票”，做出自己的选择。

火币是最近“上币风波”的主角之一，希望嘉伟能够直面风波，开诚布公地还原风波背后的故事，也为大家带来更多冷静和深入的思考。

① 海达克斯：简称 HADAX，是火币网于 2018 年 2 月建立的一个自主数字资产交易平台，服务于专业的数字资产投资者和早期的创新数字资产。

第一问

这场海达克斯风波到底是怎么回事

王峰：我估计你应该没有想到，火币海达克斯整改方案的出台，会一石掀起千层浪，引发这么大一场风波。海达克斯于 2018 年 6 月 29 日发布新规则，将超级节点分为两层，即常务节点和优选节点。常务节点多为传统风投机构，而优选节点大多为加密数字货币基金。根据新规则，一个项目要上线海达克斯，必须有一个常务节点的支持，优选节点明显失去了在投票上币阶段的话语权。为什么要将超级节点分为常务节点和优选节点两层呢？这样处理会不会让加密数字货币基金感觉受到了歧视？为什么你们在判定上币的标准上，偏向了古典互联网的“旧秩序”？

朱嘉伟：海达克斯是区块链项目的试验田，一方面，我们要引入更多初创的项目，让投资者能够享受项目早期投资的红利；另一方面，创业原本就是九死一生，在这个快速发展的行业里，我们更要控制项目的风险，这是一种矛盾，我们每天都在思考和讨论怎样才能做得更好，这种初心从来就没有改变。

海达克斯的投票上币从 2018 年 3 月开始，历经 3 轮，共计 13 期，从第一期最原始的竞价排名，到设立空投激励、引入项目保证金为投资者做保障，再到加入超级节点初选机制，最后通过免费投票带动社区投票的热情，海达克斯的数次改版都是为了通过社区化的运作，选出更好的项目给投资者。

可是，在执行过程中，我们发现，由于各种原因，部分超级节点的某些行为和我们当初设立超级节点的初衷完全背离，尤其在 INC（影链）事件发生之后，我们收到了各方在各个维度上的信息反馈，我们更加意识到必须改变当前执行的规则。

于是，我们停止投票上币，从项目源开始抓起，采用常务节点的方案，这是海达克斯第一次将传统领域中的保荐制度应用到区块链领域。

当前，区块链行业快速发展，涌现出非常多优秀的基金，但大多数基金的存续时间不长，在推荐项目方面需要更长的时间来观察，所以我们想让超级节点成为保荐人，将保荐人的品牌和保荐项目的发展绑定，这样一方面可以更容易地评价超级节点的成绩，另一方面也迫使超级节点对自己推荐的项目进行严格审核并负责。

我们设计方案的时候，希望超级节点能帮忙选出或推荐优质的项目，并且一直跟踪这些项目，帮助项目发展起来，但后来发现，部分超级节点和项目方的关系不是这样的，所以才想到要用保荐制。

引入传统的风投机构，其实也是想往这个方向努力，其实从 2018 年年初以来，我们就特别希望传统的投资机构能够进入这个行业。这并不是对加密数字货币基金的歧视。我们给它们更多的机会，期待它们的加入，是希望它们能够加速推进这个行业前进。

两者其实不是竞争关系，因为传统风投机构的加入不会抢了加密数字货币基金的生意，反而真的有可能一起把规模做大，能够推动一些原先行业内部推动不了的东西落地。行业流动性过剩，这导致大家觉得创业似乎很容易，投资赚钱似乎也很容易，被冲昏头脑的人不在少数。

其实，创业是一件九死一生的事情，全球一个月诞生几百个项目，原本就是不太合理的。创业者也好，投资机构也好，普通投资人也好，到最后都会因为这样的不合理而受伤害，这不是我们希望看到的。传统风投机构发展了这么多年，有着各自的投资逻辑和投资方法论，这些沉淀，会给当前区块链行业带来新的思路和模式，这是我们特别想引入传统风投机构的原因。

王峰：我注意到，节点资本（Node Capital）表示放弃与火币海达克斯合作，而选择与FCoin等交易所合作免费上币，称“交易所的强势与独裁一去不复返”。

作为火币集团首席运营官，你直接负责集团上币业务，对你而言，这是不是火币上币部门最大的一场危机公关？火币这样的调整方式，是否由上币方一直以来的强势心理地位所致？

朱嘉伟：首先，这次海达克斯超级节点规则变更，没有提前和超级节点沟通，影响到大家，是我们工作的失误，我也借此机会向各位超级节点的合伙人和团队道歉，后期我们会建立沟通机制。

有一段时间，我约见了很多超级节点伙伴，都聊了很多，之后也会陆续约见并沟通，我想，充分的沟通一定能够消除之前的误解。

帮助用户选出优质的项目进行投资，是我们和超级节点的共同目标，这一点是非常肯定的。

我发现大家都能理解，包括很多与我面聊的超级节点伙伴，都希望能够继续和我们一起往前走，对此我特别感激。

在探索未知的路上，有如此多理解我们的伙伴，是一件幸运的事情，所以我并不认为这是一场危机。相反，我更觉得这是一次机遇，让我更深入地了解到超级节点的内涵，以及我们双方都能做更多的事情。

我们近期在紧锣密鼓地准备海达克斯2.0，希望通过深度创新，构建一个全新的海达克斯来贡献给行业和用户。

王峰：据统计，海达克斯自推出以来，历经4次规则调整，可是为什么至今还不能拿出一套令各方都比较满意的方案？李林在最新声明里说，海达克斯必须推倒重建，2018年7月会有大的升级，我不知道你们是否会在更大范围内征集意见。

丹华资本（Dovey Wan）不久前提出了“反向投票机制”：不是得票高

者上，而是得票高者不上。因为投自己进前10名需要的成本，会远比把其他人投下去的成本低，这样做还可以起到检举的作用。我不知道你有没有想过，丹华资本的方案是否可行，有其他更好的方案吗？

朱嘉伟：海达克斯开启之后，我们对规则的讨论就从来没有停止过。人们常说“上有政策，下有对策”。没有完美的制度，也没有完美的规则，在具体运行中必须持续优化，这也许就是社区化运作的魅力，也是社区化运作需要解决的问题。

自2018年以来，火币的几乎所有负面消息都来自海达克斯，有人说这是我们自己给自己出了一道难题，何苦呢？火币Pro做得好好的，其他事业部发展得也不错，包括各国站点、矿池、钱包、生态等。对海达克斯，我们是怀着一个社区化运作的梦想来做的。

我们认为，在区块链领域，通过社区去构建业务生态是未来发展的大方向之一。由于通证经济和激励的存在，越来越多的事情需要社区决策，有效的激励能够让决策更合理，所以我们必须学会社区化运作。我们团队在尝试，社区也在尝试，这种社区化运作对于所有人来说，都是第一次。我们既然选择创新，就愿意承担结果。

我们希望通过不断优化带给大家更好的规则，之前和很多超级节点伙伴见面也征集了他们的意见。丹华资本的方案在第一期的时候，我跟达维（Dovey）聊过，关于赞成票/反对票的方案，我们内部也推演过，实际操作中会得到大量有相同票数的项目。

其实，我们还有一些很好玩儿的想法，比如“周报上币”。我们提供平台，让项目方实时更新项目进展，包括周报、路演视频、项目进展情况、公司人事状况、财务状况等，持续更新8周以上才能获得投票资格。这样一来，大家都很清楚团队工作的情况，超级节点和HT持有者可以点“赞”或点“踩”，点赞靠前的项目能够获得上币资格。为了类似的好玩的方案，我们内部每天都绞尽脑汁，如果大家有好的点子，欢迎输出给我。

第二问
海达克斯是否已成为垃圾项目聚集地

王峰：与 2017 年 7 月上线的采用上币审核制的火币 Pro 相区别，海达克斯是火币于 2018 年 2 月 12 日推出的全新子品牌，定位是自主数字资产交易所，最大的特色是采用投票的方式上币，免收上币费。截至 2018 年 7 月 5 日，海达克斯一共上线了 40 个币种，其中有 31 个币种破发，破发率高达 78%。有人甚至说，海达克斯已成为垃圾项目的聚集地。还有媒体报道，海达克斯项目方拉票、买票的行为普遍存在。这样看来，海达克斯目前的这套规则还能很好地应用下去吗？

朱嘉伟：其实，项目的破发是多种因素导致的，包括整体行情不好、项目估值过高、项目进展不顺等。自 2018 年年初以来，比特币和以太坊等主力资产的价格均下跌 60% 左右，市场信心不足。牛市来临的时候，市场给的估值往往是偏高的，当市场整体下跌的时候，估值就会随之降低，这是金融市场常见的现象。

另外，市场上有个观点是错误的，其实不是涨了的项目就是优质项目，跌了的项目就是垃圾项目，短期价格的涨跌，不能作为项目好坏的评判标准。随着项目的执行和推广，优质的项目会受到市场的青睐，长期的涨跌也许更能体现项目的质量。

所以，海达克斯接下来会采取措施，让项目方到平台上来路演和更新项目状态，就像我刚才说的“周报上币”，到时候，每个项目的表现如何就一目了然了。

关于买票的现象，我们已经在最新一期的方案中公布，会严厉打击线下贿选。同时，我们也接受举报，一旦发现线下买票行为，我们会取消相关项目方的上币资格。在后期的规则执行过程中，我们也会严厉打击各类不透明的操作行为。

王峰：2018 年 6 月初，海达克斯公布了转板火币 Pro 的试行方案。方案显示，项目币种需要在平均交易额、交易人数、评分模型等方面满足要求，才可上线主站，并且投票更改为两个月一期。有项目方对转板方案发出感慨，“就是要求币价上涨，还得有足够的市场交易深度，想要突围很难，除非砸钱”。现在距离转板方案发布快 1 个月了，但好像还没有一个项目从海达克斯上转板火币 Pro。

难道项目方只有砸钱才能转板成功？这个转板方案会不会只是“空中楼阁”而很难落地？转板能给项目方带来什么？我担心，转板对项目方的激励不够！

朱嘉伟：一直没有项目转板的原因是，当时评估完发现，在那个时间点上，项目都没有达到转板的条件。火币 Pro 的项目定位是成熟项目，海达克斯的项目定位是初创项目，交易人数、交易量是体现项目是否发展到一定阶段的重要指标。能否满足火币区块链资产量化评估模型 SmartChain 的要求，也是对项目发展方向和基本面的评估。

另外，项目方只能砸钱来做大交易量，这个说法是错误的。交易市场的表现，一般会随项目的发展情况而变化。通过把项目发展情况提供给社区来增强投资人持币的信心，通过丰富的应用场景来为自己的通证赋能，市场的表现才会好。这可能也要花钱，但是花钱的地方不一样。

赵东：我认为海达克斯做出了有意义的尝试，但基本上是失败的，你觉得呢？

朱嘉伟：我喜欢反过来说，虽然路途很坎坷，会经历一些失败，但我们还是要继续进行有意义的尝试。

王峰：交易所分板经营，并允许项目在一定条件下进行转板，这并非币圈独有的模式，在传统金融市场，早有成熟机制可以借鉴。以我国为例，任何人都可以投资 A 股，而在新三板，只有合格投资人（投资者至少有 500 万元的证券类资产）才可以参与交易。分板经营，最重要的目的是保护投资者利益，因为拥有越多资本的投资人承受风险的能力越高，可以更好地面对高风险的投资标的。

海达克斯与火币 Pro 目前仅对项目进行了区分，而没有对投资者设定准入门槛，这一点火币是怎么考虑的？既然所有投资者可以通过一个账号，在海达克斯与火币 Pro 进行交易，那么，还有必要把不同的币种分板发布吗？对于需要交易的用户来说，海达克斯与火币 Pro 到底有什么不同？

朱嘉伟：海达克斯在刚刚设立的时候，就考虑到将用户分层，我们定了投资者准入门槛。我们当时定的准入门槛是，资产在 1 个 BTC 以上，或交易 30 天以上的用户才可以在海达克斯开通交易。当时，投资者门槛设立的主要目的，就是让大家认识到，海达克斯上的项目，相对火币 Pro 上的项目，波动和风险会更大一些，提醒投资者注意风险。

在该措施开展一段时间后，已经基本达到我们的目标，用户对火币 Pro 和海达克斯的区别有了明确的认知，所以我们取消了投资者准入门槛，从统计数据看，取消前和取消后的数据变化不大。

所以，分板其实不是重点，社区化运作才是重点，在未来，海达克斯依旧会作为区块链项目的试验田，通过社区化的运作来实现项目的推荐和筛选，就如赵东所说，这也许会经历失败，但是梦想驱动我们去尝试。

第三问

火币未来会模仿“交易即挖矿”模式吗

王峰：最近，面对 FCoin 来势汹汹的挑战，几大交易所在纷纷应对。2018 年 6 月 19 日，OKEx 官方宣布开放共赢计划，将扶持 100 家“交易即挖矿”模式的交易所。之后不久，币安也启动数字资产交易所开放联盟计划，并表示将支持的“交易即挖矿”模式交易所加码至1 000家。三大交易所中的两家已经出手，然而火币似乎仍按兵不动，只在 3 天后才宣布，将 HT 从“火币全球通用积分”升级为“火币全球生态通证”并发布了具体措施。

在我看来，FT[1]是交易所股份红利，而HT是交易所生态红利，两种模式各有不同，那么，你觉得火币的胜算有多大？火币未来会模仿“交易即挖矿”模式吗？

朱嘉伟：针对如何应对“交易即挖矿”模式，很多人觉得火币一直没有发声，我们内部其实已经经历了很多轮热烈的讨论。我们内部也会有研报，会跟踪“交易即挖矿”模式交易所的各项数据。

“交易即挖矿”模式无疑是通证经济学里非常具有创新性的一个模式，FCoin本身也在经历非常快速和剧烈的变化，火币未来是否效仿“交易即挖矿”模式目前还不好判断，我们会持续关注。但我们认为，交易所是有其本质的，不管做什么，宗旨其实都是满足用户的诉求。

构建行业生态是我们2018年的既定战略，我们认为，构建好产业生态，以交易所为核心，搭建全球社群，通过生态组织来延伸，能给行业带来更深远的意义，这也为我们后面的公链战略做好铺垫，所以我们就坚持去做了。张健是我们在火币的前同事，与我们关系不错，FCoin如果能发展起来，我们也会祝福他。在行业里与他人一起创新，一起做大市场，也是一件幸事。

王峰：在互联网世界里，竞争往往依靠不断融资来补贴用户，直到将对手“烧成灰”，自己才能“炼成金”，从而垄断市场，彻底结束战斗，像微信、滴滴、京东等都是网络竞争“白刃战”的得利者。自FCoin大火以来，“交易即挖矿”模式交易所效仿者众多，但鲜有后来居上者，有人认为“交易即挖矿”模式交易所会像社交媒体、共享经济、电商一样，最后形成一家独大的局面，现在看来，FCoin已经跑得很远了。应该一家独大还是百花齐放？作为同行，你觉得到最终给FCoin市场肯定的时候了吗？

朱嘉伟：这个行业的格局还远远未定，而且变化非常快，在过去的一年内，全球交易量排名第一的交易所就换过很多，竞争也非常激烈。未来肯

[1] FT：FCoin Token的简称，是FCoin交易平台发行的通证。

定会经历一个百花齐放的阶段，“交易即挖矿”的创新可能只是一个开端，以后会不断出现“××即挖矿”模式，创新还远远未停止，现在说一家独大的局面已经形成还言之过早。

王峰：FCoin 创始人张健也是你在火币的前同事，我觉得张健做得不错。我觉得张健以及赵长鹏等人已经成为当今交易所技术高管们的创业榜样。他们会不会引发交易所技术团队不断离职创业的风潮？火币对高管是否有竞业禁止？

朱嘉伟：我们的员工与高管都会签署竞业协议。张健于 2016 年离职，做了一年多的区块链技术公司，并未与火币业务产生竞争关系，创立 FCoin 时，也已经过了竞业限制期。

一个企业的文化和价值观，是留住人才的重要法宝。当员工的目标和公司的价值观、目标高度一致的时候，他是不会离开的。当员工的目标和公司价值观、目标不一致的时候，他的离开也是应该的。很多火币人即使离开了火币，身上仍带着火币的气息，我们一直以正直严谨、开放创新、合作进取作为火币的核心价值观，以不作恶作为行为底线，这是我们非常值得骄傲的地方，也是我们吸引很多人才的重要内因。

王峰：2018 年 7 月 5 日晚，FCoin 发布声明称将启动主板 C（“币改”）试验区，支持传统企业进行通证化改造。简单理解，“币改”就是传统/互联网企业 + 通证，即传统/互联网企业“区块链化”。今天提出的“币改”思想，应该是对应了前几年的传统企业“互联网化”。FCoin 正在依靠通证经济模式，在互联网和传统行业这两个巨大的增量市场发力，争夺优质、有潜力的项目，我相信这才是后面的规模效应，火币对于这个市场怎么考虑？

朱嘉伟：关于“币改”，其实我们很早就开始做这件事情了，我们的叫“区块链 +”，名字不一样，但都是帮助传统企业和互联网公司做“区块链 +”。2018 年 3 月，我们和天涯签订了合作协议，这只是一个开始。“区块链 +”有两个方面，一方面是利用区块链技术去解决问题，另一方面是利用通证经济模型去解决问题。

2018 年上半年，我与大量的传统企业和互联网公司讨论过，如何设计一个通证模型来解决它们当前的痛点。这个竞争点，其实不在交易市场，而在孵化器和研究院。

通证经济模型的设计是很复杂的，我自己读过上百份白皮书，深知通证的设计在项目中起着决定性的作用。在这一点上，我觉得我们还是有优势的。火币区块链研究院有一个优秀的团队，每周都会出行业报告、大数据分析以及深度研究等各类报告，在市场上广受好评，报告被翻译为其他语言，在其他国家市场上受到诸多关注。

王峰：我注意到，火币围绕 HT 的生态布局，主要覆盖矿池、节点、项目等区块链产业的上中下游，似乎更侧重区块链行业内资源的连接。而 FCoin 则跨出了区块链行业，似乎更侧重实体经济和区块链的连接。两种连接整合的做法各有不同，看谁会笑到最后。有人说，以通证模式为核心的数字货币改革，或许会引发一场通证经济的社会浪潮。你看好通证经济的发展前景吗？

朱嘉伟：刚才提到，传统企业“区块链＋”的核心竞争力不在交易，而在通证经济模型的设计。我个人非常看好通证经济的发展前景，这是一个很重要的领域。一个优秀的通证模型会刺激这个应用越做越大，最经典的就是比特币，以前和研究院的同事一起讨论项目时，一个重要的指标就是通证必须能激励项目越做越大，这是区块链给世界带来无限想象的地方。

第四问

你眼中的交易所和项目间的关系是怎样的

王峰：2018 年 6 月 9 日下午，在一些币圈微信群里，包括 INC 在内的五大项目方集体炮轰火币交易网，直指其无底线砸盘。几大项目方负责人质疑火币在平台内设置多个数据账户，然后修改币种的交易数据进行抛售，把币种的价格压到很低后再出钱回收，最后实现零成本“割肉”。INC项目方负责人指出，由于INC的币采取的是锁仓机制，没有单个用户的释放量能达到200万，火币的操作才露出马脚。虽然这次事件最终以INC发表公开声明，向投资人和火币道歉告终，但其中还是有不少疑点：火币有没有监守自盗，通过修改交易数据来收割项目方的“韭菜”？INC等项目币价大跌和项目本身被市场看空有没有关系？你要不要再补充解释以正视听呢？

朱嘉伟：首先，我们没有任何动机去收割项目方的“韭菜”，项目方出了问题，我们还要花时间和精力与项目方一起去解决。

其次，我们也没有任何动力去收割项目方的“韭菜”，交易手续费已足够支撑团队和保障企业发展。

事件发生后，我们第一时间调取了该项目的所有交易记录进行分析。事实情况是，项目方提到的单个用户有很多卖单，并不是一次性的卖单，而是累计的卖单。在交易市场里，有很多API策略交易用户，通过网络交易频繁进行低买高卖来获利。累计买单和累计卖单都会比较大，但是净买入和净卖出都不大。所以，对于这些误解，后来双方也都解释清楚了。

罗玫（清华大学副教授）：你怎么看待坊间传闻“交易所是大庄”？我们看不见交易所的钱包地址，无法得知交易所是否挪用了普通人户头中的币。

朱嘉伟：交易所钱包系统是一个重要的系统，出于风控考虑，钱包一般分冷钱包（Cold Wallet）和热钱包（Hot Wallet）。用户的充币地址是热钱包中的地址。用户充值之后，钱包系统会将用户充的钱归集到提币地址上，供用户提币；如果量比较大，会归集到冷钱包地址上。

冷钱包：一种脱离网络连接的离线钱包，将私钥、交易数据存储于冷钱包可免受网络黑客、木马病毒的袭击，并且避免出现丢币、盗币的情形。冷钱包是加密货币存储最安全的方式，但也不是绝对安全的，硬件损坏、丢失都可能造成加密货币的损失，因此需要做好密钥的备份。

热钱包：一种有网络连接的在线钱包，其原理是将私钥加密后存储在服务器上，当需要使用时再从服务器上下载下来并在浏览器端进行解密；由于联网的原因，个人的电子设备有可能被黑客植入木马盗取钱包文件、记录钱包的口令或是破解加密私钥，而钱包服务器也并非完全安全。但是，热钱包由于不受客户端限制，易用性强。

王峰：交易所和项目间的关系非常微妙：牛市的时候，上币都赚，大家携手共赢；熊市的时候，“火鸟”也变“土鸡”，很多项目一上交易所就被割“韭菜”。经历过太多次币市行情起起落落的你，怎样看待两者的合作关系？很多项目方排队上火币，这是个不争的事实，但我想反问你，你或者你的团队还会亲自去抢首发项目吗？

朱嘉伟：站在交易所的角度看，一个好的项目，能做大一个交易所；一个烂的项目，能做砸一个交易所。所以，好的首发项目，我们还是会去抢的。

站在项目方的角度看，一个好的交易所，能成就一个项目；一个不好的交易所，能拖垮一个项目。所以，我们也努力为项目方提供更好的服务。

所以，交易所和项目方的关系是相辅相成的，是共赢的。我们希望能够成就每一个项目，能够让它们的通证价值和流通性得到淋漓尽致的体现。

王峰：赵长鹏曾表示，上币申请表里有一项是项目方自己出价格，他们会综合审核这些信息，如果项目方觉得自己的项目特别有优势，写零就可以。这意味着，在币安是有免费上币机会的，而且我知道有人得到了这样的机会。在火币，有免费上币的项目吗？

朱嘉伟：当然有，海达克斯从第三期规则开始，就有免费上币了。火币 Pro 早期也有一些免费上币的项目。除此之外，还有很多项目方出资的费用，主要是与火币联合做活动的费用，这些活动包括一些运营活动以及市场推广等营销活动。

第五问
火币要做公链，背后的动机何在

王峰：我有一个问题一直想问李林，为什么要自己做“大而全”？而且你们也大张旗鼓地做公链，就这个问题我们讨论一下。2018 年 6 月 6 日，火币在新加坡宣布，将发动社区力量建设一条公有区块链火币公链（Huobi Chain），原来基于以太坊的通用积分 HT 将成为基于火币公链的原生代币。一位公链项目负责人对我说，像比特大陆这么赚钱的公司，都没有想好去做公链，火币为什么要自己做公链？为什么不使用行业内已有的资源与技术？我联想到币安之前在推出公链时，明确提出其目的是构建一个全新的去中心化交易所，如今火币要做公链，也是一样的目的吗？

朱嘉伟：火币做公链有 3 方面的动因：首先，就是信仰，我们认为目前的交易平台形态是金融资产交易的初级形态，未来很有可能会进化成分布式体系。火币作为区块链行业最重要的力量之一，我们有充分的理由相信这点，也愿意朝着这个方向努力探索。

其次，因为火币有一个远大的规划布局：平台—生态—公链，这是火币生态发展的2.0时代。前段时间我们发布了公告，宣布HT从通用积分升级为全球生态通证，开放海达克斯生态专区。未来，火币生态伙伴的通证都有机会成为基于HT的生态子通证，一起享受火币发展带来的红利。这就是我们为什么要自己做的原因，自己的生态契合度会高很多。火币公链肯定不是一个去中心化交易所，或者说，去中心化交易只是这条公链的一个功能，火币公链是一条自金融公链。

最后，我们希望做出真正优秀的公链，希望这条公链是一条能真正代表全球行业最高水准的下一代自金融公链，以后所有资产与权证的生成、流转、公证与确权都在公链上进行，兼具安全、性能、可监管性与可拓展性。

王峰：在火币区块链研究院院长袁煜明看来，迄今为止，行业也没有形成公认的、真正好用的公链，因此一切皆有可能。然而，开发公链的难度远比想象的大，TPS、可扩展性、安全性等都面临极大挑战。火币做公链，你们做好应对各种困难的准备了吗？从研发到主网上线，是个漫长而艰巨的过程，而且没有一个绝对的灵魂人物很难做成。但是，如果有一天，我是说如果，火币在交易所竞争中败下阵来，还会继续做火币公链吗？

朱嘉伟：交易所是这个生态的核心之一，如果在交易所的竞争中不占优势，做出的公链的影响力也会降一个量级；另外，公链的发展也会反哺交易所，为交易所提供优质的资产，所以我们会在保持交易所领域竞争优势的基础上，持续努力推进火币公链的建设。

火币目前已经开启生态建设2.0时代，我们并不是孤军奋战，在火币内部，十几个部门群策群力，共同推动生态建设；在外部，我们拿出3 000万个HT征集优秀的公链领袖，将全球优秀的技术人才汇集起来，大家交流、碰撞，通过生态加技术的双重加持，相信我们最终会挖掘出很强的领袖团队，打造出真正优质的公链。毕竟，对于一条真正成功的公链，技术和生态缺一不可。火币公链也需要大家的支持，欢迎更多的人才加入进来，竞选火币公链领袖。

第六问
火币为什么参与柚子超级节点的竞选

王峰：柚子超级节点之争激战正酣，目前全球已经有超过120个项目团队参加竞选。火币矿池于2018年3月底才成立，5月初便正式宣布竞选柚子超级节点。火币为什么要参与柚子超级节点的竞选？用火币矿池而不是火币交易所来参加超级节点竞选的原因是什么？根据2018年7月5日的排名信息，火币矿池以54 019 935的得票，位列超级节点的第13名。目前的成绩算不算理想？

朱嘉伟：柚子超级节点是在股份授权证明机制上的伟大尝试，是数字货币发展历史上非常重要的节点性事件，是社区自治的伟大尝试，也是人类历史上首次具有全球性质的投票。

火币参与柚子超级节点竞选，一方面，我们希望通过自己的努力，让更多的人加入进来推动柚子生态的发展，深度参与某个区块链社区，为社区做贡献；另一方面，这也为我们自己公链的搭建和推广积累经验，柚子很具代表性，也许我们也有相同的路要走。

至于为什么是火币矿池参加竞选，我们内部沟通后认为，从本质上来讲，柚子关于超级节点的尝试就是一个股份授权证明机制挖矿行为，所以火币矿池参选最为合适。在超级节点的排名上，我们上周（2018年7月初）还是第一名，现在应该排前10吧。节点之间的竞争排名时刻在变化。超级节点竞选并不是单一的排名游戏，波动很大，这是一场持久战，也是一场所有超级节点相互竞争又相互合作的游戏。

王峰：我注意到，2018年5月14日，在火币EOS全球超级节点秀上，火币矿池宣布，火币柚子超级社区已正式上线。火币柚子超级社区刚刚上线，就有众多全球柚子节点申请入驻，包括 EOS ASIA、EOSUnion、HelloEOS、柚子引力区、EOS Canada、EOSIO. SG 等海内外多家节点。比较有趣的是，在柚子超级节点竞争异常激烈的情况下，火币为什么要给其他节点竞争对手“搭台唱戏”？

朱嘉伟：其实，当初我们给自己定目标的时候，没有把当选超级节点作为唯一目标。我们的参选目标是最早成为柚子超级节点，助力柚子生态发展。

我们做了 3 件事：做了超级社区，做了 EOSDApp 专项基金，还为柚子生态开辟交易专区。柚子各个节点之间不仅是竞争关系，还是合作、共建关系，这是我们对柚子社区化运作的理解。所有节点的最终目标是共建，竞选是为了选出对共建最有帮助的人，也就是说，竞选是为了达到共赢的目标，竞选本质上更多是合作。

所以，我们构建柚子超级社区，就是希望通过超级社区平台，将所有社区的力量结合到一起，让信息更融通，让合作更高效。

第七问

选择海南作为火币中国总部，火币是否在下一盘大棋

王峰：2018 年 4 月 30 日，火币宣布将在海南建设火币中国总部，火币中国将正式迁入海南，并发起 10 亿美元的全球区块链产业基金，建设 10 个全球区块链 + 实验室、1 个全球顶级区块链研究院以及 4 万平方米的区块链孵化器。据我了解，浙江、河北、重庆等省市现在都在积极推动区块链产业发展，纷纷出台政策，支持区块链企业入驻，你们最后为什么会选择海南作为火币中国的总部？毕竟，海南的人才环境与同样重视区块链产业发展的杭州有天壤之别。

朱嘉伟：主管部门为海南的发展指出了新的方向，海南自由贸易港的发展

机遇，为区块链行业的落地发展带来无限可能性。我们始终遵循政府的法令法规，这次的海南布局也是积极响应国家号召，希望能为海南自贸岛的发展贡献科技力量。

第八问
被外界指责官僚，是人性使然，还是内部管理缺位

王峰：接下来，我们谈谈人和管理文化。关于火币文化，你可能最有发言权。你加入火币也有 4 年多了，这在区块链世界里算是很长的时间，区块链公司的环境与你之前的工作环境相比，在文化上的最大差异是什么？

朱嘉伟：有句话大家肯定都听过："链圈一日，人间一年。"说的就是"快"！真正在这个行业里打拼的人，会体会到每天、每小时、每分、每秒的变化，似乎区块链把地球公转、自转的速度调快了。

所以，从加入这个行业开始，我们几乎每分每秒都在接受全球各种各样的信息，对很多信息要立即做出反应。我常常对同事们说，在这个行业工作 1 年，等于在其他行业工作 3 ~5 年，积累工作经验还挺划算。

王峰：在海达克斯变更超级节点规则的过程中，火币有些部门因缺乏必要沟通而被节点机构指责"官僚"。李林做出的回应是，当人拥有监管的权力以后，有时会变得"官僚"，"这是人性"。火币在内部管理制度和流程方面，是否存在一定的"真空地带"，进而造成了监管缺位？

朱嘉伟：火币员工的数量从 2017 年 11 月的 200 人左右，发展到现在的 1 100 人，这样的发展速度，让几乎所有的管理层肩上的压力都翻了好几倍，也迫使所有人都成长了很多。

火币已经不是单纯的交易所，目前整个火币集团有 18 个事业部，很多事业部都是新成立的，人是新的，事情也是新的，管理制度和流程等还在随着业务的发展不断构建。

创业公司在急速扩张的时候，总会遇到这样那样的问题，我们管理层的存在，是为了解决这些问题。所谓“官僚”也好，“人性”也罢，都不是我们希望看到的。我们解决这些问题的决心是坚定的。我们承诺，会尽最大的努力，减少团队内部不合适的成员，优化流程不合理的地方，培养优质的团队，给大家提供更好的服务。

另外，公司的权限制度还是比较明确的，对于工作上的失误或者事故，我们内部会有相应的处罚措施。

王峰：我注意到，几个头部交易所出身的企业，火币的人数最多。今天和你对话，我才知道火币集团员工达千人，都有 18 个事业部了，这样的速度实在是太快了，火币是要市场份额还是要体量？在我看来，区块链行业的生意，在 2017 年才开始发展起来。但火币布局矿池、交易所、资讯、公链各种生态，业务范围甚广，且各条线的专业独立性也比较强。火币过早涉足如此多的领域，就不担心公司大而不锐吗？

朱嘉伟：其实，火币在 2014 年的时候，就做过全产业链战略，当时公司只有 100 多人，那次我们没做成。这次的生态布局其实是人才驱动的，和 2014 年不一样，那时候大家对这个行业还有疑虑，但现在，越来越多的优秀人才投身到这个领域，所以有优秀的人才，才能做出卓越的事情。

从业务角度来说，交易所业务只能满足用户的一部分需求，比如买卖和交易，其实用户还有更多的需求，比如资讯阅读、社群沟通、线下聚会、钱包存储、投资理财等，这些都需要用不同的业态或产品来满足。满足这些需求，会对交易所业务产生更深远的影响。越来越多的人接触这个领域，是由于非交易所需求，这也是我们多领域布局的一个原因。

目前，我们涉足的领域都围绕交易所和区块链，并未跨行业，这些领域未来还会有一定程度的结合，当这些业态能够相辅相成、配合发挥作用时，也就是生态力量展现的时候。当然，团队大了，会带来一些管理问题，但我认为这是创业公司在发展过程中必须经历和克服的问题。

第九问
火币的忧虑是什么，火币还会一直火下去吗

王峰：压轴的问题，火币的忧虑是什么？火币还会一直火下去吗？

朱嘉伟：我经常在开早会、周会的时候对团队说，我们离倒闭只有 24 小时。我们每天都在关注的问题，是安全、风控。在我们这个行业，安全事件根本不是小概率事件。所以，我们在安全方面投入了很多，同时也建立了第三方安全联盟，以解决行业内的安全问题。我相信，安全是未来的核心竞争力。

我每天还在忧虑的事情是，我们的团队是否能够真正跟上行业的发展速度。这个行业和别的行业不一样，每天都有新的知识点和创新模式。这个行业不是“不进则退”，而是不进，就会被后来者踩在脚下。

我每天还在忧虑的事情是，我们的团队是否能戒骄戒躁，静心为行业做贡献，有成绩的时候淡然，失败的时候坦然，秉持初心，随着这个行业的发展不断成长。

我忧虑的事情挺多，但是我坚信，火币一定会火下去的。但火不是目的，目的是让更多的人进入这个领域，和火币一起享受这个行业的发展红利，和火币一起去改变一代人的想法，和火币一起去改变全球的运行方式。

朱嘉伟精华观点

1. 将传统风投机构引入区块链行业的初衷，是希望加速推进行业前进

面对海达克斯整改方案中歧视加密数字货币基金、上币标准偏向古典互联网等质疑，朱嘉伟指出，自 2018 年年初以来，火币就特别希望传统的投资机构能够进入区块链行业，加速推进行业的前进。他认为，传统风投机构有着各自的投资逻辑和投资

方法论，会给当前区块链行业带来新的思路和模式。传统风投机构和加密数字货币基金之间不是竞争关系，有可能一起把规模做大，推动一些原先行业内部推动不了的东西落地。

2. 交易所和项目方的关系是相辅相成且共赢的

朱嘉伟认为，站在交易所的角度看，一个好的项目，能做大一个交易所；一个烂的项目，能做砸一个交易所。站在项目方的角度看，一个好的交易所，能成就一个项目；一个不好的交易所，能拖垮一个项目。所以，交易所和项目方的关系是相辅相成的，是共赢的。朱嘉伟希望自己的团队能够成就每一个项目，能够让它们的通证价值和流通性得到淋漓尽致的展现。

3. 火币未来是否会效仿“交易即挖矿”模式目前还不好判断，但会持续关注

关于 FCoin 的“交易即挖矿”模式，朱嘉伟表示，火币未来是否会效仿其模式目前还不好判断，但会持续关注。他认为，“交易即挖矿”模式无疑是通证经济学里非常具有创新性的一个模式，FCoin 本身也处在非常快速和剧烈的变化过程中，如果发展起来了，他会祝福。朱嘉伟认为，在行业里与他人一起创新，一起做大市场，是一件幸事。

4. 区块链行业没有“不进则退”，不进就会被后来者踩在脚下

团队是否能够真正跟得上行业的发展速度，团队是否能戒骄戒躁，静心为行业做贡献，是朱嘉伟每天的忧虑所在。在他看来，区块链行业和别的行业不一样，每天都有新的知识点和创新模式，这个行业不是“不进则退”，而是不进，就会被后来者踩在脚下。

5. 企业的文化和价值观，是留住人才的重要法宝

当员工的目标和公司的价值观、目标高度一致的时候，他是不会离开的；当员工的目标和公司价值观、目标不一致的时候，他的离开也是应该的。朱嘉伟谈道：“很

多火币人即使离开了火币，身上仍带着火币的气息，我们一直以正直严谨、开放创新、合作进取作为火币的核心价值观，以不作恶作为行为底线，这是我们非常值得骄傲的地方，也是我们吸引很多人才的重要内因。”

区块链第一波发展很快，但第二波会比大家想象的慢很多 | 曾鸣

曾鸣

现任阿里巴巴集团学术委员会主席、湖畔大学教育长、阿里巴巴商学院院长。2003—2005 年担任阿里巴巴集团战略顾问。2006 年 8 月全职加入阿里巴巴集团任集团参谋部资深副总裁，2007 年担任雅虎中国总裁，2008—2017 年担任阿里巴巴集团总参谋长/首席战略官。曾鸣对阿里巴巴集团的战略发展做出了重要的贡献。

1998 年获得美国伊利诺伊大学国际商务及战略学博士学位。1998—2002 年任教于欧洲工商管理学院（INSEAD），2002 年回国参与创办长江商学院。他是世界知名的战略学教授，曾在多个学术期刊发表论文，其《龙行天下：中国企业的成本创新怎样颠覆全球竞争》（Dragons at Your Door：How Chinese Cost Innovation is Disrupting Global Competition）是研究中国企业战略发展的权威作品。他对于互联网发展的前瞻性研究被广泛应用。他提出的 C2B（消费者到企业）模式、S2B（供应链平台到企业）模式、赋能等概念被中国商业界广泛接受。

首先非常感谢陈伟星，在他的帮助下，曾鸣教授终于来到火星财经学习社群，做客“王峰十问”。

听说我要采访曾教授，很多好友建议我问一下曾教授：区块链会对 BAT 构成挑战吗？

最近我拜读了曾教授所有关于区块链的文章，之前也曾关注曾教授在某区块链相关的群里线上回答大家的一系列问题，这些使我不断更新对区块链的看法，同时曾教授治学严谨的风格令我很钦佩。

我认为答案并不重要，重要的是答案背后的逻辑。

我甚至认为，区块链能否挑战 BAT 这个问题无须曾教授回答，因为历史自然会回答。

第一问
阿里巴巴缘何成为“2017 全球区块链企业专利排行榜”第一名

王峰： 我看了“2017 全球区块链企业专利排行榜”，在榜单的前 100 名中，中国入榜企业数量占比为 49%。其中，阿里巴巴排名第一，美国银行排名第二。当我看到这个榜单时，有些震惊。阿里巴巴是从什么时候开始区块链技术专利储备的？谁在负责这件事情？

曾鸣： 其实，阿里巴巴开展区块链研究，就是阿里巴巴经常强调的自上而下（top-down）和自下而上（bottom-up）的结合。自上而下是说，高层管理人员需要紧密关注未来。我从 2013 年开始就经常前往硅谷，每年差不多有半年的时间待在硅谷。我们最主要的工作之一，就是了解硅谷最新的技术变化以及它们对未来的影响。

早期，我们主要的关注点是云计算和人工智能，我们考察了很多这方面的公司。但是在 2014 年之后，我们陆续听到很多关于比特币和区块链的讨论。特别是随着以太坊的发展，相关的讨论更加热烈了。所以，在 2015 年左右，我开始和蚂蚁金服战略部的同事讨论区块链可能对金融行业的冲击。

火星财经的一篇报道讲述了，蚂蚁金服技术团队是如何自下而上地开始探索区块链的。我们最早是从 2015 年内部的一个兴趣小组开始做的，2016 年，团队首次尝试利用区块链开展了一个公益项目。同年，在阿里巴巴内部，主要是在蚂蚁金服，我和其首席技术官及战略部有过沟通，曾经比较完整地研讨过区块链技术。2016 年年底，阿里巴巴的长期战略会也讨论了未来区块链的重要性。

所以，区块链技术在蚂蚁金服和阿里巴巴这一两年的应用，还是比较顺利的。大家也可以看到，区块链技术在与商业场景及其他应用场景的结合方面，保持了快速发展。

举个例子，在公益慈善方面，蚂蚁金服应用区块链技术做了一些尝试。截至 2018 年 1 月，被区块链技术记录的捐赠信息，已经覆盖2 100万用户，累计向 831 个公益项目捐赠了 3.67 亿元，惠及人数达到 2.2 亿。这还是很让人惊喜的。

第二问

创业和商业管理都需要对技术的本质有深刻理解吗

王峰：陈伟星和我说过多次，你内心向往科技，甚至崇拜科技，所以你对区块链技术的趋势和业务场景非常重视，这让我们更想和你进行一场有关区块链的对话。区块链行业里有一句话，叫作代码即法律，所以我们非常喜欢在对话中和嘉宾一起寻找技术的感觉。我了解到你于 1998 年获得美国伊利诺伊大学国际商务及战略学博士学位，我的一个问题是，长于战略的你，与阿里巴巴那些优秀的技术和产品高层是如何相处的?

曾鸣：当你对一种技术感兴趣时，你就能找到非常好的技术高手，他可以通俗地跟你讲清楚这一技术的本质和背后的关键是什么。

我非常幸运，从 2000 年就开始了解搜索。那时候我和阿里巴巴的首席技术官吴炯聊了很多，探讨搜索到底是怎么回事。之后到了 2007 年，我在雅虎中国做总裁，虽然做得不太好，但是因为那一年自己既管技术，又管产品，所以对这些基本技术概念，有了一些深入的了解。

无论是创业，还是做商业管理，的确需要对技术的本质有深刻的理解。但是，思考技术可能带来的商业变化也是非常重要的，而从这个角度思考的人可能相对少一些。

再举一个大家可能比较熟悉的例子：阿里巴巴为什么会坚定地在早期投入云计算呢？

其中，很重要的原因是，我们当时查看了很多关于第二次工业革命的书，在分析了电的发明、国家电网的形成以及整个工业革命历史的变化后，我们意识到，云计算本质上是数据时代的公共基础设施。所以，当我们进入数据时代，进入人工智能时代后，如果没有云计算这个最重要的基础设施，显然是不行的。

第三问
BAT 等互联网巨头会不会与区块链新时代擦肩而过

王峰：蔡文胜有一个观点很有意思："互联网刚起步的时候，联想、海尔、中国移动都是巨头，它们看不清互联网的变革，所以错过了互联网。现在的互联网巨头也会忽略区块链的力量，虽然它们也会关注和研究区块链技术，但不会彻底革命，这就给了后来者机会。"你怎样看待这个观点？按照这个逻辑，我想问曾教授，今天的 BAT 在区块链产业机遇面前，会不会像当年的联想、海尔、中国移动等巨头那样与一个新时代擦肩而过呢？

曾鸣：这是很多人会问到的一个问题，特别是在当下区块链技术大变革时期。其实，阿里巴巴、腾讯、百度已在区块链方面布局。但是，抛开 BAT 有没有远见、管理能不能到位这些问题不谈，我们必须回答更本质的问题，即区块链是不是一项颠覆性的技术。

当然这有点像循环定义，因为所谓颠覆性的技术，一般能够给现有技术带来根本性的挑战，可以改变行业格局。我们从技术本身来分析它是否有颠覆性，可以帮助我们更好地思考这个问题。

如果区块链是一项颠覆性的技术，那么它会催生出像 BAT 这样大体量的领先企业；如果不是，就很难催生出可以与 BAT 并驾齐驱的企业。但是，这就带来一个更大的难题，即如何判断区块链是不是一项颠覆性的技术。

我认为在这个阶段，我们很难得出一个比较有把握的判断，还需要时间去观察。当然，肯定有坚定的拥护者认为，区块链一定是一项颠覆性的技术。

举个例子，在移动互联网刚刚兴起的时候，我想得最多的一个问题就是，移动互联网是一项颠覆性的技术，还是一项延续性的技术。如果移动互联网是一项颠覆性的技术，那么像阿里巴巴这样的企业应对它时面临的挑战要大得多，如果不是，那么我们就幸运得多。当时，我们对待这个问题是非常谨慎的。

如果我们用 0 ~ 100 分来评判一项技术是不是颠覆性的，那么移动互联网也许是 60 分左右。一方面，它使行业格局发生了一些变化，比如在纯移动互联网的框架下，出现了今日头条、快手这样的应用；另一方面，阿里巴巴、腾讯等公司都比较顺利地完成了向移动互联网的转型。从这个角度看，移动互联网的颠覆性，其实没有那么强。

接下来，我们看问题的另一面：智能手机对传统手机来说是不是一项颠覆性的技术？答案是非常明确的。在苹果手机出来之后的两三年内，传统手机很快就消失了。

所以，即使是同一项技术，让不同的人来分析其是否是颠覆性的，答案也可能不一样。

第四问
区块链大范围的应用，会在哪些领域率先出现

王峰：10 天前，有人问你：“区块链大范围的应用，会在哪些领域率先出现？”我猜，很多人希望你能给出他们想要的答案，比如量子链创始人帅初认为，游戏、数字内容、金融、物联网身份识别等领域的机会最大。遗憾的是，当时你没有给出明确答案，而是说需要有坚定信仰的创业者去摸索。有人说“链圈一天，人间一年”，转眼“10 天”过去了，你对这个问题有新的思考吗？

曾鸣：我当时没有办法回答这个问题，原因是这个问题太大、太难了，如果谁能回答这个问题，那么他基本上拿到了可以看见未来的水晶球。这是个需要持续观察和思考并不断修正答案的问题，而且很多一线经验比我丰富的人回答起来可能更靠谱。

当然，在这“十几天”里，我也在思考到底哪些领域可能会率先出现区块链大范围的应用。

我认为，第一个是区块链技术优势非常明确的领域。

区块链最重要的优势就是，透明且不可更改的分布式账本。其实，今天的一些传统领域仍较为落后，很适合用这个技术，甚至可以一步到位地将其传统业务网络化。这是互联网这么多年来都还没有覆盖到的领域。

比如国际贸易中的承兑汇票，承兑汇票有近百年的历史，但现在基本上还是手工操作，很多大型国际银行有近千人的团队在负责手工对账和承兑汇票。再比如，跨国海运，其每个环节的单据，仍是原始的纸质单据。

所以，对于像承兑汇票、跨国海运这样的业务，区块链肯定有巨大的价值，能够迅速提高效率，改变整个行业。但是，因为传统供应链的每一个环节之间的利益纠葛比较复杂，所以它们被区块链改变的速度不会

太快。

第二个领域是我自己很期待的，就是上一代技术浪潮中特别“热”的概念，由于技术还不够成熟，当时并没有达到预期目标，而这些概念在区块链时代会面临新的机会。从互联网向移动互联网过渡的过程中，也曾出现过类似的例子。区块链技术的一个优势是，在点对点层面，依托智能合约，可能形成更加高效的网状协同，这具有很大的想象空间。

第五问

用工业革命或互联网的技术革命周期来预测区块链，是否还适用

王峰：我看了你最近将区块链和互联网类比的文章，你认为互联网从以1993年的Mosaic（一款比网景公司出品的Netscape更早的浏览器）为起点开始，到今天的完全商业化，是一步步走过来的。过去我们都同意，要想面对未来，就要先回顾历史。我总结了一下，工业革命从蒸汽机的发明到钢铁业大规模发展和铁路大范围连接，用了近百年，此后进入电气时代，然后用了80多年进入信息化时代。而互联网发展到今天只用了25年，其中移动互联网的历史还不到10年。从技术创新到商业繁荣的时间周期变得越来越短。

你认为，用过去的技术革命周期来预测区块链，是否还适用？区块链还有多少年才能进入成熟期？我之前听肖风博士说：“区块链不依赖摩尔定律（Moore's Law），可以更快、更自由地发展。”这与你的观点是否相悖？对此你有何评论？

摩尔定律：由英特尔创始人之一的戈登·摩尔（Gordon Moore）于1965年提出，具体是指当价格不变时，集成电路上可容纳的元器件的数目，每隔18～24个月便会增加一倍，性能也将提升一倍。换言之，每一美元所能买到的电脑性能，每隔18～24个月会提升一倍。业界普遍认为，摩尔定律基本揭示了信息技术进步的速度。

曾鸣：这个问题问得很好，我当时写区块链与互联网类比这段话的时候，就知道肯定会引起争议。但是，争议并不重要，这本来就是见仁见智的问题，我只是想让大家更多地从时间的长轴来看看这个问题。

你可能认为区块链现在的发展阶段相当于1990年、1993年和1998年的互联网时代，我有朋友甚至认为相当于1985年邮件刚刚出现的时候。所以，大家对这个问题有不同的判断，背后的逻辑迫使我们思考：区块链在现阶段发展到了什么程度？下一步可能有什么发展？

用过去的技术革命周期来预测区块链，我觉得是不太准确的。

整个互联网时代的变革与工业时代相比，速度一定是大大加快了。第一次工业革命，大概持续了200年；第二次工业革命，持续了五六十年；互联网时代的发展整体加快了很多，PC互联网大概有20年的历史，而移动互联网发展到现在已有10年左右的时间。但是，从整个互联网时代来看，很多事物经历的演化过程可能已经是最短的了，再短会很难。

移动互联网发展至今，正好10年。人工智能，包括深度学习从2006年开始发展，到现在得到比较多的应用，差不多用了10年。然而，比特币从诞生至今已经过了9年，以太坊从2015年上线至今也只有三四年。区块链并没有真正获得突破性进展，整个生态还没有成为一个能创造巨大价值的生态。

所以我认为，如果将互联网和工业革命的发展周期对比，前者当然是快的，但是因为比特币或者区块链用 10 年进入成熟期，所以用互联网与其进行对比不算过分。

肖风博士是区块链专家，他提到区块链没有摩尔定律，区块链的发展规律可能和互联网不太一样，这一点我是认同的。但是，我得出来的结论可能跟肖风博士相反，我认为区块链第一波的发展可能会很快，但是第二波的发展可能会比大家想象的慢。

我刚才讲到，区块链下一步可能会迎来两个领域的大发展。第一个领域是记账。

随着全球化成本的大幅下降，许多原来没有网络化的商业可以快速网络化，这个过程的目标清晰，没有技术和商业壁垒，只有一些必要的组织转型和供应链迁移，所以应该可以很快完成。

为什么说第二波可能会慢很多？这可能和大部分人的判断不一样。但是，经过最近这段时间的密集思考，我认为区块链虽然潜力巨大，但其面临的挑战的难度可能被大大低估了。

区块链技术能保证所谓的共识，但离真正的信用还差很远。借助区块链技术，真正用设计的方法创造新的商业制度，是一项超出绝大部分人想象的挑战，所以这个过程也许会很慢很慢。

一家之言，仅供参考，大家可能需要调整一下预期和心态。

第六问
区块链能应用在我们熟悉的那些业务场景中吗

王峰：我注意到你最近写了很多文章，而且内容越来越深入和学术，不是专业人士未必可以很快理解，我确实看到了你的用心思考。比如，你最近撰写的《共识不等于信用》一文，就对区块链行业普遍认可的观点提出了疑问。你提到，去中心化的信任机制是一个非常有误导性的概念。记录的真实性仅仅是信用的最低要求。

所以，区块链技术目前能实现的共识，在推动社会协同方面的价值是非常有限的，还需要巨大的创新。当然，这也是大家强调通证的原因所在。比特币的成功和矿工奖励机制的设计有直接的关系，所以需要通过设计利益机制，让大家主动合作。但这本身是一个非常复杂的涉及经济学、管理学和心理学的问题，和区块链技术没有必然的关系。

那么，你可否用更通俗的例子来解释一下你的观点？比如，是否可以结合我们非常熟悉的淘宝、支付宝的业务场景？

曾鸣：《共识不等于信用》这篇文章的确有点偏学术，没有很多案例。实际上，我们天天应对的就是信用建设的问题。十几年的工作经历，让我切身体会到这件事情有多难。

提起淘宝，大家可能会简单地认为，它就是搭建了一个在线市场，把用户吸引过来，一旦有足够多的买家和卖家，这个系统就可以运转了。但实际上，像信用建设这样非常难的工作都在幕后，只是大家看不到。比如信息真实性的确认，一个卖家说自己卖的是正规商品，你如何去确认呢？

当然，区块链技术可以对信息确认发挥相当大的作用，但对商业信誉的建设较难发挥大的作用。

虽然没有使用区块链技术，但淘宝从一开始建立的评价体系，就是一个点对点的基于交易的直接评价体系，用户能够看到每一个卖家和买家的评价。

举个例子，有段时间，淘宝发现了一些被称为职业差评师的人，影响非常恶劣。这些人在淘宝扮成买家，从卖家那里买了商品之后威胁卖家：如果不把这个商品送给我，我就给你差评。这实际上就是勒索。如果卖家不服从，他可能就会因此得到一个差评，进而影响未来的销售。大部分卖家可能根本想象不到会有这样的场景出现。但在淘宝有非常多这样的情况需要我们去解决。

无论你用中心化的方式，还是去中心化的方式，商业信用问题都需要一点一点去解决。我们在淘宝花了很大的力气，设计了很多机制，经过两年左右的算法演化和实战，最后基本上把职业差评师的问题解决了。

所以，如果没有实际运营过，大家可能很难想象会遇到什么样的问题。同理，可以想象一下，现在上线的区块链项目可以做什么，好像除了买卖比特币和代币之外，没有其他的了。

第七问
如果向相关政策部门介绍区块链，你会怎样介绍

王峰：最近《人民日报》刊发文章《抓住区块链这个机遇》《做数字经济领跑者》等，受到大家的热议。很多业内人士非常期待相关政策部门能够尽快明确监管方向，迎接下一个技术产业的浪潮，让中国在互联网时代实现弯道超车后，迎来一个更伟大的新经济时代。如果让你这样有影响力的企业高层和知名学者，向相关政策部门介绍区块链，你会怎样介绍？

曾鸣：我换个角度来回答这个问题吧，其实不用我来介绍区块链，因为很多人可以比我介绍得更好。而且，相关政策部门内部有足够多的专家，他们对于区块链的理解肯定是很到位的。但是，监管部门出台政策，其实是一件很复杂的事情，需要更多人共同努力。

所以我非常理解大家的心情，但是我认为，能不能尽快明确监管问题，本身可能就是一种错误的认知吧。或者我把话说得更极端一点，大家可能不应该期待监管部门会很快出台政策。换句话说，大家应该调整预期，来看下一步怎么做事情。

此时，我们最需要做的其实是自律和沟通。用正面的行为来做示范，

然后共同探讨监管的方向和具体的政策。

举个例子，大家可能认为支付宝的出现是顺理成章的，但是从 2003 年支付宝发布，到 2011 年中国关于第三方在线支付法规的出台和第一张牌照的颁发，整整用了 8 年。大家今天可能仍不能理解，做支付宝其实是一件很难的事。

从 2003 年推进支付宝开始，马云就意识到这个项目的政策风险，当公司内部启动这个项目时，他已经做好承担整个风险的准备，同时支付宝非常积极主动地和监管部门沟通，定期给中国人民银行汇报资金状况和重要业务进展。而且，支付宝很早就把所有的在途资金放在银行托管。

当时，虽然外界有很多关于支付宝滥用在途资金等的流言蜚语，但从实际操作角度看，监管部门从一开始就知道支付宝是完全透明的，整个过程都是自律的。正因为有这样的基础，我们才可以和监管部门一起探索全新业务的发展，直到最后监管政策的明朗。

这不是说阿里巴巴有多厉害，那个时候它还是一家很小的公司，没有任何影响力。关键是你愿不愿意承担这个责任，如果你发自内心地为了行业的长远发展，你认为这件事情对社会总体有价值、有意义，那么你自然会用最严格的方式要求自己推动整个大环境的改变。

第八问
面对区块链的颠覆性和不确定性，企业应该怎么办

王峰：你被视为中国最好的企业战略家，不仅有系统的理论功底，还有过去 15 年对阿里巴巴几次关键跃升的深入参与和观察。今天，已成为湖畔大学教育长的你，想必可以静下心来对中国企业战略进行广谱式的研究。伟大的机会造就伟大的企业。在你看来，面对区块链的颠覆性和不确定

性，企业应该采取什么战略？你自己分析一个巨大的灰犀牛[①]事件时的思维模型又是怎样的？

曾鸣：在目前区块链大变革的早期，我觉得还谈不上战略，在这个阶段活下来才是硬道理，跟着快速多变的环境尽快地往前跑，就没有太多的时间去思考比较严谨的战略。

我个人认为，在这个阶段真正影响一家企业或一个组织未来的最核心因素是初心和愿景。你是否有信心，你有多大的理想，你愿意为未来牺牲多少短期利益，这些都很重要，或者说这些最后可以决定输赢。有这些初心和愿景，你不一定赢，但是没有的话，肯定走不远。

时势造英雄。在这个阶段考量太多，可能跟多变的环境反而不匹配。但是，你也需要天时地利人和，要符合这个趋势。

所以，从这个方面来讲，初心和愿景很重要，只有从根本上契合了大趋势，你才能够坚持下来，进而走到最后。其实不是猛冲猛打，而是坚持正确的东西，永不放弃，最后证明你坚持的东西和大趋势是一致的。

灰犀牛的问题，实际上就是我们讲的路径依赖。一家成功企业走向衰落，核心的原因都是路径依赖——过去的成功带来的相对保守。

第九问

当技术理想主义的区块链面对人性时，我们会遭遇怎样的挑战

王峰：你在最近一篇有关区块链技术变革的文章中写道："今天，我们在做的是，在一个经济生态还没有诞生的时候，就把信任共识写进程序，这

① 灰犀牛：来自"古根海姆学者奖"获得者米歇尔·渥克（Michele Wucker）的著作《灰犀牛：如何应对大概率危机》（*The Gray Rhino: How to Recognize and Act on the Obvious Dangers We Ignore*）。灰犀牛与黑天鹅是相互补足的概念，灰犀牛是太过常见以致人们习以为常的风险，黑天鹅则是极其罕见的、出乎人们意料的风险。

是怎样一件石破天惊的事情！我们在设计自己的制度和命运！”为什么你认为，区块链在设计人类社会历史上靠共同演化而来的经济制度方面所面临的挑战，将是根本性的、革命性的？当技术理想主义的区块链面对人性时，我们会遭遇怎样的挑战？你认为，年轻人在迎接区块链产业新时代时，应该有怎样的使命感和责任感？

曾鸣：大家可能会觉得我对区块链的一些判断和分析不够积极，但我觉得这与对区块链的长期认可是不矛盾的。

区块链的确在试图设计人类社会的经济制度，这非常了不起，它会为人类提供一个前所未有的工具，但这其中的难度是非常大的。

在淘宝内部，我们曾经遇到过很多制度设计方面的挑战。比如，在处理纠纷时，到底谁说了算。我们尝试过类似陪审团的机制，后来它取得很大的成功，但每一次讨论这个机制时，我们都会发现它牵扯非常多的方面。

制度设计对设计者的理论要求很高，现在很多有关经济学、社会学的研究还不够完善，很多起初从事技术工作的创业者在这方面的理论水平不够。制度设计可能是现在较少被讨论的，所以我试图帮助大家在创业过程中，对它有一个更根本、更全面的思考。

另外，有一个真正的灰犀牛事件，即大家提到的区块链泡沫一定会来，也一定会破灭。问题无非是什么时候来，“寒冬”有多长，这很难预料，但基本上是一个大概率事件。重要的不是在狂欢的时候跑得有多快，而是在低谷的时候能坚持多久。在大创新时代，度过高潮和低谷都非常重要。

马云有一句话讲得很精彩：“阿里人必须是非常现实的理想主义者，有理想，才能走得远，但你也必须非常现实，真正面对当下的挑战，你才能够活得下来。”这对区块链这一轮创业同样适用。

此外，宏观来讲，一个大的技术变革和商业变革来临的时候，一定会有泡沫。因为基于大家对未来的憧憬，重赏之下才有勇夫，才会有更多的人冒着高风险，尝试去挑战。

所以，泡沫几乎是大变革早期必然出现的现象，几乎无可避免。但在微观上，你在这个泡沫中是否推波助澜，或者你在泡沫中能否保持足够的清醒和自律，是完全不同的两个问题。

当然，可能有人觉得这是站着说话不腰疼，因为现实诱惑有时非常大，有些项目的融资可能高达上亿美元。因此，谈理想很容易，真正难的是挡得住诱惑，耐得住寂寞。这个世界很公平，你得到了短期利益，就很难得到长期利益，你想得到长期利益，就必须放弃一些短期利益。

真正相信比特币的人，特别是那些没有经历过 20 世纪 90 年代末的互联网泡沫的年轻人，要更多相信自己的直觉，想想自己的初心，相信自己对未来的判断，然后更多地去学习，快速提升自己，只有这样可能才能顺利地走过未来的 5 年、10 年。

第十问
你和马云私下讨论过区块链吗，马云怎么看

王峰：你认为中本聪是一个什么样的人？

曾鸣：我认为中本聪非常了不起，是个天才，真正开创了一个时代。

王峰：你买过比特币吗？如果买过，买了多少？何时买的？

曾鸣：不多不少，不早不晚。

王峰：你投资过区块链项目吗？

曾鸣：我没有投资过区块链项目，核心原因有两个。一是投资是一件非常专业的事情，我没有时间和精力，也没有能力去做投资。所以不仅是区块链，我基本上没有做过其他任何项目的投资。二是，我觉得现阶段区块链项目投资特别像早期的风险投资，需要有特别的技能和风格，这和我个人的长考型风格不是很契合。所以，我个人目前没有投资任何区块链项目，

但是这并不代表我对区块链的项目不看好。

王峰：你跟马云这么熟，你们私下讨论过区块链吗？他怎么看？

曾鸣：当然讨论过，我们会继续对区块链进行研究。至于他怎么看，等他自己说吧，他讲的一定比我讲的要精彩得多！

曾鸣精华观点

1. 如果区块链技术具有颠覆性，那么它会催生出像 BAT 这样大体量的领先企业

面对“BAT 等互联网巨头会不会与区块链新时代擦肩而过”的疑问，曾鸣指出，“如果区块链是一项具有颠覆性的技术，那么它会催生出像 BAT 这样大体量的领先企业；如果不是，就很难催生出可以与 BAT 并驾齐驱的企业”。他说道在“回答以上问题之前，必须回答一个更本质的问题，“区块链是不是一项颠覆性的技术”。曾鸣参考了移动互联网和智能手机行业的发展变化，认为即使是同一项技术，让不同的人来分析其是否是颠覆性的，答案也可能不一样。

2. 区块链大范围的应用，可能会在两个领域率先出现

曾鸣认为，第一个领域是区块链技术优势非常明确的领域。比如，对于承兑汇票、跨国海运等业务，区块链肯定有巨大的价值，它能够迅速提高效率，改变整个行业。第二个领域，是上一代技术浪潮中特别“热”的概念，由于当时技术还不够成熟，并没有达到预期目标，而这些概念在区块链时代会有新的机会。

3. 用过去的技术革命周期来预测区块链，是不太准确的

曾鸣同意，区块链的发展规律可能和互联网不太一样，但他也认为，区块链第一波的发展可能很快，但是第二波的发展可能会比大家想象的慢。关于区块链第二波的发展，曾鸣解释道，因为区块链技术能保证所谓的共识，但离真正的信用还差非常

远。借助区块链技术，真正用设计的方法创造新的商业制度，是一个超出绝大部分人想象的挑战，所以这个过程也许会很慢。

4. 面对区块链的颠覆性和不确定性，要坚持初心和愿望

当企业和机构面对区块链的颠覆性和不确定性时，真正影响一家企业或者一个组织未来的最核心因素是初心和愿景。只有从根本上契合了大趋势，你才能够坚持下来，进而走到最后。重要的不是猛冲猛打，而是坚持正确的东西，永不放弃，最后证明你坚持的东西和大趋势是一致的。

第三部分

投资者

千万别投一直赶不上热点的创业者｜赵东

赵东

原墨迹天气联合创始人、首席技术官，2012 年退出墨迹天气团队。2013 年 4 月，用1 000万元起步资金闯入比特币世界，创立 DGroup 集团，旗下覆盖国内最大规模之一的矿场以及数字钱包等多项业务；2017 年 7 月创立 DFund 基金与 DPlan 投行，专注于区块链领域的投资与服务。

我和赵东虽然认识时间不长，但我和墨迹天气的金犁、车库咖啡的苏菂是老朋友，而他们和赵东又是多年的同事和好友。 俗话说，人以群分，我和赵东一定也谈得来，我俩之间一定也会有很多交集、很多默契。

以下是赵东的履历：

2010 年，联合创办墨迹天气，并兼任首席技术官。 2012 年，退出墨迹天气团队，并卖掉股份。 同年，担任车库咖啡首席技术官。 2013 年，用 1 万元买了 10 个比特币，两周后收益翻倍，买了第一部苹果手机。 之后，用 1 000 万元开始投资比特币，并经营国内最大规模之一的矿场。 2014 年 2 月，比特币交易爆仓，全年总亏损近 1.5 亿元。 之后，靠场外交易等方式逐渐翻身。 2017 年 7 月，创立 DFund 基金，专注于区块链领域的投资与服务。

第一问

几次爆仓之后，你能重新翻身的原因是什么

王峰：你应该是2013年开始买比特币的吧？很多人往往习惯于听从股市中“买涨不买跌”的跟风逻辑，所以你看现在的交易量就大不如从前。你曾因为爆仓而威名远播，其间经历了大起大落，你的故事很吸引人。在跌的时候“狠吃”，这是你价值投资最基本的一个原则吗？你在2014年2月第一次爆仓，此后一年之内又经历了两次爆仓，总共亏了1.5亿元。在几次爆仓之后，你能重新翻身，其中的原因是什么？在我看来，爆仓的原因可能是因为贪婪，后来你能翻身究竟有没有运气成分？

赵东：爆仓当然是因为我的贪婪，以及当时我根本就没有任何风险意识，缺乏对大行情的准确判断和认识（爆仓之前我并没有任何巨额的亏损）。

后来我能够翻身，首先在于我坚信比特币是一个能够改变人类历史命运的事物，因此不管有多困难，我需要在这个行业坚持下去，我也不知道会熬多久，支持我的动力是：我不能“死”，必须“活”着。

当然，翻身除了认知上的原因，运气的成分也很大。比如，2017年我创立DFund，我认为赚钱的主要原因是赶上了大趋势。一个人真正要成功，除了自己的聪明、努力和坚持等，更重要的还是要把握住大趋势。否则，一切努力都可能是徒劳的。

王峰：我追问一句，你是敢于孤注一掷的人吗？如果是（或者曾经是），

你出发前的底线是什么？你经历了这么多，为你如今在数字货币投资决策中的“杀伐决断”带来了什么影响？

赵东：客观地讲，我对自己的评价是：我属于比较喜欢冒险的那类人。

为什么要冒险？其实这个问题可以从数学上找到答案。大家是否了解一个叫数学期望值（Expected Value）的概念？

打个比方，两个人扔硬币决定输赢。正面、反面朝上的概率各为50%。每次下注1元钱，赢的一方全拿走。那么，赢的概率为50%，赢了之后得到2倍回报，50%乘以2等于1。

期望值等于1，意味着这样的游戏持续玩下去是不赔也不赚的。那么，我们应该做的是期望值大于1的事情，而且不能寄希望于一次成功，而要不断去试错。

大部分人倾向于做成功概率高（比如90%）的事情，但是忽略了回报的大小（比如10%）。做这样的事情，期望值是0.09。

我做的是什么事情呢？虽然成功的概率只有10%，但是成功之后得到的回报是100倍，甚至是1 000倍，那么我的数学期望值就是10或100。这就是我要冒险的原因。

如果你把所有的资产一次性投到一个事物上，即便期望值很高，但是失败之后就没有重来的机会了。所以，我从自己过去的经历中得到的最好的经验就是：要有风险控制意识，应该把时间、精力全部投入自己的事业中，但是不要轻易把全部资产投入。

第二问

如果说做空是恶意的，那么做多就是善意的吗

王峰：有人对你发问，我也综合了一些“民意”，选取了若干网友的尖锐问题，请你在此澄清：你是否曾利用矿机的预售款炒币？你怎么看别人称

你是“黑庄东”？你是否在一些场合散布过要拉盘或暴跌的信息，进而影响市场为自己获利？爆仓以后，你是否曾恶意做空或者低位吸货？以上是“毒舌问题”，你有冤申冤。

赵东：首先说明一下，网上那些所谓爆我黑料的人，没有一个是我的投资人，或者真正参与我矿机预售项目的人。

2014 年，我之所以要做矿机预售，当然是因为我爆仓后资金不足，不然，我自己做这个事情就行，何必预售呢？

至于有没有用预售的资金炒币这个问题，我想说，事实上，当时进行预售之后，我们打算去买阿杰矿机①，但是阿杰矿机涨价了，我们认为不合适，于是就放弃了这个项目，放弃之后立即给所有投资人退款。我们在不到 10 天的时间里，就把所有的资金退还给了投资人，所有账目对投资人都是公开的。

“黑庄东”的这个称号的确存在，因为我在进行比特币交易时，有那么一段时间以为自己可以操纵市场。当然，事实证明我错了。

对于恶意做空或者低位吸货，我首先不认可恶意做空这个提法。如果说做空是恶意的，那么做多就是善意的吗？投资不都是以营利为目的吗，何必厚此薄彼？

第三问

如何把握机遇而不错过，如何降低风险而不盲从

王峰：脸书早期投资人彼得·蒂尔曾劝诫扎克伯格：“在一个变化如此之快的世界里，你最大的风险就是不冒风险。”蔡文胜也讲过，区块链是人类有史以来最大的泡沫，但泡沫是推动技术革命的催化剂，我们只能拥抱

① 阿杰矿机：一款专门用于挖比特币的矿机，也是最早的比特币专用矿机。

泡沫，不参与才是最大的冒险。听说，“不冒险是最大的风险”这句话，你也非常喜欢。

机遇和风险共存，换句话说，没有风险，就没有机遇。在风险面前，如何把握机遇而不错过？在机遇面前，我们如何降低风险而不盲从？我们难以平衡兼顾。在当前熊市下，你要给普通投资者一些什么建议？说实话，我之前挺担心很多人学习你，我担心他们倾家荡产。

赵东：机遇和风险共存，没有风险就没有机遇。如何降低风险？其实我们并不能减少风险，我们能做的是控制风险。风险意味着机遇就在面前，我们要做的事是不能将资产随便全部投入。

风险控制中有一个重要公式是凯利公式：$f^* = (bp - q)/b$。打个比方，如果你做的事情，成功率只有10%，但预期回报是100倍，那么$f^* = (100 \times 10\% - 90\%)/100$，即你可以用自己资产的9.1%去赌。一个赌注有10%的成功率，成功后你的回报是100倍，失败后你只失去9.1%的资产，赌还是不赌呢？

凯利公式：$f^* = (bp - q)/b$，其中，f^* 为计算出来的凯利最优投资比例，b 为赔率，即期望盈利 / 预计亏损，p 为成功概率，q 为失败概率，即 $1 - p$。凯利公式认为，只要投资者每次都用全部投资金额的 f^* 来进行投资，就可以获得最大化的长期增长率，并且不会有破产的可能。

所以，聪明的人计算输赢概率，笨人才想一夜暴富。

我是用这个公式来论证风险控制的，如果在2013年我就对这个公式有过深入考虑，那么后来我就不会将所有资产加杠杆，去赌比特币上涨了。

第四问
数字货币市场今天的大涨大跌，是否依旧是过往历史的重演

王峰：丘吉尔说："伟大人物常常拥有历史联想力。""在精神上，他们活在历史的车道中，可以自由穿行。"这一句是我说的。我们要以史为鉴，通过"问题+方法+效用"的内容，为人们提供对未来的思考角度。你曾说，复习历史，是为了防止自己重蹈覆辙。数字货币市场的发展历史，真的具有可复习的价值吗？从 2017 年 11 月到今天，数字货币市场的大涨大跌和你之前的哪段经历类似？你认为导致自 2018 年 1 月以来的这轮熊市的原因是什么？熊市改变了这个市场的什么规则？市场什么时候会迎来牛市？

赵东：2017 年 11 月到 2018 年 3 月，数字货币市场的大涨大跌，与 2013 年比特币涨到 8 000 元的历史高位之后的情况非常相似。

市场总有自己的规律，这个规律不是任何人能左右的。市场基本上分为 3 种状态：上涨、下跌和横盘震荡。导致熊市的原因是什么？熊市是不需要原因的。各种所谓的原因只不过是市场上涨或者下跌的导火索而已。

我认为，市场有其自身的规律，但很少呈现出理性的状态。市场要么处在一个非理性的上涨过程中，即泡沫不断增加的过程，要么处在一个非理性的下跌过程中。非理性的上涨阶段会一直持续到它的价格远远超过它应有的价值；而在非理性的下跌阶段，它的价格自然也会跌到远远低于它应有的价值。

所以，当一个市场变为熊市或者牛市的时候，我们不需问原因，因为市场有其自己的规律。

牛市什么时候来临呢？从历史来看，比特币大概是 4 年一个周期，以挖矿奖励减半为关键时间点。如果我们把 2013 年看作比特币的一个"夏天"，那么 2014 年是"秋天"，2015 年是"冬天"。我本人就曾"冻死"在 2015 年的"冬天"。

奖励减半：开采比特币的回报，以一个确定的但不断衰减的机制确定，即在每210 000个区块被挖出来后减半，其周期为4年。奖励从最初的50个比特币/区块，到2016年后的12.5个比特币/区块，在2040年总数接近2 100万个比特币后，新的区块不再包含比特币奖励，矿工的收益全部来自交易费。

2013年为“夏天”，本质上是因为2012年比特币挖矿产量减半。在2014的“秋天”，我们虽然亏了钱，但实际上手头尚有可以做事的资金。而到2015年，我们除了巨额债务，手头上一点钱都没有了，公司所有人都因为拿不到工资离开了。2016年以比特币减半为契机，新一轮的牛市开启。到2017年，比特币迎来了大牛市。如果我们把2017年当作比特币的“夏天”，那么2018年应该是又一个“秋天”，而“冬天”会在2019年来临。

所以，虽然如今大家不停地争辩，但我们其实都是“秋后的蚂蚱，蹦跶不了几天了”。

不过，“秋天”来了不是坏事情，“秋天”是播种“冬小麦”的时候。比如，在上一个“秋季”播种“冬小麦”时，我就看走眼，错过了以太坊。当然，如果不是可以“过冬”的“作物”，我们就不用播种了。在“冬天”，我们可以看看哪些团队还在踏踏实实地做事情，如果那时候他们的代币还跌得厉害，就放心买入吧。

类似自然界的四季变化，一个市场的牛熊市也是在不断变化的，没有永远的牛市，也没有永远的熊市。

我不敢保证我的推测是正确的。但是，如果我的推测正确，这个推测能确保我的团队4年之后在这个行业中还有立足之地。如果我判断错误，那么更好，不是熊市就是牛市，我的团队会做得更好。

总结来说，我们要抱着最好的梦想，做最坏的打算，就如《易经》

里的那句话：生生之谓易。

第五问
每个人拥有的真正货币，其实是自己有限的时间

王峰：2009 年你和金犁一起创办墨迹天气，到两年后你离开，这款软件累计下载量超过 1.8 亿，现在用户量达到 5 亿多。墨迹天气是一款典型的用户量大但商业化做得不算很好的产品。你曾经说过，你们 3 位创始人都不擅长赚钱。你现在还认为自己不擅长赚钱吗？你会觉得做投资相较于创业，更适合自己吗？

赵东：首先，我是一个从来不排斥新机会且爱冒险的人。在做墨迹天气之前，我在打工，金犁给了我启发，他告诉我说，移动互联网的风口就要来了，应该在智能手机上做应用。我俩是大学同学，彼此相互信任，之前也合作过一些项目，所以这次合作起来也很容易。我们很快就找到另外一位合伙人，也是我俩的大学同学。

但我也是比较追求新鲜感的人。在做墨迹天气两年以后，我感觉没有什么新的东西可以做了。所以，我想结束这一切，去开创一个新的东西。我从墨迹天气退出后，在车库咖啡工作了差不多两年的时间。

在车库咖啡时，我基本上是以一个义工的身份，承担首席技术官的工作，我没有领过车库咖啡一分钱的工资，反倒投资了很多不靠谱的项目。

我还经常写代码，在写代码的时候，我感觉自己可以随心所欲地创造自己想要的东西。程序员是最富有创造性的职业之一。我认为，未来如果你不会编程，你一定会被社会淘汰。为什么？机器人可以替代人类的重复性工作，但是我认为机器人不能替代人类的创造性工作。

关于擅不擅长赚钱这个问题，我想说，每个人的赚钱能力其实是需要不断锻炼和提高的。在最早开始做墨迹天气的时候，我的确认为我们几个

人都没有商业头脑，不会赚钱。我个人，包括我后来的公司，也经历了一个从不赚钱到赚钱，再到亏钱最后到赚钱的过程。现在和以前相比，我的赚钱能力肯定提高了。

做投资和创业相比，我并不认为投资更适合我，其实投资只是我们的业务之一。我们的整个团队叫 DGroup，我们除了 DFund 之外还有好几个赚钱的项目，我们自己内部也在孵化一些新项目。

做投资和创业，其实都是在投资自己，两者没有本质区别。对于每个人来说，最珍贵的是自己的时间。每个人拥有的真正货币，是自己有限的时间，如何用有限的时间做最厉害的事情是关键。

第六问

为什么聪明的人会选择诚信，而愚笨的人会选择欺诈

王峰：你是山西哪里人？晋商是中国最早的商人，其历史可追溯到春秋战国时期，在中国商界称雄达 500 年之久。你说过，接触比特币不久后意识到，自己天生就是做这个的，靠的就是信用。而你在爆仓后，恰恰就是依靠之前积累的信用，一点一点做场外交易，还上了欠下的债。

赵东：我老家在山西南部，离河南比较近，由于海拔较高，自然条件比较差，经常遭遇干旱，农作物收成不是特别好，靠天吃饭是有点困难的。

我觉得，诚信并不仅是一个道德层面的东西，更是一个商业层面的东西。我坚持诚信的原因是，在商业层面，诚信可以得利。所以，要讲诚信，而不是为了诚信而诚信。聪明的人会选择诚信，愚笨的人才会选择欺诈。

山西平遥，自然条件差，人们很难靠天吃饭，只能帮人跑腿赚钱。做生意的人，生意往来经常需要周转资金，而跑腿的人帮忙送钱。他可以选择靠一时欺诈骗钱，也可以选择长久靠信用赚钱。久而久之，信用积累就

催生了山西票号①。

王峰：你认为晋商思维和晋商文化的精髓是什么？你心目中的晋商代表是谁？

赵东：晋商文化的精髓就是诚信。为了坚守诚信，山西票号前前后后有很多家赔到倾家荡产。所以，为了长久利益，当我面对自己的承诺时，我选择承担，而不是逃避。

然而，诚信是有代价的，特别是当别人选择欺诈，而你选择坚守诚信时。坚守诚信，短期利益可能受损，但我们相信长期一定是得利的。所以说，山西商人讲诚信，恰恰是因为山西商人精明。

孔子曰："古之学者为己，今之学者为人。"而诚信主要是要给自己交代，然后才给别人交代。

第七问

你在离开墨迹天气，拿着600万元去车库咖啡的时候，听到了什么召唤

王峰：你在车库咖啡的时候，一边做咖啡小哥，一边写程序，还研究比特币，不会想到今天的赵东已经成为区块链项目很好的背书品牌。我想起前不久在飞机上读的一本书，叫《谢谢你迟到》（*Thank You for Being Late*），作者是写《世界是平的》（*The World Is Flat*）的弗里德曼（Friedman），他先引用了美国文学家爱默生（Emerson）的一句名言："每次暂停的间歇，我都听到了召唤。"然后，他问读者："暂停的时候，你做了些什么？"这令我沉思良久。

你从一个技术型创业者到币圈"扑克牌人物"，这个转变着实不小。

---

① 票号是晋商在商业历史上最广为传颂的领域。1821年，雷履泰改设"日升昌"兼营汇兑业务，打造了中国历史上第一家票号，由此影响了整个晋商乃至中国商界的版图。

我想问，你在离开墨迹天气，拿着600万元去车库咖啡的时候，听到了什么召唤？

赵东：实际上，当年我们创办墨迹天气的时候，我曾经想象过开一家咖啡厅，创业者可以在那里自由地交流。当我离开墨迹天气后，我发现苏药居然找到了这样的一个地方，我立马就加入了。

苏药做车库咖啡，的确没有把个人利益考虑在内。他跟我说，他就是想着当自己七老八十的时候，有故事可以讲，所以他要做这样一件事，只为了自己的梦想。

曾经在很长的一段时间内，包括现在，我觉得自己是一个比较喜欢做技术的人。我并不在乎别人怎么看我，我最在乎的是，我有没有满足感。满足感是自己通过不断进步和创造来获得的，而不在于别人怎么看我。

王峰：我追问一个问题，你在东京的这段时间里，有什么收获？

赵东：区块链公司要“出海”，我认为日本仍然是首选，原因有5个：第一，日本社会需要变革，创造新的增长点，缺乏有梦想、有干劲的创业者；第二，日本精英阶层对于区块链的理解非常深刻，他们欢迎和拥抱这个变革；第三，日本长期通缩，互联网行业的薪资待遇相比国内不高，人工成本低；第四，自然环境好；第五，日本在地理位置上离中国近，坐飞机只要3个小时就能到，来往方便。

当然，日本也存在税率较高的问题，但对于区块链初创公司来说，综合成本相比国内可能要低。

第八问
连续创业者的成功概率真的会更高吗

王峰：你说DFund的策略是重仓优质项目，不投“空气项目”，但也强调不做技术分析。那么你评价项目的标准是什么？你也说，投资逻辑本质上还是投人，创业老手优先，自己更喜欢“连续成功创业者”。连续创业者的成功概率真的会更高吗？从个人炒币到做基金投资项目，你面临的挑战是什么？你目前的基金是如何管理的？

赵东：我最不喜欢的创业者，是那种天天追热点的人。一直赶不上热点的创业者，我们千万不能投。

创始人确实是我们关注的第一要素。但相比于“连续成功”等要素，我们更关注创始人的个人品质，比如是否诚信、是否有责任心。如果创始人不靠谱、不诚信，即使人再有能力，项目再好，我们也不考虑。因为我们相信品质好的人才能走得长远，我们愿意同这样的创始人一起成长进步。

但是，我们坚持的前提是，大方向、大趋势是对的。一直赶不上热点的原因是，我们根本不知道下一个热点在哪里，等找到的时候时机已经过了。

有智慧的人对于大方向会有预判，比如马云。在 20 世纪 90 年代，他就看到了互联网的大方向，那时候他也不知道具体应怎么走，他只是相信那个方向是正确的，带领大家往那个方向摸索，并且坚持了下来。

王峰：想家吗？什么样的情况下你会考虑回来？

赵东：回来只是时间问题，我相信历史大潮流势不可挡。比如，我对比特币的看法：短期熊市，长期大牛。

当然，我所说的短期，要比一般人所认为的长一些。从大部分人对未来的判断来看，短期判断总是过于乐观，长期判断则过于悲观。比特币明天不会涨到 100 万美元，甚至可能会跌到 1 000 美元，但是从长期来看，10 年、20 年或者 50 年后总能涨到 100 万美元。

赵东精华观点

1. 把握大势，才能真正获得成功

无论是逆境翻身，还是赚大钱，在赵东看来，最主要的原因是赶上了大趋势。一个人要想真正获得成功，除了自身的聪明、努力、坚持等，最重要的还是要把握大趋势。否则，一切努力都可能是徒劳的。

2. 数学工具是理性投资的法宝

对于身为投资人的赵东来说，数学工具用起来得心应手。比如，他利用数学期望值判断是否冒险以及投入多少；利用凯利公式，论证风险控制的范围。当然，这也是赵东多年来实践得来的经验，他自省道："如果在 2013 年我就对这个公式有过深入考虑，那么后来我就不会将所有资产加杠杆，去赌比特币上涨了。"

3. 市场有自身的基本规律，但呈现非理性状态

一个市场变为熊市或者牛市，我们不需问原因，因为市场有自己的规律。赵东认为这个规律任何人都不能左右，而具体的市场表现却是非理性的：要么处在一个非理性的上涨过程中。即泡沫不断增加的过程；要么处在一个非理性的下跌过程中；非理性的上涨阶段会一直持续到它的价格远远超过它应有的价值；而在非理性的下跌阶段，它的价格自然也会跌到远远低于它应有的价值。

4. 比特币的 4 年周期，类似自然界的四季变化

赵东提出一个观点，从历史来看，比特币大概是 4 年一个周期，以挖矿减半为关键时间点。如果我们把 2013 年看作比特币的"夏天"，那么 2014 年是"秋天"，2015 年是"冬天"。2016 年以比特币减半为契机，开启了新一轮的"春天"。到 2017 年，比特币迎来大牛市的"夏天"。以此类推，2018 年应该又是一个"秋天"，而"冬天"会在 2019 年来临。

5. 坚守诚信，短期利益可能受损，但长期一定是得利的

赵东认为，诚信其实并不只是一个道德层面上的东西，而且是一个商业层面上的东西。坚守诚信，可以得利，这是在市场中进化出来的一种商业规则，或者说是自由市场的美妙之处。所以，诚信有更深的含义。坚守诚信，短期利益可能受损，但我们相信长期一定是得利的。

作为早期投资人，我们对任何技术都有好奇心｜朱啸虎

朱啸虎

金沙江创投董事总经理。复旦大学世界经济学硕士，上海交通大学通信工程学学士。专注于互联网、无线和企业 IT 投资。因为在饿了么、滴滴出行、ofo 小黄车和映客直播等公司的早期投资中创造了极高的投资回报，他被称为“独角兽捕手”。在《福布斯》发布的 2017 年全球最佳创投百人榜中，43 岁的朱啸虎是中国区最年轻的投资人。

被业界称为“独角兽捕手”的朱啸虎过去的投资成绩：

2011 年，投资饿了么。

2012 年，投资滴滴出行。

2015 年，投资映客直播。

2016 年，投资 ofo 小黄车。

2017 年，投资狼人杀游戏和小电科技。

本文涉及朱啸虎的几个问题，关乎于他的成长经历、世界观、方法论以及曾面临的争议。

第一问
你如何评价拉手网和美团网的创始人

王峰： 我第一次见你的时候，好像是 2010 年夏天，当时觉得你有些傲气。不过，我们当时聊得挺开心的。那时候我刚刚和 CSDN 创始人蒋涛创办了极客帮创投，打算邀请你做我的有限合伙人。我记得你当时非常激动地向我介绍你刚刚完成投资的项目——拉手网，并对创始人吴波赞不绝口。时光飞逝，你怎么评价当时的吴波？

朱啸虎： 说实话，很少有人觉得我傲气。

从当时的情况来看，吴波是很有想法的，也是真心想做事情的。他之前有运营焦点网的经验，他知道怎么推广、怎么迅速扩大规模，早期这些经验是非常有帮助的，所以我们在团购类企业竞争日趋白热化时投资了拉手网，这肯定是正确的。

当然，后来由于多种因素，拉手网被竞争对手抛在了后边，这也是每个创业企业需要吸取的教训。

王峰： 美团网创始人王兴在日后几年陆续击败了竞争对手，也包括拉手网。当时的王兴是否曾找过你？你怎么评价当时的王兴？

朱啸虎： 我和王兴认识很多年了，起初在投资团购网站的时候，我们的确比较过拉手网和美团网。2018 年年前，在我和美团网副总裁王慧文吃饭时，我们还谈到那段往事。

当年，在做美团网尽调[①]的时候，我们咨询过王兴之前公司的收购人，然后投资计划就搁置了。所以，我和王慧文也认为应该仔细思考，投资时尽调怎么做？找谁做？这其实是很有学问的。

第二问
为什么媒体将你称为“独角兽捕手”

王峰：不知道从何时开始，媒体在朱啸虎这 3 个字前面加了一个称呼“独角兽捕手”。你连续捕获这些独角兽[②]的秘诀是什么？你喜欢这个称呼吗？你认为，媒体为什么将你称为“独角兽捕手”？

朱啸虎：事实上，我并不认可“独角兽捕手”这个说法。投资人和创业者之间应该是相辅相成的关系，不是捕手与猎物的关系。而且，现在独角兽很多，没必要过分凸显这个概念。

第三问
投资人能从创业者身上学到什么

王峰：你和创业者之间的关系怎样？在你的投资组合中，你最欣赏哪位创业者？你给过他们什么建议？你从他们身上学到了什么？

朱啸虎：投资人和创业者是彼此成就的。

---

① 尽调：指尽职调查，其内容包括公司的背景与历史，公司所处的行业，公司的营销、制造方式、财务资料与财务制度、发展计划等。尽调对于项目的投资决策意义重大。

② 独角兽：在投资界，独角兽一般是指估值在 10 亿美元以上，并且创办时间相对较短的公司。美国著名投资人艾琳·李（Aileen Lee）在 2013 年将私募和公开市场上估值超过 10 亿美元的创业公司进行分类，并首次将这些公司称为独角兽。

我投资过很多非常优秀的创始人，像程维、张旭豪，他们的学习能力非常强。今天的程维和张旭豪与我们当年在 A 轮投资他们时，已经完全不一样了。

早期，中国互联网企业的发展是非常快的。当企业的年收入、员工数量或者用户数量增长三四倍时，很多创业者是可以驾驭的。但是，当增长十几倍、几十倍，甚至上百倍时，很多创业者是驾驭不了的。学习能力非常强的程维和张旭豪，给我们树立了很好的榜样。

王峰：你在创业者公司里是否是强势的那一方？我注意到，从你投资拉手网开始，你每投资一个项目，就会不遗余力地帮助创业者，甚至先于创业者面对竞争对手，你不像一般的风险投资人那样很谨慎地针对所投项目公开表态，你有时候比创业者还像创业者。这是因为你心中有一定要赢的执念吗？

朱啸虎：强势是外界对我的一个误解。事实上，早期投资人和创业者的关系一定是非常紧密的。而且，金沙江创投的风格是：一个赛道只投一家公司，所以我们和创业者的利益是非常一致的。

很多时候是创业者需要我们的帮助，我们会一起商量怎么相互配合对公司是最好的，并不存在我先于创业者面对竞争对手的问题。

王峰：你觉得创业者怕你吗？

朱啸虎：创业者为什么会怕我呢？我们是互相尊重，相互成就的。刚刚我也提到了尽调，而对投资人最好的尽调，就是去问他投资过的创业者。

实际上，我们与创业者在投资后的前几个月的交流会多一点，而在公司运转正常后，我们基本上就很少参与了。像滴滴、饿了么，我们在投资后期基本上就很少参与了。

我一直说，创业是靠创业者的，投资人只是“搭便车”。在此也感谢所有和我们并肩战斗的创业者！

第四问
创投基金合伙人之间应该如何合作共事

王峰：金沙江创投是2004年由亚信科技原首席执行官丁健创办的，而你是2008年加入的，为什么今天一提到金沙江创投，很多人想到的不是丁健而是朱啸虎？我见过丁健一面，在我眼里，丁健是一个技术型的企业家，身上散发着强烈的工程师气质，内敛又含蓄。一个在公众眼里张扬又高调的朱啸虎，是如何与内敛又含蓄的丁健合作的？

朱啸虎：林仁俊、丁健和我，都是金沙江创投的合伙人。丁健在技术方面具有前瞻性的眼光。他提前好几年就开始关注人工智能，而且他在技术圈的人脉也非常深厚广泛。

合伙人之间互补是非常重要的。作为创投基金，合伙人之间在技能、社交圈，包括性格方面，都需要互补，这样大家做出的判断和决策才会比较综合。

第五问
爱玩游戏是否与你的性格有关

王峰：我没想到，原来你那么喜欢玩游戏，这是否与你的性格有关？

朱啸虎：从投资角度来讲，游戏是一个很大的赛道（我很遗憾错过了投资蓝海）。我们做早期投资时，对于新兴的事物，都会去体验一下，然后才能深入了解这个产品以及它成功的潜力。

以游戏“王者荣耀”为例，它是一个5人对5人的比赛，口碑传播效应非常强，能够迅速积累用户。另外，这个游戏里还有很多非常有意思的细节，不玩游戏肯定是体验不到的。

第六问
你为什么不看好区块链

王峰：最近，你不断质疑目前区块链项目的用户活跃度和真实社会价值，而许多区块链创业者则对你的意见持反对态度。你为什么不看好区块链？

朱啸虎：作为早期投资人，我对任何技术都有好奇心，但我更关心应用场景。不仅是区块链领域，我对任何领域的创业者，都会先问他：你要解决什么问题？这个需求是否真实存在？痛点是不是足够“痛”？创业者要先搞清楚这些问题，再来看使用什么样的技术最合适。

对于区块链，我目前没有看到一个必须使用这项技术的应用场景，这是一个很大的问题，而且整个区块链领域似乎对应用场景讳莫如深。

我最怕创业者一开始就讲概念，比如介绍自己是做大数据的，做人工智能的，此时创业者很可能还没想清楚他到底想做什么。所以，创业者一定要想清楚，自己解决了什么真实存在的问题、这个痛点是不是足够“痛”、自己能为用户提供什么价值。

王峰：你是否看过有关区块链技术或商业的书籍？你怎样看待以太坊和柚子？

朱啸虎：我看过很多这方面的文章，在 2017 年夏天我去硅谷的时候，区块链的热度已经很高了，我也去了解过，并与一些团队探讨。

以太坊算是区块链领域里比较成功的应用了，但到今天为止它在技术上还有很多问题。而且，建立在以太坊上的应用，除了发币之外，几乎没有真正活跃的应用。

王峰：你是不是在用形而上学的唯物主义物质观，来看待今天一日千里的新世界呢？这就好比你在 DOS 系统上还没有看到优秀的办公软件之前，就矢口否认软件业的机会，或者你在互联网上出现支付、电商、社交和游戏之前，就否认互联网产业在应用、消费及娱乐上的机会。

朱啸虎：曾鸣教授之前说过，“风口”的标志就是诞生一款日活跃用户为千万级别的应用，这是一个重要的指标。在任何一个大的细分领域中，如果出现了一个日活跃用户为千万级别的应用，那说明这个行业真正火起来了。

移动互联网就是这样的发展历程：2007 年，诞生了第一代苹果手机；2009 年，出现了第一款风靡全球的游戏《愤怒的小鸟》（Angry Birds），这些都是标志性的事件。

如果说区块链是一个风口，那么应该也会诞生这样一个日活跃用户为千万级别的应用。但是，到今天为止我还没有看到。

王峰：你之前投资的滴滴、ofo 小黄车都给传统产业带来了革命性的改变。但实际上，它们在初期也出现了各种问题。例如，滴滴遇到了政策压力，出现了乘客遇到危险的情况；ofo 小黄车的乱停乱放，给城市管理带来了很大压力。为什么你能够包容这些情况，但对于区块链出现的一些问题，却不能包容呢?

朱啸虎：我们对新技术推动社会发展一直是乐见其成的，但核心是用户要真的喜欢使用这些产品。

滴滴和 ofo 小黄车确实方便了人们的出行，每天有几千万的用户在使用，它们有很大的社会价值。虽然早期会面临一些问题，但这都是正常的，是可以解决的。而我觉得区块链最大的问题是除了炒币外，几乎没有用户使用。

我们在区块链话题上发声，是因为一些和 ICO 相关的乱象。区块链技术没有问题，我们质疑的也不是技术。

有许多区块链创业者，当我问他们商业模式时，他们绕很大的圈子，最后很害羞地说：发币。对没有专业投资经验的所谓“不合格投资人”进行私募，这在大部分的文明国家都是不合法的。

而且，我觉得，欺负弱者不仅是法律不允许的，从道德上我们也无法接受。我们是有底线的：一是违法的事绝不做，二是欺负弱者的事绝不做。

我的观点是，创业者首先要想清楚准备解决什么问题，然后再考虑解决这个问题需要什么样的技术和团队。

第七问
家庭对你的成长产生了多大的影响

王峰：你曾发文写道："人以类聚，安心做好'古典互联网投资'，赚自己看得懂的钱，赚每天晚上能睡得香的钱，赚能心安理得地告诉女儿爸爸靠什么赚钱的钱！"我想你一定是一个爱家的好男人、爱女儿的好父亲。我听说你的父亲朱德明先生是一位数学家，而你自小也是一个数学天才，曾获得上海市高中数学竞赛一等奖、全国高中数学联赛一等奖和美国数学邀请赛一等奖，并被保送到上海交通大学试点班学习通信工程。你的父亲和家庭对你的成长产生了多大的影响？面对下一代人，你给他们什么人生建议？

朱啸虎：家庭对我最大的影响是教会我理性思考。所以，我会在投资时一直关注，到底解决什么问题，这个问题是否真实存在，为用户创造了什么价值，单位经济模型是否适用。

我给下一代人的建议是，保持理性思考，不要盲目追逐热点。

第八问
区块链究竟有没有让你觉得有价值的地方

王峰：区块链究竟有没有让你觉得有价值的地方？

朱啸虎：对于区块链，我关心的始终是有没有可以落地的应用场景。目前，我没有看到一个必须使用这个技术的应用场景，这是一个非常大的问题。解决了这个问题，才能谈价值。

王峰：据我所知，IDG和红杉资本等大批风投机构都在布局区块链行业，甚至组建了专门投资区块链的项目基金，你们是如何规划2018年的投资策略的？比如在人工智能、新零售、泛娱乐中以哪个为中心？真的不考虑区块链吗？

朱啸虎：金沙江创投基金一直在专注互联网，在消费互联网、企业服务、人工智能等领域都有布局。

但针对区块链，我们的态度是，不要着急。我们判断这很可能是一个伪风口，但即使是个真风口，也不用着急，因为它是要经历“死亡谷”① 的。

量子链创始人帅初也说过，90%的虚拟货币在2年以后会归零。我们要的是99.99%，90%和99%都说明这是巨大的风险。不管是投资还是创业，在“死亡谷”过后再开始，我觉得比较合适。

互联网也是经历过“死亡谷”的。亚马逊是1996年成立的，但即使你在1996年没有投资它，到2000年互联网泡沫破灭的时候才入场，你也有很大收益。对创业者也是一样，泡沫之后成立的互联网公司，后来也有不少成为巨头。

任何技术刚刚发展起来的时候都会有一个“泡沫期”，然后很快会有“死亡谷”，要创业和投资的话，我觉得都可以在“死亡谷”过后再开始，千万不要着急，不要因为焦虑盲目开始！

王峰：你是风口论的支持者吗？

朱啸虎：我不关心风口，我一直关心的是，项目到底能解决什么问题，能为用户创造什么价值。

---

① “死亡谷”：指创新技术发展曲线的谷底发展阶段。有统计表明，70%～80%的高科技创新企业都会在这个阶段倒闭。

朱啸虎精华观点

1. 投资人和创业者是相辅相成、彼此成就的关系

朱啸虎并不认可自己被称作“独角兽捕手”，他认为，投资人和创业者之间应该是相辅相成的关系，不是捕手与猎物的关系，投资人和创业者是彼此成就的。对于“不遗余力地帮助创业者，甚至先于创业者面对竞争对手”的评价，朱啸虎解释道：“很多时候是创业者需要我们的帮助，我们会一起商量怎么相互配合对公司是最好的，不存在我先于创业者面对竞争对手的问题。”

2. 区块链创业者要想清楚：你要解决什么问题？这个需求是否真实存在？痛点够不够“痛”

朱啸虎认为，对于区块链，他目前没有看到一个必须使用这个技术的应用场景，这是一个很大的问题。创业者一定要想清楚，自己解决了什么真实存在的问题，这个痛点是不是足够“痛”，为用户提供了什么价值。

3. 在“死亡谷”过后再开始投资或创业，千万不要因为焦虑盲目开始

“不管是投资还是创业，在‘死亡谷’过后再开始，我觉得比较合适。”朱啸虎说。他判断，区块链是伪风口的可能性比较大，但即使是一个真风口，也不用着急，因为它都是要经历“死亡谷”的。朱啸虎还引用了互联网时期的案例作为说明，他指出，任何技术刚刚发展起来的时候都会有一个“泡沫期”，然后很快会有“死亡谷”，千万不要着急，不要因为焦虑盲目开始！

未来3年每个互联网公司都会结合区块链技术 | 蔡文胜

蔡文胜

美图秀秀董事长，上网导航网站265. com 创始人。 2005—2007 年，连续举办3届中国互联网站长大会，被广大站长尊称为“个人网站教父”。 先后投资58 同城、暴风影音、4399 小游戏等数十个优秀网站，成为中国著名的天使投资人。

我和文胜相识多年，最早认识还是冯鑫带我去他在北京的家喝茶，好像也是聊到深夜 3 点。 我们俩可以算是惺惺相惜。

他 1969 年出生于福建泉州石狮；2000 年，放弃家族经营的进出口贸易与地产开发业务，进入互联网领域，从事域名投资，成为中国知名的域名投资专家；2003 年，创办上网导航网站 265. com，先后获得 IDG 和谷歌投资，后被谷歌并购；2005—2007 年，先后举办 3 届中国互联网站长大会，被广大个人站长尊称为“个人网站教父”和“站长之王”；2008 年，进入天使投资领域，先后投资 4399 小游戏、美图秀秀、暴风影音、58 同城等数十个项目，投资和创建的上市公司遍布中国、美国、澳大利亚，帮助多个创业项目成功上市或成功并购；2013 年，出任美图秀秀董事长；2017 年 10 月，《2017 胡润 IT 企业家榜》发布，以 175 亿元排名第 11。

《王峰十问》的关键不是问，而是一种从人格化的自由视角，结合历史和想象的对话。

低调两个月后，关于互联网江湖、天使投资人生、某区块链微信群引爆话题，文胜一定有很多话要说。 与文胜的对话，一定会有不一样的精彩。

第一问

“域名大王”和站长大会的经历带来哪些启发和思考

王峰：大家都知道，你的第一桶金来自域名，你曾经交易过优视（uc. cn）、爱奇艺（qiyi. com）、联想门户网站（fm365. com）、新浪微博（t. cn）、360 公司（360. cn）、谷歌中国（g. cn）、微视（weishi. com）等优质域名，所以你也被称为“域名大王”。2005 年 4 月，你个人出资承担全部食宿费用，在厦门连办两天“第一届中国互联网站长大会”，邀请了国内流量最大的 150 个个人网站的站长参加，其中包括李兴平（hao123）、庞升东（51. com）、姚劲波（58 同城）、王微（土豆网）、俞军（9238 搜索）和猛小蛇等，还邀请了雷军、周鸿祎、刘韧等国内互联网大佬和 IDG 等主流投资机构代表。这一届的站长大会被普遍认为是个人网站向商业网站转型的标志，也开创了互联网草根创业的浪潮。当时你为什么要组织站长大会?

蔡文胜：我是从 2000 年开始进入互联网领域的，之所以从域名切入，是因为我没有技术背景，而且选择域名创业的成本比较低，一台电脑加很少的资金就可以注册域名。

到了 2003 年，我开始做个人网站 265. com①，并因为它来到北京，获

① 265. com：中国最早的网址导航网站之一，提供网址导航、综合搜索、手机导航、网站联盟等多元化服务。

得了 IDG 投资。当时这是草根网站中第一个获得 IDG 主流基金投资的，我觉得，可能还有更多的个人网站、个人站长也需要有这样一个平台，获得风险投资从而做大，这是我要做站长大会的原因。

我选择厦门，是因为我是从厦门出发的，我希望能更多地帮助厦门的一些个人站长。

王峰：当时为什么选择从做域名和成为个人站长开始互联网创业？这段经历对你日后创业、做投资有哪些启发？

蔡文胜：这段经历对我日后创业和投资的最大影响在于，域名是互联网的一个基础，我在注册域名的过程中，了解了中国所有网站的域名注册信息，包括网站是如何做的、谁做的、怎样做成功的，这些对我有很大的帮助。

如果某一天，中国某个 IP 的流量超过 10 万，那么我能知道是谁做的，以及他是如何做到的。这种学习很重要，后来我进入天使投资领域，我也会尽快地去了解中国成功的天使投资人是谁，并和他们交流。同样，现在我对区块链感兴趣，我也会用最短的时间与中国甚至世界上做区块链投资最成功的那些人接触。

这是我的一个方法，希望对大家有所启发。

第二问
只要主动一点，小米、美团和今日头条都能投资

王峰：2018 年 4 月 24 日，“2018 中国天使投资人大会”在香港地区举行。我知道你和雷军、李开复、徐小平、杨向阳、何伯权、倪正东、龚虹嘉、包凡、王刚、姚劲波、袁岳和曾李青等人都是天使会成员。你们在这个会上讨论了什么话题？你认为在这些人中，谁取得的成就更大？作为非常有影响力的投资人，你认为中国的投资人除了投资回报，社会价值的考虑是

怎样的？你是怎样践行的？这个问题有点大，但是非常值得一问。

蔡文胜：中国天使会每年都会举行一次对外的会议，主要是为了推广天使投资、鼓励创业。这次在香港开会的主要原因是，天使投资在内地做得已经非常好，我们应该往境外发展，香港是一个中西衔接的地方，我们希望在此讨论未来的投资方向，以获得更大的成就。

至于天使会的 14 个人中，谁取得的成就更大，我觉得不能完全按经济指标来论成就，每个人都有各自的方法。我谈一下自己所了解的每个人的特点。

比如，李开复的投资很有逻辑性，他会在数据、团队和发展方向上，很有逻辑性地去衡量一个项目。他也偏向投资一些有大公司从业经验的人。

徐小平，我觉得他是浪漫型的，只要你的项目能够感动他，让他觉得这个项目很有意思，他就会投资。

杨向阳是一个很有情怀的人，经常为情怀买单。早期投资医疗领域，是因为他希望中国能在医疗领域有突破，挽救更多人的生命，后来投资硬件领域，是因为他觉得中国的工业制造比较薄弱，他希望去支持一些工业 4.0 类的项目。

雷军在早期投资时，一般只投熟悉的人，或者是熟人介绍的项目。另外，我觉得他的评估标准是这个项目有没有机会得到更多投资人的认同，创始人有没有机会组建足够强的团队。

王刚是天使会里面最年轻的人，但我觉得他的投资风格最成熟，他往往会从方向、人才和资本等方面深入了解一个团队。

关于天使投资有没有价值观的考虑，我觉得大多数人是一样的，早期投资更多是为了赚钱，后期则会更多地从社会价值角度去考量。比如，海康威视的天使投资人龚虹嘉，他从海康威视赚到了几百亿元。有一次我们聊天，他说自己其实很彷徨，不知道要用这些钱干什么。后来他想明白了，说他应该承担更多的责任，去帮助更多的人。所以，他现在就扩大投资范围，把钱投给更多的项目。

我本人也一样，其实我投资的站长最少有几百个，有几个成功的大家可能知道，但还有很多是不成功的。当时我投资他们的时候，也知道可能不会赚到钱，可能没有商业价值，但是我觉得他们会帮助更多的人，我就愿意投资他们。

举两个例子。第一，我投资了一个叫新农网的网站，它可以帮助农民用养殖和种植技术发展农业，一开始我觉得这个项目不一定能赚到钱，但是它能帮助一些农民更好地养殖，非常有意义。第二，我投资了一个叫贷帮网的网站，它希望做中国的“尤努斯”，给农民提供小额贷款。我投资这个项目有10多年了，虽然这个项目到现在基本上也不算成功，但它确实帮助了很多农民。

王峰：追问一句，过去10年你最没有想到的成功者是谁？在你的投资生涯里，你曾经有接近于投出BAT这样规模企业的机会吗？

蔡文胜：我觉得每个人都有机会成功，我从来不会去想哪个人不会成功。

我觉得在过去的经历中，确实有机会投出BAT。比如雷军的小米，当时我是有机会投资的。小米的融资非常快，而且一开始规模就很大，超过了天使投资的范畴。所以当时虽然觉得小米会成功，但我没有主动去投资。

还有王兴的美团。我记得王兴2007年要做美团的时候来找我，当时他刚卖掉校内网，准备进军团购市场，而我当时认为团购很难成为一个巨大的商业平台。但王兴很厉害，后来他从团购业务切入，一步一步做成了现在的美团。

再有张一鸣的今日头条。我跟张一鸣2005年就认识了，当时他和吴世春在做酷讯，之后出来创业做了99房，之后他在99房的基础上做了今日头条。那时候，我已经想回厦门创业了，没有留在北京，所以错过了今日头条。

这3个项目其实是接近BAT的，当时只要我主动一点，都可以投，但是错过了。

第三问
区块链会成为人类有史以来最大的泡沫吗

王峰：你从2005年开始，先后投资了4399游戏、暴风影音、58同城、知乎等知名项目，在古典投资领域功成名就的你，2018年春节期间为什么会在区块链微信群高调发声，把自己变为区块链投资先锋？后来你为什么又选择逐渐淡出该微信群？

蔡文胜：我之前说过，把互联网归为古典是不合适的，我个人认为，区块链本质上是基于P2P的技术，是互联网技术产生的一种新商业模式。

我从区块链中看到了一个全新的价值，就像是2000年我对互联网的感觉。当时我觉得互联网是一个巨大的机会，如今我也希望更多的人能认识到区块链的价值，参与其中，这是我在区块链微信群发声的初衷。

后来为什么又选择慢慢地淡出该微信群呢？同样是因为区块链是一个全新的东西，它必然会带来很大的争议。虽然区块链是未来趋势，但它还需要时间，我希望大家短期内不要太过乐观，不要盲目投入进来。再加上我个人还有一些传统的投资和事务，所以后来就比较少出现了。

王峰：你认为该区块链微信群为什么会在春节期间大火？谁起到了关键推动作用？

蔡文胜：第一个关键人物是玉红，因为这个微信群就是他发起的。最开始，他找到和游戏、娱乐相关的人加入微信群，因为临近春节，一开始大家就在群里发红包，再加上一些娱乐明星纷纷进群，当时就形成了一个热潮。

在这个过程中，我觉得我起到的作用有3点：

第一，我提出了群主可以轮值，即每个人可以按照个人不同的主题风格做一天群主。

第二，我提出要约法三章。一是群里不能发红包，大家是做区块链的，再发红包有点古典了；二是发币或者发糖果可以，但是不要把钱包代码写上来；三是在欢迎、表扬、称赞别人时，不要复制粘贴，要有诚意，积极手动输入。我们在的许多微信群，经常是一个新人进群，大家就千篇一律地欢迎鼓掌，满屏都是同样的信息，在这个微信群里，如果要致欢迎词，要手动输入。

糖果：各种区块链项目方在刚发行应用时，免费派发给用户的数字币，可以看作项目方在吸引用户或做回馈活动时给用户发的福利。

因为有了约法三章，群里更多的是主题讨论，而且讨论的内容非常有意义，再加上这些观点的对外传播，所以这个微信群就火起来了。

第三，我进群后，拉进来一些互联网投资大佬，比如阎焱、沈南鹏等，同时我也把一些区块链大佬拉进来，比如吴忌寒等。这样就把互联网投资和区块链投资结合在一起，影响力也提高了。

之后这个微信群大火，其实还有很多因素。陈伟星、帅初、达维等，包括你（王峰），都起到很大的推动作用：陈伟星鲜明的性格让大家印象深刻，他对货币经济学的研究非常到位；帅初对区块链技术发展的见解非常独特；达维邀请了几位美国区块链投资大佬参与讨论；《王峰十问》延续了该区块链微信群的热度和深度。当然，还有许多嘉宾如曾鸣、杨东等人的参与，让这个微信群更受关注。

当然，还有一个挺重要的原因：那时刚好是春节，大家都在休假，所以这个微信群会受到很多人的关注。

第四问
大佬背书或者投资的项目就一定会赚钱吗

王峰：你买了多少比特币？你是什么时候开始投资区块链项目的？到现在为止，你投资了多少个区块链项目？2018 年 4 月 21 日凌晨，你在区块链群中分享了几点思考，其中提道："这次回暖不会使所有币种的价格大幅上升，除了基础货币比特币、以太币、柚子币以及其他能落地、人脉关系强、有实力的团队的币种。"这是你的区块链投资逻辑的一部分吗？在过去几个月的熊市基本盘里，你能否透露一下自己的盈亏情况？

蔡文胜：2018 年 1 月，我还只有个位数的比特币。当我确定区块链和比特币是未来发展趋势时，我给自己定的目标是拥有 1 万个比特币。

2017 年 12 月，在比特币价格达到高峰时，我觉得价格有点高，没有买。2018 年 1 月底，随着价格下跌，我不断建仓，不断地买。现在这个小目标基本实现了。

我认为投资与投机最大的差别是：当你购买的某只股票或者某个数字货币的价格不断下跌时，你的心态是越下跌越高兴，不断补仓，这算是投资；反之，买完后因价格不断下跌而懊悔抱怨，那就是投机。当然，在决定是否投资某个标的时，你必须认真分析和研究，才能坚定自己的信念。

我投了差不多十几个区块链项目，比如 Theta、Ontology（ONT 本体）、Cortex（CTXC）、区块基石、Zipper（ZIP）、YeeCall（YEE）、Dxchain、Charter（CAF）等，这里有回报很多的，也有现在还亏损的。

我投资的区块链项目，现在看有浮盈、有浮亏，但这只是短期表现。区块链还处在发展的初期阶段，很多场景没有落地，需要大家多方面的支持和宽容。很多项目需要更多时间来验证，对此我是非常看好的。

我个人认为，现在区块链的投资就如同 2000 年的互联网投资，很难保证大部分的投资会成功，甚至可能只有少数会成功。但是，如果你投中了一个区块链的项目，那么回报可能就是几十倍。

这里想强调一点，作为投资人，去投资一些区块链的项目，如果这个币涨了，我会赚钱，用户买到它，也会赚钱，大家都开心，但如果我投了一个币，亏钱了，用户也可能会亏钱。但是，用户不能说因为蔡文胜投了，你保证就不亏钱，大家不能这样理解，因为投资人也会投错项目。

所以，大家要好好分辨，不能因为有大佬为某个项目背书或者投资了这个项目，大家就觉得这个项目一定会赚钱，这种投资逻辑是错误的。

2018 年 3 月底，是大部分区块链投资人最艰难的时候，比特币价格跌到了 6 500 美元，以太坊价格跌到 360 美元。但是，大家忽略了一个问题：从更长时间的维度来看，它其实是涨的。我们以比特币为例，2018 年 3 月 31 日，比特币价格不到 7 000 美元，而 2017 年 3 月 31 日，比特币价格只有 1 000 美元，2016 年比特币价格只有 400 美元，2015 年比特币价格是多少呢？还不到 100 美元。所以，从这个趋势来讲，数字货币的价格其实是不断上涨的，只是波动会比较大。

我想强调的是，在 2017 年 1 月以前，大量 ICO，在投资者分辨力不足的时候，大多数数字货币会涨。我觉得经历了这段时间的熊市，投资者的分辨能力会加强。所有的币不可能都会涨，只有真正做实事的人，能落地的项目，才有未来。

区块链提供了一个普通投资者与著名投资者和著名投资机构以一样的成本进入的机会。大家基本在同一个起跑线上。区块链项目的投资情况也反映出，著名投资者和著名投资机构不一定比普通投资者明智。

对于一个项目的投资，机构投资者也就提前一点点时间进入，在项目进入交易所交易以后，大家的机会是一样的，如果你看好一个项目的长期发展，那么任何时候投进去都是对的。

王峰：2017 年 12 月 15 日，你在海南“互联网 +”创新创业节的演讲中提道，“区块链经济带来了一场认知的革命，区块链的核心不是技术，而是商业逻辑的重构”。针对这句话，你能否进一步谈谈？此外，有人将区块链比作通证经济，指出通证和链不可分离，你认为区块链项目可以离开通证而独立存在吗？

蔡文胜：我的理解是，区块链是基于 P2P 的技术发展起来的，而 P2P 的技术其实在 1999 年就已经出现了，这个技术并不新鲜。所以，它真正引发大的革命，是因为中本聪把 P2P 的技术用于数字货币，变成了价值的传递，从而引发了整个商业逻辑的变化。

同样，在数字货币的发展过程中，延伸出来的通证，包括 ICO，也让我们重新思考，组织架构是不是可以变化。

所以，真正去理解区块链，是从它的商业逻辑开始重新思考的。例如，未来我们聘用一个人，是给他发工资，还是用通证的激励方法？这些都是值得思考的。从中本聪也能看出，一个创始人提出一个理念，创建了一个项目，但其身份成谜，也不管理这个项目，而比特币依然继续存在。这些都是颠覆我们认知的。

区块链的项目可以离开通证而独立存在吗？我认为是可以的。当然，好的区块链项目，一般都要与通证结合，才能发挥最大的价值。

但是，有一些区块链项目是可以不与通证结合的。特别是在技术方面，比如有些国家在用区块链技术改造银行系统，澳大利亚证券交易所计划用区块链技术处理股票交易等。有许多例子可以证明，区块链技术是可以独立存在的，它可以提高效率，被很多企业应用。

我之所以选择互联网创业，就是因为可以专注自己喜欢的事情。现在喜欢区块链，是因为它的“自由精神”。其实我很怀念 2004 年之前在厦门的日子，没有太多人认识我，也没有太多人来找我聊天，这样我可以专注做喜欢的事情，主动向其他人请教。人的名气能带来一些好处，如信息资源和影响力，但相应也会带来坏处。

王峰：区块链技术和区块链落地应用哪个更重要，我个人认为落地应用才能推动技术的革新与升级，你认为呢？

蔡文胜：我认为 2019 年在许多领域会有落地应用，目前是从金融、游戏和娱乐开始的。

第五问
区块链领域能出现超过 BAT 的新巨头吗

王峰：你早年做的 265 上网导航和 4399 小游戏是满足互联网普遍性需求的简单工具，没有太多技术含量。后来，265 上网导航被谷歌收购，4399 小游戏到现在为止仍是中国最大的小游戏平台。美图更不用说了，有 4.5 亿月活跃用户。你投资和实际创立的公司，基本上都不是以技术为核心驱动的。

互联网行业发展到今天，已经越来越重视技术上的军备竞赛，即使不提 BAT，像机器学习之于今日头条、系统安全之于猎豹，搜索技术之于搜狗，都需要团队有极强的技术实力。在近 10 年的后起之秀中，张一鸣、王兴要么是程序员出身，要么是技术型产品经理出身，同他们相比，草根站长出身的创业者还有机会做到像美图这样的规模吗？

蔡文胜：在互联网发展早期，265 上网导航抓住了一个最普遍的需求——不用输入网址，通过 265 上网导航能够快速找到网站。4399 小游戏其实也是抓住了当时的一个需求——很多家庭限制小孩玩网络游戏，但允许小孩玩碎片化的小游戏，所以我们抓住机会很快把 4399 小游戏做起来。美图也通过一个简单的修图工具，积累了数以亿计的用户。

我认为，有的项目刚开始可能并不需要太多的技术含量，但到了某个阶段，它必然会遇到瓶颈。我们很早就认识到：只有依靠技术驱动能力，才能更快速地发展用户。

美图能做到这么大规模，其实是因为在几年前就已经开始专注技术了，我们一直在大量招聘技术人员。可能很多人会问，为什么要用 2 000 多人去做一个修图软件？美图 2 000 多名员工中有 70% 都是技术和产品岗位，你看到的美颜相机、美图秀秀等产品，已经应用了大数据、AI、机器学习等技术。

我觉得，草根站长出身的创业者，是有机会做成大公司的。古语曰："将相本无种。"多年前的BAT，你可能也没想到它们会发展到今天的规模，所以我认为每个人都有机会，特别是在区块链这个全新的领域里，未来一定会出现能超过BAT的公司。

但必须要强调一点，有的项目初期做得好，可能是因为创意好或营销能力强，但是在未来，一定要结合技术，同时组建管理团队，如此才有可能做成一个巨大的项目。

创业者要有自我学习的能力和不断改进的能力。我们可以看到，无论是BAT，还是美团、今日头条等公司的创始人，都具备强大的自我学习能力、自我纠错能力，不断改正，才取得了今天的成就。

第六问

未来会区分区块链项目和互联网项目吗

王峰：你在2017年非常关注人工智能、工业4.0，我们共同感兴趣的还有短视频、互联网金融等领域。你是怎样看待当时特别热的互联网创业机会的?

蔡文胜：大多数技术的发展都会经历这样一个阶段：突然之间，许多人都在谈论它，一段时间之后，大家才发现，它并没有想象中发展得那么快速。之后有些人退出了，有些人坚持下来，并在几年后会发现更大的价值。

前两年，大家都在谈论人工智能、工业4.0等，现在可能不算最大的热点。以我的了解，其实不少公司在这些领域已经取得很大的进步，比如我投资过的一家专注于计算机视觉和深度学习的公司商汤科技，在人工智能方面的布局和应用做得非常好。我在厦门投资的另一家人工智能公司目前也已经进入赢利阶段。

区块链是现在的热点，被大家广泛追逐，所以会忽略人工智能，但我认为，未来人工智能跟区块链可以很好地结合起来。

虽然区块链在现阶段的热度很高，但是相较于互联网、人工智能方面的投资，区块链方面的投资其实是非常少的。互联网还处于高速发展阶段，吸引了非常多的人才和资本，我们还能从中发现巨大的价值。

王峰：美图曾任命斯坦福大学物理系教授张首晟为独立非执行董事、提名委员会及薪酬委员会成员。你为什么聘请张首晟作为独立非执行董事？你们是怎么认识的？张教授的丹华资本之前专注于AI，但随后迅速在区块链领域发力发声，影响很大，你们之前有什么默契吗？

蔡文胜：我们认识其实已经有几年了，是在美国硅谷认识的。当时他邀请我投资丹华资本，我也看中了丹华资本在AI方面的布局，我们经常沟通对未来的看法。丹华资本在区块链领域的投资算比较早的，我觉得这是不谋而合，因为大家都看到了区块链的巨大机会。

我作为美图的董事长，看到了区块链的巨大机会，想尽力推动公司发展区块链技术，因此，聘请张首昇教授成为美图的独立非执行董事是自然而然的事情。如同美图请李开复做董事，就是因为我们认同李开复对美图在AI方面发展的推动。

所以，无论是邀请李开复还是张首晟，都表明了美图积极拥抱未来技术变化的开放态度。

王峰：在你看来，未来3年，区块链与互联网之间将会是怎样一种关系？勉强融合还是逐渐颠覆？未来，在你的投资组合里，区块链和互联网创业项目的比例会是多少？

蔡文胜：我觉得，区块链和互联网之间会加快融合，可能不会再分区块链项目和互联网项目了。比如现在的移动互联网和新零售正在加速融合，阿里巴巴投资了很多新零售项目，我们很难说阿里巴巴的主要业务在线上还是在线下。

未来3年，许多互联网公司可能会有结合区块链的技术。同样，好的区块链项目也要结合互联网现有的技术和用户资源，才能真正做大。

关于未来投资组合里区块链项目的占比，其实我并没有设定一个具体的数值。因为我创立的隆领投资没有有限合伙人，全都是我个人的资本。我投资任何一个项目都没有时间的要求，也没有领域的区分，只要我看中的项目就会投资。

我在2018中国天使投资人大会上说过，每个人的投资都有不同路数和打法。我个人的投资规则是：不按规则，敢拥抱新的变化，服务更多的人。

第一，不按行业规则，因为既有的规则都没用，社会进步的速度比规则制定的速度快得多。

第二，要能非常快地接受新事物，只要发现新事物，就要快速接受。

第三，看项目能不能服务更多的人。商业模式实际上还是和人相关，服务足够多的人就是商业模式。在做投资的前十几年，因为我接触的人大多是草根，所以我会偏向投资草根。但最近几年，不管是从大公司出来的精英，还是草根，只要团队足够优秀，我都会投资。

第七问
区块链创业者太早获得投资，为什么不一定是件好事

王峰： 关于地域创业问题，我记得2004年你创办265上网导航，以打破IDG投资项目的两个纪录（创始人学历最低，甚至高中没毕业；项目没有商业计划书）的形式拿到投资，之后你便将265上网导航搬到了北京。到了北京后，你和互联网领域的主流公司、意见领袖们接触的机会大大增加。

265.com原首席运营官、明势资本创始人黄明明曾经说过，那时候，你在一个四合院里，与一拨接一拨的创业者聊天，一天至少能约十几拨人聊天，每天晚上院子里都是灯火通明。冯鑫还带我去过一次，那时候的我还没有离开金山。中国第一代互联网创业公司大多诞生在北京，北京汇集

了人才和媒体等各种资源优势，而且，这些优势在一定程度上是不断累积的。可是，你后来为什么选择回到厦门重新创业呢？

蔡文胜：2000—2004 年，我在厦门创业，后来选择到北京发展，其实是受了雷军的影响。2003 年，我们因为他找我买域名而相识，我们经常打电话聊天，雷军不断鼓励和动员我，后来，我就选择 2004 年去北京创业。

2008 年，我把 265 上网导航卖给了谷歌。那时候，不管是从人脉资源，还是从其他方面的优势来讲，留在北京继续创业，机会可能会更多。但当时我有 3 个考量，所以选择回到了福建。

第一，我发现，当时自己已经小有名气，找我的人越来越多，感觉时间非常不够用。第二，我处于焦虑中，觉得自己很难再成长。如果离开北京这个繁华的地方，回到厦门，我应该可以找到一个重新出发和安静成长的机会。另外，我自己一个人到北京创业，而家人都在厦门，他们希望我回去。第三，因为我是福建人，我希望回到福建，帮助更多福建的创业者创业。

当然，回到厦门后的成绩也非常不错，除了自己创办了 4399 小游戏和美图以外，我在厦门投资了 10 多家互联网公司。

王峰：互联网时代，涌现了一批敢闯敢拼的福建创业者，他们中的很多人成了闽商的传奇人物：你是福建泉州石狮人，美团网创始人王兴和今日头条创始人张一鸣是福建龙岩人，雪球创始人方三文是福建武平人，91 手机助手创始人熊俊是福建龙岩人，比特大陆首席执行官詹克团是福建福州人……福建人经商能力非常突出。不少人把你看作商人而不是实业家，而且说你喜欢赚快钱，你自己如何看？

蔡文胜：福建的确是一个经商宝地。传统产业已经出现了很多优秀的福建企业，如恒安、安踏等，而且福建商人大多是实业家。

不少人说我喜欢赚快钱，其实事实刚好相反。我所有成功的投资，都是需要时间的。

比如域名投资。2000 年，注册一个域名需要 60 元，我真正获得投资回报是在2010年以后。如果我在2003年、2004年卖域名，那么好一点的域名只能卖几万元；但是如果我在2010年卖域名，那么每个域名都可以卖几十万元，甚至上百万元。所以，域名投资也需要10年以上。

我投资回报最高的项目有两个，一个是58同城，一个是暴风科技，它们都是我在2005年投资的，直到10年后的2015年我才开始拿到投资回报。2008年我创建美图，到现在也已经整整10年了。

在区块链领域，如果你投资一个数字货币后快速赚到了钱，其实日后很难再发展壮大。在此，我想告知一下现在做区块链项目的创业团队，如果太早获得投资，或者太早实现快速成长，其实可能会给创业者带来极大的困扰，使其没办法坚持到最后。

2018年前3个月的熊市，我觉得是一个非常好的机会，如果没有这个熊市，许多人会快速获得投资，他们可能会失去创业的初衷，掀起一轮炒币热潮，很多项目就不会有发展。因为有了熊市，创业者们刚好有了锻炼的机会，所以踏实做事的团队反而会脱颖而出。

第八问
区块链会让人类成为存在于各自公链和社区里的蜂群吗

王峰：我想起凯文·凯利（Kevin Kelly）的书《失控》（*Out of Control*），这是一本关于机器、系统、生物和社会的书。这本写于1994年的关于社会进化的书，成为后来一步一步验证互联网发展的“先知预言”，作者的思想主要涉及两个方面：一是整个世界未来应该是去中心化的、分布式的结构，这就是全书以“失控”为主题的寓意；二是生物和机器的界限越来越模糊，最终会融为一体，成为超生命。我印象最深的是对蜜蜂群体行为的详细描述：如果没有统一的管理和命令，单只蜜蜂寻找花粉时往往很迷茫，但是当众多蜜蜂对少数侦查蜜蜂反馈的“某个方向有花粉”进行民主投票时，整个蜂群会逐渐形成统一的意见，从而能够高效地采蜜。如今，区块链会让人类成为存在于各自公链和社区里的蜂群吗？

蔡文胜：我和你的看法一样，我之前也推荐过这本《失控》，书里讲的很多内容都会在区块链领域兑现，特别是其中提到的人类社会可以像蜂巢那样构建。

但是，我不希望人类成为存在于各自公链和社区里的蜂群。因为这说明世界上90%以上的人，都在做重复的事情，没有理想也没有未来，这其实是挺悲哀的一件事。

我更希望未来的区块链领域会有几个大的公链存在，然后建立一些基础的应用，呈现出百花齐放的局面，成千上万甚至数十万个不同的区块链社区同时存在，形成像地球一样千奇百态的生态景象。

最近，斯皮尔伯格（Spielberg）导演的电影《头号玩家》（*Ready Player One*）上映，我看了三遍。我觉得《头号玩家》给我的启发很大：随着人工智能的发展，未来很多人可能只活在虚拟世界中。这让我反思，这到底是不是我们想要的生活？

或者，未来还有更伟大的发明，可以让每个人去做自己喜欢做的事情，而不是做千篇一律的工作。那才是真正激动人心的梦想世界！

所以，无论是人工智能，还是区块链，都会促进人类社会发展，提高社会运行效率，产生更大的财富。但我认为，其中必须加入人文精神，才有意义。

如果一味追求技术的进步，一味追求效率和财富，我们最终并不会快乐。无论是我自己，还是我接触的高净值人士，当自身的财富达到一定阶段以后，大部分人都会去反思：我们应该为这个社会做些什么？应该推动社会朝哪个方向发展？

无论人工智能如何发展，它也很难代替人类。因为人工智能是冷冰冰的，没有情感，没有思想，也没有灵魂。区块链的价值传递模式试图用基本逻辑解决货币问题，但它未来的真正价值是什么？我认为，价值不一定是以货币形式体现。如果未来通过区块链，能把人类的情感和思想变得有价值，那么它就更加伟大了。

第九问

如果今天你还是那个初出茅庐的追风少年，你会全力投入哪个领域

王峰：文胜，如果今天你还是那个初出茅庐的追风少年，你会全力投入哪个领域？

蔡文胜：我觉得，自己现在还是那个初出茅庐的追风少年。一个人年轻与否不在于年龄，而在于心态，如果你觉得自己很年轻，那么即使到 80 岁，你依然可以“追风”。

我会不断拥抱新变化，现阶段我会全力做好美图，同时关注人工智能、区块链等新技术的应用，未来可能还会出现更新的技术革命，我想我还会全力投入。

王峰：你未来的人生理想是什么？

蔡文胜：很遗憾，2011 年的 3 个愿望，到现在都只实现了一半。

第一个愿望是，到 100 个国家去旅行。现在我只去过 50 个左右，我觉得一个人要到处去看看，才算真正来过这世界。

第二个愿望是，做一家百亿美元市值的公司。我在努力中，希望不久的将来可以实现，现在离这个愿望最近的是美图公司，我会更加努力！

第三个愿望，与家乡情结有关。我从农村出来，后来出国，然后回到厦门，后又去北京创业，再回到福建。我高中辍学后摆过地摊，做过服装生意，做过建筑生意……再到进入互联网高科技领域，经历了很多，如果能够把这些过程记录下来，我想应该是一件很有意思的事情。

蔡文胜精华观点

1. “大佬背书或者投资的项目就会赚钱”的投资逻辑是错误的

在蔡文胜看来，投资与投机最大的差别是：当你购买的某只股票或者某个数字货币的价格不断下跌时，你的反应是越下跌越高兴，不断补仓，这是投资，反之，买完后因为不断下跌而懊悔抱怨，就是投机。当然，决定是否投资某个标的时，你必须认真分析和研究，才能坚定自己的信念。他代表投资人发声：大家要好好分辨，不能因为有大佬为某个项目背书，或者投资了某个项目，大家就觉得这个项目一定会赚钱，这种投资逻辑是错误的。

2. 区块链和互联网会加快融合，未来可能不再分区块链项目和互联网项目

蔡文胜相信，在区块链这个全新的领域里，未来一定会出现能赶上甚至超过 BAT 的公司。未来 3 年，许多互联网公司可能会有结合区块链的技术，同样，好的区块链项目也要结合互联网现有的技术和用户资源，才能真正做大。他表示，区块链和互联网会加速融合，未来可能不再分区块链项目和互联网项目。

3. 太早获得投资的项目，有可能没办法坚持到最后

蔡文胜回顾了自己的投资经历，所有成功的投资项目全部是需要时间的。比如，他于 2005 年投资 58 同城、暴风科技，到 2015 年才开始获得投资回报。同时，他认为，在区块链创业领域，如果太早获得投资，或者太早快速成长，都会给创业者带来极大的困扰，他们有可能没办法坚持到最后。熊市可以给创业者们锻炼的机会，踏实做事的团队反而会脱颖而出。

区块链是人类的春天，华尔街将被硅谷取代是历史必然 | 陈伟星

陈伟星

快的打车创始人、泛城控股集团有限公司董事长，在区块链领域投资币安、火币、ABCC 等多家公司。

原本，我想从伟星的区块链语录里去找一些素材，但他的话如今在网上已经随处可见了。

所以，我决定从他的创业、投资历程，以及其区块链思想的成长轨迹入手，并结合当下热点话题展开探讨。

当然，希望我们的探讨不要太严肃，可以轻松一点。

Fun is first（趣无止境）。

第一问

持有的加密货币为什么永不套现

王峰：最近一段时间，有一个热词频繁出现在大众视野——韭菜，一种草本植物，北方人喜欢拿它来包饺子。区块链领域谈的“韭菜”，和饺子没有关系，而是指在数字货币投机市场里散户交的“学费”。我之所以这样开头，是因为你和金沙江创投的董事总经理朱啸虎在讨论中多次提到这个词。

我看到你的声明：所持加密货币永不套现，且绝不割“韭菜”。你的话，让我想起鲁迅先生说的“真的猛士，敢于直面惨淡的人生，敢于正视淋漓的鲜血”。你确定这不是你的意气用事？如果是真心话，为什么要这么说？

陈伟星：我说的是真心话。未来没有非加密货币，所以，我在未来等你们。

传统的风险投资、私募、上市前融资到二级市场，是一个体系。其估值体系是基于市盈率（P/E）的共识机制。

市盈率：也称本益比、股价收益比率或市价盈利比率，是评估股价水平是否合理的指标之一，由股价除以年度每股盈余得出。一般认为，如果一家公司的股票的市盈率过高，那么该股票的价格具有泡沫，价值被高估。

一旦货币供应过量，加上市场传导机制的存在，通过银行扩大信用，大部分钱传导不到投资者手上，而是去金融市场空转，这使金融市场的泡沫越来越大，货币的相对价格变化越来越剧烈。为了平滑货币市场风险，各种结构化资金和金融衍生品会不断增加，被动投资进而不断增加。

这个时候，金融市场变成了一个大赌场，少数人赚钱，大部分人亏钱。即使在像美国那样没有大量散户的国家，大部分钱依然只传导到极少部分人手上。

美国企业利润总额中有 60% 以上属于资本利得，但实际上，财富是劳动者、创造者、组织者共同创造出来的。

在区块链世界里，每一次通证化，都是一个创造者创造信用的过程。比如，你给我一个比特币，我还给你 1 000 个星星币，只要星星币有流动性，你就可以拿星星币去买可乐、打游戏。此外，我也可以用比特币去支付项目开发所需的工资。

你给我比特币，我给你星星币，是因为你觉得我能用比特币创造更多的价值，而星星币相对比特币会涨。这是你的预期，如果预期正确，你就赚了，反之，你就亏了。但你应该承担这个风险。

如此一来，在整个市场上就有了很多星星币，同时比特币也没有丢失。星星币就是被创造出来的信用，但它是创造者创造出来的信用。

第二问

面对区块链，为什么有人焦虑，有人观望，还有人不屑和怀疑

王峰：某颇受关注的区块链微信群能有今天的影响力，你认为自己在其中起了多大作用？很多人关注区块链，可能是因为徐小平老师当年振臂一呼“All in”（全力以赴地去做）区块链，也可能是因为蔡文胜的那句“不参

与才是最大的风险”，也可能是因为你一系列的精彩观点，比如，你说区块链是“泡沫先行，之后财富上链”。

我觉得，你在2018年春节期间提高了互联网精英群体对区块链的关注度，感染了一大批人，同时加剧了另一大批人的焦虑感。你感觉，面对区块链，很多人在等什么？为什么这么多人还在观望，甚至持不屑和怀疑的态度呢？

陈伟星：我对区块链的发展感到激动，是因为以前一直解决不了的问题，找到了可以依赖的技术手段。

为什么生产力发展到今天，还有很多人在挨饿？为什么有的东西卖不出去，有人没有工作，有人没有钱？机器人越来越强，未来如果被资本垄断，不需要工人，更多的人会失业，该怎么办？为什么滴滴、快的这样的公司估值能如此高？

在上海，高档小区的一套房子的价格，比很多上市公司10年的利润还高，而一家上市公司1%的股票，却又能买这样一套房子。

以上这些问题都源于经济金融问题，实际上它们和我们每个人息息相关。可惜事情太复杂了，没有人愿意去细想。很多人都想着赚钱，拼命找工作，加班，不断地投资，想办法捕捉财富。

老百姓很多时候不容易理解复杂事物，他们需要的是体验，体验的激励可以改变他们的行为，群体的行为会改变社会文化，社会文化会影响人们的认知。

这和我刚开始做“打车”的时候是一样的，很多人反对、嘲笑、打击我们。其实，我们不需要别人理解，只需要创造出他们喜欢的东西，然后让他们使用，慢慢他们就理解了。

第三问
区块链的风口期到底会持续多长时间

王峰：你曾私下和我说，你非常不认同把今天区块链技术的发展阶段，看作 1994 年网景推出网络浏览器导航者（Navigator）的年代。我表示认同，否则该如何解释当前 3 000 亿美元的比特币市值呢。

我的问题是，区块链的春天真的来了吗？

陈伟星：区块链是人类的春天，这句话不为过。现在能看得到的大机会，实际上已越来越清晰了。

王峰：区块链的风口来了吗？风口期会持续多长时间？你认为 2018 年会达到什么局面？

陈伟星：区块链的发展有 4 个要点：信仰并长期持有比特币的人数与持币量；波浪形抬高的大泡沫；强健的基础设施；不断上链的资产。

基础底层链的社区、经济体链的社区、去中心和中心化的交易所、钱包等各种基础设施，已经有很多团队在研发了，这些是市场所必需的，后来者很难赶上。

资产上链是被大泡沫吸引来的，这和当年很多公司为了国内的高估值，而可变利益实体（VIE①）回国的情况很相似。当然，是发展战略还是套利行为，我们不做讨论。

区块链的第一波机会，已经很明确，半年里会有足够的选手。后来者只能在这些社区里去做内容，如果想再创新，需要新的技术突破。

实际上，在第一波机会中，区块链并不缺什么，都是看得到的技术需求；后面一波重大的技术突破，还没有被看到。

第四问
最早投的区块链项目，竟然都是边喝酒边决策的

王峰：你在某区块链微信群里的言论，涉及大量宏观经济学和货币经济学

---

① 可变利益实体：也称“协议控制”，是境内主体为实现在境外上市而采取的一种方式。

的知识，奥地利自由市场学派、凯恩斯（Keynes）、哈耶克等不时被你提及，连阿里巴巴的曾鸣教授都夸你有很好的宏观经济学基础。我当时很好奇，你怎么知道这么多？

陈伟星：这个世界的知识，如果我们想明白了都是简单的，如果我们感觉复杂，那往往是没想明白。

我这两年看了很多经济学方面的书，去世界各地拜访了很多奇人，也经历了许多个苦思冥想的夜晚。

要不是因为要去和各方人员交流，寻找创业机会，并想超越之前的成绩，我就会觉得无事可做了，于是我拼命思考。创业者活着就是为了解决一个又一个更大的问题，我是先思考经济和金融问题，然后发现区块链的。

一开始只了解比特币，我投资了相关区块链项目后，越来越了解区块链的发展速度。我最早投资的区块链项目，基本都是边喝酒边决策的，不过根本喝不醉。

第五问

区块链和其他技术有什么不一样

王峰：卖掉快的那两年，你甘心吗？雷军当年把卓越网卖给亚马逊的时候，我在金山办公室恭喜他，他开玩笑地说，想想卖儿卖女就知道这是什么心情了。

快的、滴滴合并是与美团和大众点评、58 和赶集网合并同一个量级的事件，都是百亿美元量级，你们的影响力甚至更大。但很多人当年只知道大众点评的张涛、赶集网的杨浩涌，只知道快的，不知道陈伟星，那时的你为什么如此低调？

陈伟星：当时我心情比较低落，没什么想和公众讲，也没什么兴趣宣讲，所以几乎拒绝了一切媒体采访。

区块链是一场生产关系的变革，它和其他技术不一样的地方在于，信仰和共识比技术更重要。比如，虽然比特币的技术更新很慢，但到现在已经非常强了。对比特币来说，智能合约、扩容等技术的进步，其实没有那么紧急和重要。

在这两年多时间里了，我认识了很多精英，学到了很多东西。想明白区块链后，我才有了很大的变化。

第六问
快的之后，你的下一步计划是什么

王峰：我知道你在进入区块链领域之前，可能处在一个空档期。做快的后不久，你引入了首席执行官，转而扮演董事长的角色。快的和滴滴合并之后，你转型做纯粹的投资人，投了很多项目。这个时期，你一定想清楚了自己的方向，准备再去创业吧？进入区块链领域之前，你为什么没有再创业？我是指像当年做快的那样，再做一个新的项目。

陈伟星：我和滴滴的程维很不一样，我们是北京化工大学的同学，但我不喜欢当时的环境，读了 3 个月就退学了，他坚持到最后。对于不喜欢的环境，我要么改变，要么离开。

我关注的不是去中心化的问题，而是公平性问题和劳动者激励问题。我们不能以赚钱多少论英雄，不能以投出多少独角兽论英雄，要以增加了多少社会价值来论英雄。

要寻找大机会，就得深刻理解人们的痛点，而不是数自己的功绩。现在社会的主要矛盾是，人民日益增长的美好生活需求和不均衡不充分的发展之间的矛盾，如何解决这个矛盾，才是当前最大的机会。

而区块链就是解决这个矛盾的技术工具，所以我们要恭喜自己，我们有了从未有过的历史机遇。

王峰：风险投资人很多是焦虑抑郁的，投出独角兽的是极少数赢家，很多风险投资公司的焦虑在于不知道下一个风口在哪里。

陈伟星：风险投资人更关心所投资的公司的估值和退出的时机，而非社会问题，这样就缺少了思考这些问题的深层次动机。

第七问

是否应该将名人影响作为项目价值评估的标准

王峰：你说过，资本市场受名人影响越来越大，估值模型脆弱，你为什么会这样说？按理说，今天的世界，不只互联网，还有人工智能、物联网和区块链，这些科技的力量，足以让一个能人不借助其他任何资源就可以成功，比如当年的马化腾和扎克伯格。一个人只要足够聪明，或者有清晰的认知，根本不愁没有机会。但是，如果真的将名人影响作为项目价值评估的标准，是否意味着在今天的这个社会，感性认知因素就占了上风呢？如果是，那面对今天的环境，青年创业者该怎么办？

陈伟星：因为资本市场的力量太强大了，资本在创业优势中所占的分量越来越大。名人比普通创业者更容易吸引和聚集投资者，更容易帮助项目实现高估值，全球资本市场有很多这样的例子。

年轻人的机会，永远依靠两点：新技术和新文化。

我们要相信，这些名人也曾年轻过，他们也都很聪明，如果没有新的技术和新的文化因素，问题轮不到我们来解决。所以，要想创造优秀的企业，创业者一定要紧紧盯住新技术的发展和新文化的形成。

王峰：新的就是对的，年轻就是对的。世界要向前，大家看不懂的东西，很有可能是大机会。

陈伟星：传统股权也一样，现在的融资节奏太快了，资本的力量太大了，所以现在的创业者一定要注意，在机会来临的时候，聚拢势能，迅速提高资本门槛。

第八问
你心目中的比特币理想和区块链理想是什么

王峰：如果没有区块链，今天的你最想做什么？

陈伟星：晚上没事就喝酒、看书、获取信息、找机会，寻找活着的意义。

王峰：投资人和创业者，只给你一个选择，你选哪一个？

陈伟星：我选创业者。我不喜欢做投资，但我甘愿做项目背后的支持者。

王峰：你有比特币理想吗？你如何向我们描述你的区块链理想？

陈伟星：在区块链时代，改变世界不是一个人能做到的，而应是大家都永久持有比特币。同时，我们要通过硬分叉这样的机制和社区博弈，来保护比特币的物理性不受人为控制。然后，我们通过各种共识下的通证，来实现多货币机制和去中心化的信用机制，把交易成本降到最低。总之，未来会非常有趣。

我甚至觉得，相关的组织会继续兴起。比如，一个公社主任带着大家种橘子，另外一个公社主任带着大家生产其他不同类别的产品，两个群体提前交换，组成混合型币，然后通过智能合约锁住规则。这样，在农民种的果实成熟的时候，就已经实现了交易。

一个农民只要收获 100 个橘子，就有 100 种不同的商品和服务，产品的丰富会让他感到富裕。为了这种富裕的感觉，他会更加努力工作，进而创造更多的财富。

陈伟星精华观点

1. 区块链是人类的春天，区块链的机会越来越清晰了

对于区块链的风口期能持续多久，陈伟星没有给出明确的答案，但他把区块链比作人类的春天，并坦言，现在能看到的机会，实际上越来越清晰了。在陈伟星看来，

区块链的发展有 4 个要点：信仰并长期持有比特币的人数与持币量；波浪形抬高的大泡沫；强健的基础设施；不断上链的资产。以目前的状况看，新一波的重大技术突破，还没有被看到。

2. 区块链和其他技术不一样，信仰和共识比技术更重要

“区块链是一场生产关系的变革，它和其他技术不一样的地方在于，信仰和共识比技术更重要。”陈伟星还说，虽然比特币的技术更新很慢，但到现在已经非常强了，对比特币来说，智能合约、扩容等技术的进步，其实没那么紧急和重要。

3. 不能以赚钱或投出独角兽公司论英雄，要以增加多少社会价值来论英雄

陈伟星提到，自己所关注的，不是去中心化的问题，而是公平性问题和劳动者激励问题。不能以赚钱多少论英雄，不能以投出多少独角兽公司论英雄，要以增加了多少社会价值来论英雄。要寻找大机会，就得深刻理解人们的痛点，而不是数自己的功绩。现在社会的主要矛盾是人民日益增长的美好生活需求和不均衡不充分的发展之间的矛盾，如何解决这个矛盾，才是当前最大的机会。而区块链就是解决这个矛盾的技术工具。

致谢

在此感谢所有关心、关注过《王峰十问》栏目的朋友们（排名不分先后）：

张宏亮、许波、猛小蛇、林薇、赖伟锋、郝晓伟、杜会堂、韦丽萍、李小琴、张涵、赵崎儒、褚杏娟、姜陆洋、孙昱坤、付文学、陈向明、梁雪、程智鹏、张涛、祝玲玲、郭美玉、唐腾、刘雅静、陈玗穹、杜海静、冀德宇、任铮、薛婷、朱玮、吴少康、商敬瑞、廖明香、陈浩、严雨松、曹辉宁、罗振宇、胡定核、蒋海、姜英英、杨霞、陈雪涛、易理华、楼霁月、邓迪、杨虎成、魏天元、Roy Li、许志宏、徐易容、刘勇、杨霞清、方军、邓晶玲、任骏菲、Eric Meltzer、谢智勇、黄小蕾、李天贺、薛芳、秦逸飞、丁春妹、于隽、孔华威、郭星路、左鹏、李旻、徐可、东初、王玮、陈菲菲、丁若宇、张婷、向亚贞、徐英凯、张亮、张佳辰、若然、薄荷、朱砝、夏丰、杨楠、岳汉超、于佳宁、蔡志川、郭强、蔡栋、陶欣、牛凤轩、范俊杰、刘昌用、杨守彬、杨睿尘、王岳华、刘靖、龙昱璇、吴玲伟、汤明磊、徐勇、贺焕、杭新宇、商维、何一、翁晓奇、田邦德、Roy Liu、张晨、金日峰、胡鹏、赵微、高航、许英龙、丰驰、褚康、夏丰、吕旭军、Jack Li、欧阳赟、周期、徐继哲、董沫、明中行、吕国宁、宫健、顾荣辉、Allen An、廖志宇、Garrett Jin、李东、陈昊芝、张璇、刘勇、南小宁、梁亮、William Wang、巨建华、徐义吉、孔剑平、邵建良、高彦翔、Micheal Gan、徐刚、金钰、李淡、郁雯、曹珈嘉、倪英伟、化博、敖志一、崇慕、郭爱娣、Winnie Kong、陈庆春、窦佳丽、武晨、董佳奇、李小光、刘静怡、杨小羊、左晶晶、孙岩、靳丹、胡雅璐、缪铮、王晶、Linda Ou、刘杰敏、宋城、李洋洋、张学仁、何弘扬、曲虹潭、刘鸿雁、张娜、王一姝、刘谦名、吕成海、吴靖雯、陈思思、张雪、杨年生、雷小美、何永赞、刘敏、郑媚、王航……

以上名单，挂一漏万，望大家多包涵。

点滴帮助，谨记心中。